Gerd Brenner
Kreatives Schreiben

Gerd Brenner

Kreatives Schreiben

Ein Leitfaden für die Praxis

Mit Texten Jugendlicher

Cornelsen
SCRIPTOR

Für die Schülerinnen und
Schüler des St. Wolfhelm
Gymnasiums in Schwalmtal

Die Deutsche Bibliothek – CIP-Einheitsaufnahme

Brenner, Gerd:
Kreatives Schreiben: Ein Leitfaden für die Praxis/Gerd Brenner. –
Frankfurt am Main: Cornelsen Scriptor, 1990
ISBN 3-589-20998-4

1. Auflage 1990
6 5 4 3 2 Die letzten Ziffern bezeichnen
96 95 94 93 92 Zahl und Jahr des Druckes

Umschlagentwurf: Studio Lochmann, Frankfurt am Main
Satz: Computersatz Bonn GmbH, Bonn
Druck und Bindearbeiten: Clausen & Bosse GmbH, Leck
Vertrieb: Cornelsen Verlagsgesellschaft, Bielefeld
Printed in Germany
ISBN 3-589-20998-4
Bestellnummer 209 984

Inhalt

Zur Einführung: Selbstausdruck im Schreiben und literarische Verfahren

„Sich aber nicht zu fühlen ist der Tod".
HÖLDERLIN, Hyperion[1]

„Diese Sache stand wie eine Mauer vor mir. Ich mußte da durch. Über sie hinwegzusehen war erst später möglich. Ich habe sie mir, als ich damals am Grübeln war, von der Seele geschrieben. Durch das Schreiben habe ich mir alles noch einmal vor Augen geführt und mich mit mir selbst konfrontiert.

Wenn ich etwas ‚runtergeschrieben' habe, dann liegt darin eine große Befriedigung, und meist tötet es meine innere Unruhe. Es schafft mir einen klaren Kopf, wenn dieser zuvor am Überquellen war. Ich fragte mich, ob irgendjemand etwas mit diesen so subjektiven Berichten anfangen könnte. Ich hätte plötzlich gerne etwas geschrieben, was viele direkt angesprochen hätte. Aber ich kann nur das schreiben, was aus mir heraus kommt. Ich glaube, ich bin im Schreiben etwas egoistisch, daß es mir in erster Linie nicht darauf ankommt, daß es gefällt oder verstanden wird. Ist es jedoch so, dann freue ich mich sehr darüber."[2]

Die Texte, über die hier nachgedacht wird, werden von Jugendlichen in der Regel zu Hause geschrieben. Ist ein Schreiben mit ähnlicher Motivation in der Institution Schule ebenfalls möglich? Gibt es außerhalb der Schule Bildungsprozesse, in deren Rahmen ein schreibender Selbstausdruck Jugendlicher nicht nur zugelassen, sondern gar gefördert wird?

Was die Schule anbetrifft – den Deutschunterricht inbegriffen –, so überwiegt das entfremdete Schreiben das subjektiv-authentische bei weitem. Obwohl sie ihnen das Schreiben beibringt, ist die Schule andererseits an den persönlichen Schreibleistungen von Kindern und Jugendlichen fast nur desinteressiert. Was im Rahmen der Schule an Texten von Jugendlichen zählt, ist gemeinhin die intersubjektiv nachprüfbare Korrektheit ihres sachlichen Gehalts, aber es sind kaum die Persönlichkeitsanteile, die sich im Geschriebenen ausdrücken, die stilistischen Experimente, die Lust an eigenständigen sprachlichen Entwicklungsprojekten. Die Formen schulischer Textproduktion sind gegenüber den Regungen jugendlicher Subjektivität weitgehend abgeschottet.

Sofern das Interesse Jugendlicher an kreativem Schreiben – und von einem solchen muß man bei vielen ausgehen (vgl. „Zum Interesse Jugendlicher am Schreiben", S. 25) – in der Schule wirksam werden soll, muß es deshalb befreit werden von gegenläufigen Befürchtungen, die sich aus den bisherigen Erfahrungen der Jugendlichen mit entfremdetem Schreiben ergeben.

In der außerschulischen Bildungsarbeit und in verschiedenen Feldern der Jugendarbeit wie den Jugendhäusern und den Jugendverbänden kann von einer Kultur des Schreibens bisher auch kaum ausgegangen werden. *Gegen* zentrale Sozialisationsinstanzen also – oder an ihnen vorbei – schreiben Jugendliche, meist jeder für sich, Tag für Tag Tausende von Texten, denen sie oft selbst das Signum des Besonderen, des Künstlerischen, des *Literarischen* anheften. Diese Texte qualifizieren sie selbst, sofern man sie fragt, als ganz *eigene,* authentische Produkte.

Auch die Arbeitsprozesse, die in diesem Band vorgeschlagen und mit ihren Arbeitsergebnissen dokumentiert werden, führen zu Texten, die Jugendliche *von vorneherein zu ihren eigenen* machen, die sie selbst herstellen und mit denen sie sich hochgradig identifizieren können. Dennoch sind die meisten in einem schulischen Rahmen, andere im Kontext der Jugendarbeit entstanden.

Die Praxis des Schreibens, die im folgenden dokumentiert wird, rückt *das Subjekt des Jugendlichen* in den Mittelpunkt, seine situativen, affektiven und intellektuellen Bedürfnisse. Die *thematischen und gestalterischen Impulse* der Texte – weniger die Impulse, die in den Schreibverfahren stecken (s. u.) – sind von den Jugendlichen selbst ausgegangen. Dabei sind, was Themen und Gestaltungskräfte anbetrifft, der vermittelnde Pädagoge und das (unerreichbare) Muster dichterischer Texte eher in den Hintergrund getreten.

Die meisten Praxisabläufe, die in diesem Band vorgestellt werden, haben gemeinsam, daß sie Texte des schreibenden Jugendlichen selbst in den Mittelpunkt des Interesses rücken. Sie unterscheiden sich damit deutlich von der Praxis des durchschnittlichen Deutschunterrichts. Die Praxisabläufe, um die es hier geht, sind nicht weiterschaffende Operationen an einem dominant gesetzten dichterischen

Text, wie sie etwa der *handlungs- und produktionsorientierte Ansatz des Literaturunterrichts* entwickelt hat.[3] Dem produktionsorientierten Ansatz geht es um eine aktional-spielerische Ergänzung und Wiederbelebung von literaturdidaktischen Lehr- und Lernverfahren, die den Schülern das Lesen und Begreifen dichterischer Texte eher verleidet als aufgeschlossen haben. Oft ist dieser Ansatz, der seit den 70er Jahren in Deutschland Verbreitung fand, textsortenorientiert, wobei die angestrebte strukturell-*abstrakte* Einsicht in Textsorten durch eigenes *handelndes* Ausprobieren der Schüler ausbalanciert und akzeptabel gemacht werden soll. Der Unterricht akzentuiert *mit diesem Zweck* die „konstruktiven Fähigkeiten der Schüler: Von einem bestimmten Thema, einer spezifischen Personenkonstellation, einem Handlungsansatz, bestimmten – in der Trivialliteratur klischeehaft festgelegten – Eigenschaften der Handlungsträger aus gestalten die Schüler einen Text, wobei auch die spielerischen Reize des Machens ausgekostet werden sollen. Das Ziel, die Struktur, Machart und gesellschaftlichen Bedingungen der Textsorte durch Eigenproduktion aufzudecken, bleibt [. . .] bestimmende Leitlinie."[4]

Es handelt sich hier eher um eine Instrumentalisierung jugendlichen Tätigkeitsdranges zum Zweck curricular oder sonstwie vorbestimmter Einsichtnahme. Die Eigentätigkeit des Schülers wird zum Lockmittel, um ihn „bei der analytischen Stange zu halten".[5] Zugleich werden die zuvor schulisch entkräfteten Phantasien der Schüler wieder „angedreht", aber nur im pädagogisch vorgesehenen Rahmen. Solche Verfahren sind als Möglichkeiten, den Literaturunterricht interessanter zu gestalten, sicherlich sinnvoll; jedoch befriedigen sie das Ausdrucksbedürfnis Jugendlicher, das hier Mittel zum Zweck ist, letztlich nicht.

Die Schreibverfahren in diesem Band gehen über diesen Problemstand hinaus. In ihnen geht es nicht – oder zumindest nicht zentral – um ein produzierendes Erkennen von Textsorten, sondern um eine *Stützung des Ausdrucksbedürfnisses von Jugendlichen.* Das jugendliche Subjekt kommt um seiner selbst Willen ins Spiel, nicht um subjektiv aufgeladene Variationen am vorgegebenen dichterischen Text – oder auf solche Texte hin – zu veranstalten. Der dichterische Text wird nicht zum letzten Zielpunkt von Einsicht, sondern zum anregenden Begleiter *eigener* schriftlicher Selbstverständigung und Ausdrucksbereitschaft.

Einige kleine Schritte in diese Richtung ist bereits der *handlungsorientierte Literaturunterricht* gegangen, der „die produktive Rekonstruktion" dichterischer Texte, „die Übersetzung in andere

Darstellungsweisen und die Parallel- und Umgestaltung"[6] solcher Texte vorsieht. Aber auch er rückt, sieht man Schule von der Bedürfnislage Jugendlicher her, das Subjekt des Schülers nicht entschieden genug ins Zentrum der Schreibpraxis und unterwirft den Literaturunterricht noch fast ausschließlich der erdrückenden Aura des dichterischen Textes.[7]

Die Dichter selber sind bisweilen erheblich weiter, wenn es darum geht, die Schreib- und Lesefähigen in eine Kultur des Dichtens mit einzubeziehen. Unter Verzicht auf Exorbitanz des Dichterischen, seine Unerreichbarkeit für Normalsterbliche, und durch Betonung des alltäglichen Gebrauchscharakters von Gedichten legt zum Beispiel Helmut Heißenbüttel einen solchen demokratischen Impetus an den Tag. Er schreibt, daß es nicht mehr „der vereinzelnden Subjektivität des gleichsam alle anderen Subjekte auf sich ziehenden Dichters" bedürfe, „um Literatur zu machen, sondern, daß die Methode etwas bereitstellt, das jeder benutzen kann, der in die Methode einspringt. Es besteht die Möglichkeit [. . .] daß das, was noch immer Literatur genannt werden muß, allgemein wird."[8]

Dazu ist zweierlei zu sagen: Zum einen sind die Vorstellungen eines „allgemeinen" Literaturschaffens sicherlich überzogen, illusionär, vielleicht einer dichterischen Bescheidenheitspose entsprungen oder einem zu hoch gegriffenen Demokratisierungsanspruch geschuldet im Hinblick auf ein Praxisfeld, in dem die Gleichheit von Chancen schwerer herstellbar wäre als in fast allen anderen gesellschaftlichen Bereichen. Es ist ja nicht so, daß Jugendlichen – und anderen Ausdruckswilligen – nur ein geeignetes Repertoire an dichterischen Verfahren zur Verfügung gestellt werden müßte, damit sie kreative Schreiber wie die Dichter würden. Der Abstand zwischen „Dichter" und schreibendem Laien reduzierte sich ja wohl erst dann entscheidend, wenn der Laie in der Lage wäre, *Schreibverfahren* laufend neu zu *generieren* und nicht nur bereits bestehende und vielfach genutzte selbst noch einmal anzuwenden.

Ein solches Erfinden von Schreibverfahren kann im Literaturunterricht oder in der kulturellen Jugendbildung nicht von Jugendlichen – und wohl auch nicht von Pädagogen – erwartet werden. Jugendliche haben ein feines Gespür für das Epigonenhafte ihres Tuns, was die dichterischen *Verfahren* anbetrifft; zugleich aber sind viele von ihnen – auch im institutionellen Rahmen der Schule – daran interessiert, unter Rückgriff auf bereitgestellte Verfahren inhaltliche Aussagen, persönliche Botschaften eigenständig, authentisch und unverwechselbar zu formulieren und deren Ausstrahlung zu erfahren. In diesem Sinne nun kann man Heißenbüttels Vorstellungen nachvollziehen, daß Dichter – und andere Autoren (?) – Methoden des Schreibens bereitstellen, die jeder benutzen kann. Hier hat die Schule, aber auch die außerschulische kulturelle Jugendarbeit, noch ein weithin unbeackertes Feld vor sich.

Der Pädagoge hätte hier als *Mittler von dichterischen Verfahren* tätig zu werden, mit dem Ziel, die Ausdrucks*fähigkeit* des Jugendlichen weiter zu qualifizieren. *Diese* Mittlertätigkeit des Pädagogen ist in der Praxis des kreativen Schreibens geradezu unverzichtbar; sonst schlagen die Paradoxien der „Sei-Kreativ-Aufforderungen" voll durch; denn: „Vielen fällt einfach nichts ein, sei es aus Angst, banal zu werden, sei es, daß sie bereits im Spektrum der Aufgaben und Anregungen ‚nichts Rechtes finden'".[9] Der Pädagoge als Mittler kreativierender Verfahren, die Ausdrucksfähigkeiten Jugendlicher stärken und beflügeln, ist unabdingbar. Und der Pädagoge ist als Mittler am wirkungsvollsten, wenn er sich selbst in die Praxis des Umgangs mit dichterischen Verfahren mit hineinbegibt (vgl. den Abschnitt „Zur Rolle des Pädagogen bei der Erkundung von Schreibverfahren", S. 153).

Den Begriff des Verfahrens verwende ich in Anlehnung an die vorrevolutionäre Schule der russischen Formalisten[10], die später im Stalinismus keinen Spielraum zur Weiterentwicklung mehr hatte. In seinem epochemachenden Aufsatz „Die Kunst als Verfahren" (1916) schreibt Viktor Sklowskij: „Die ganze Arbeit dichterischer Schulen läuft hinaus auf das Anhäufen und Kundtun *neuer Verfahren der Anordnung und Bearbeitung von Wortmaterialien*"[11] (Hervorhebung G. B.).

Eine entscheidende Weiterentwicklung des poetologischen Verfahrensbegriffs geht dann von Jurij Tynjanow aus; er versucht, dichterische Texte als *Systeme von Verfahren* zu verstehen: „Sklowskij hatte ein poetisches Werk noch als ‚die Summe aller darin angewandten stylistischen Mittel' verstanden und damit eine Konzeption vorgelegt, die poetische Texte als bloße Anhäufungen diverser Kunstmittel zu fassen suchte. Tynjanow modifiziert diese Vorstellung entscheidend, wenn er einen poetischen Text nicht mehr als ein Konglomerat, eine ‚Summe' von Verfahren angehen will, sondern als ein System, in dem alle Verfahren funktional korrelieren."[12]

Solche Verfahren des Neu-Anordnens und Verdichtens von Wortmaterialien als Basis für einen interessanten Selbstausdruck von Jugendlichen sollen die folgenden Kapitel zugänglich machen. Die Vermittlertätigkeit des fachlich ausgebildeten Pädagogen in diesem Bereich wird von Schülern/Jugendlichen in der Regel mit einigem Interesse aufgenommen; geht es aus ihrer Sicht doch nicht mehr darum, vom Lehrer abgelagertes Wissensgepäck entgegenzunehmen, sondern eigenen Ausdrucksbedürfnissen, die sich in den traditionellen Bahnen des schulischen Schreibens oft totgelaufen haben, mit herausfordernden, anregenden Verfahren auf die Sprünge zu helfen (vgl. „Zur Rolle des Pädagogen bei der Erkundung von Schreibverfahren", S. 153).

Die Schreibverfahren, die im folgenden vorgestellt werden, sind oft aus gesellschaftlichen Problemkonstellationen der Gegenwart heraus entwickelt worden. Gerade weil sie es erlauben oder gar nahelegen, sich mit der gesellschaftlichen Aktualität auseinanderzusetzen, bieten sie dem Jugendlichen, der in dieser Aktualität steckt, angemessene Möglichkeiten des subjektiven Selbstausdrucks. Die Schreibverfahren wurden alle daraufhin befragt, ob sie die Gegenpole Individuum und Gesellschaft in ein produktives Spannungsverhältnis bringen können. Sie sind dazu natürlich nur mit unterschiedlicher Akzentuierung in der Lage; einmal öffnen sie stärker den Blick auf gesellschaftliche Strukturen, in die das schreibende Individuum sich hineinbeschreibt oder hineinphantasiert; ein andermal sind sie stärker auf eine Dokumentation des momentanen Reflexions- und Gefühlsstandes des oder der Schreibenden aus. Im übrigen gilt natürlich die Forderung Brechts, daß sich die dichterischen Schreibverfahren mit der gesellschaftlichen Dynamik fortzuentwickeln hätten: „Die Beschreibung der sich ständig verändernden Welt erfordert immer neue Mittel der Darstellung. Die neuen Mittel der Darstellung muß man nach ihrem Erfolg dem jeweiligen Objekt gegenüber beurteilen, nicht an sich, losgelöst von ihrem Objekt, durch den Vergleich mit alten Mitteln."[13] Dem Jugendlichen, der in den ersten Phasen seiner Schreibpraxis steckt – und wohl auch den meisten Pädagogen – wird es nur in den seltensten Fällen gelingen, diesem Anspruch Brechts gerecht zu werden, also auf die gesellschaftliche Entwicklung, so wie viele Literaten, mit einer selbständigen Fortentwicklung dichterischer Verfahren zu reagieren. Für Jugendliche mag es vorerst hilfreich sein, das dichterische Spielen mit Gedanken und Formulierungen auf einer *bereitgestellten* Klaviatur von Verfahren zu lernen.

In diesem Sinne sind die in diesem Band dokumentierten Praxisabläufe „kreativ" zu nennen. Der hier verwendete Begriff des Kreativen umfaßt im übrigen sowohl analytische als auch produktive Momente[14]: Den vom Pädagogen bereitgestellten dichterischen Verfahren nähert sich der Jugendliche mit analytischer Kompetenz, die Weiterarbeit – der Hauptteil der Praxis – ist produktiv, aus subjektiver

Bedürfnislage heraus schaffend; das Nachdenken über (erste) Textentwürfe schließlich und die Entwicklung von Vorschlägen zur Weiterarbeit an Texten erfordern wieder Analysearbeit. Neben einem verzahnten Zusammenwirken von synthetisierender Eigenproduktion und zergliedernder Analyse sehen die im folgenden vorgestellten Vorhaben auch eine Verschränkung von Emotion und Verstand vor.

Die folgenden Kapitel enthalten eine Fülle von Texten, die männliche und weibliche Jugendliche, in der Regel 17 oder 18 Jahre alt, in den letzten Jahren im institutionellen Rahmen der Schule oder bei Veranstaltungen der außerschulischen Jugendbildung mit bereitgestellten Verfahren geschrieben haben. Die Texte der Schülerinnen und Schüler lassen einerseits erkennen, welches Kreativierungspotential in den vorgestellten Schreibimpulsen steckt. Andererseits eröffnen sie interessante Einblicke in jugendliche Vorstellungswelten.

Der Band umfaßt pädagogische Hinweise und vier Kapitel mit Verfahrensvorschlägen. Letztere gehen auf etwa 15jährige Erfahrungen des Autors mit der Schreibanimation von Jugendlichen zurück, zunächst in der außerschulischen Jugendarbeit, über zehn Jahre dann als Lehrer des Faches „Literatur" an einem nordrhein-westfälischen Gymnasium.

Über die Einsendung von Texten, die mit den in diesem Buch zusammengestellten Verfahren entstanden sind, würde sich der Autor freuen (Dr. Gerd Brenner, Haierbäumchen 88, 4050 Mönchengladbach).

Orientierungen I: Kreativität und Schreibpraxis Jugendlicher

Zur Klärung des Begriffs ‚Kreatives Schreiben'

> „Die konventionelle Schule ist eher in der Lage, hohe Intelligenz zu fördern als kreatives Verhalten. Tatsächlich ist zu vermuten, daß es nicht nur Lehrer hochgradig irritiert, sondern auch leicht gegen die strikten Schulrituale verstößt. ‚Kreativität' ist zwar eine beliebte Floskel der Alltagssprache, wird aber eigentlich nur bei denen geduldet, die dafür bezahlt werden (Werbetexter z. B., auch Schriftsteller, ‚Künstler', also bestimmte, von ihren Rollen her für Kreativität disponierte Gruppen)."
>
> Dieter Baacke[15]

Kreativität, im „Deutschen Wörterbuch" der Brüder Grimm noch gar nicht vorkommend und in seinem Sinngehalt früher durch die Bezeichnungen Vorstellungsvermögen, Einbildungskraft, Phantasie und Produktivität[16] teilweise abgedeckt, geht auf das lateinische Verb *creare* (= hervorbringen, erschaffen, ins Leben rufen) zurück. Eine präzise definitorische Fassung des Begriffs ist zur Zeit kaum möglich; zu unterschiedlich sind die Verwendungsweisen in einer ganzen Reihe wissenschaftlicher Disziplinen[17], und geradezu unüberblickbar sind etwa seit den 50er Jahren die Veröffentlichungen, die dem kreativen Verhalten auf die Spur kommen wollen. Dabei sind „die Formulierungen [. . .] oft eher poetisch als genau. Vielleicht werden sie aber gerade dadurch dem schillernden Definitionsgegenstand Kreativität gerecht."[18]

Im Kern wird unter Kreativität die Eigenschaft verstanden, neues Denken, Empfinden oder Handeln entwickeln, also Transformationen einleiten, aus Altem Neues machen zu können. Ungeklärt bleibt dabei meist, „ob dieses ‚Neue' etwas grundsätzlich Neues sein muß oder neu nur in bezug auf das hervorbringende Individuum, eine Gruppe, einen Lebenszusammenhang".[19]

Für das Praxisfeld des kreativen Schreibens mit Jugendlichen wird die Entscheidung so ausfallen müssen, daß Kreativität in erster Linie in bezug auf das „hervorbringende Individuum", auf die Lerngruppe und eventuell auch noch auf die Lebensräume ihrer Mitglieder verstanden wird. Kreativität in Schreibexperimenten bedeutet so – vorläufig definiert –, daß Jugendliche sich ihnen bislang unzugängliche Möglichkeiten des Denkens, Empfindens und Formulierens erschließen. Für überindividuelle oder gar weit über die Lerngruppe hinauszielende kreative Leistungen sollte bei Schreibexperimenten Jugendlicher kein Erwartungshorizont aufgebaut werden; er würde eher entmutigend als anspornend wirken. Freilich schließt das nicht aus, daß Texte Jugendlicher auch einmal ein größeres interessiertes Publikum finden können.

Das Konzept von Kreativität, das im letzten halben Jahrhundert in den westlichen Staaten einen Boom erlebt hat, war zunächst alles andere als subjektzentriert. Das Stichwort „Kreativität" zielte ab Ende der 50er Jahre prinzipiell auf überindividuelle, *gesamtgesellschaftlich relevante* und *verwertbare Innovationskraft*. Ausgelöst wurde das Interesse an Kreativität von einem technologisch-politischen Ereignis des Jahres 1957: Als erstes Land der Welt – und vor dem sich überlegen fühlenden Konkurrenten USA – schoß die Sowjetunion in den Zeiten des „Kalten Krieges" einen Satelliten in den Weltraum. Sofort kam es in den USA zu einer technologischen Aufholjagd und zu „einer Art Hochrüstung in Sachen Kreativität".[20] Der Slogan lautete: „Um als Nation zu überleben, muß das Individuum kreativ werden."[21] Aufbauend auf die Resultate wissenschaftlicher, insbesondere psychologischer Forschung, sollte – im nationalen Interesse – die Kreativierung möglichst vieler Menschen gesellschaftlich organisiert werden, um den technologischen Vorsprung des geopolitischen Konkurrenten aufzuholen. Die Kreativitätsforschung konzentrierte sich insbesondere auf die Merkmale einer kreativen Persönlichkeit[22] sowie auf Phasen- oder Stadienmodelle des kreativen Prozesses; wenig berücksichtigt wurden dagegen die kommunikativen Aspekte der Kreativität, der Anregungscharakter dinglich-räumlicher Umgebungen und die zeitliche Strukturierung kreativer Abläufe, alles Aspekte, die gerade beim kreativen Schreiben eine große Rolle spielen. Kreativität wurde behavioristisch verkürzt und in Dienst gestellt:

> „Die psychologische Forschung arbeitete auf Hochtouren an Konzepten der Quantifizierung und Operationalisierung von Kreativität. Sie sollte so durch Tests meßbar und durch Training leicht lernbar werden. Der durch den analytischen Wissenschaftszugriff pragmatisch zugerichtete Kreativitätsbegriff war zwar keineswegs eindeutiger geworden, hatte aber kaum noch Bezug zu dem ‚Schöpferischen', für den er einmal stand."[23]

Diese Art von Kreativität, massiv öffentlich propagiert und bald auch in den Strudel der Kommerzialisierung geraten, ist als einer der vielen Zivilisationsimporte aus den USA seit längerem auch hierzulande verbreitet:

> „Wo Yves St. Laurent als Modeschöpfer agiert und seine Creationen im weltweiten Produktions- und Medienverbund präsentiert, wo Chef-Designer Luigi Colani den anatomisch korrekten Toilettensitz als kreative Problemlösung feiert und wo gestreßte Manager ihren Kreativ-Urlaub beim Töpfern im Club verbringen, da scheint die paradiesische Zeit nicht fern, in der jedermann (und jede Frau, selbstverständlich) sich als kleiner Schöpfer, als Genie des Gestaltens, als Herrscher über Zeit, Raum und Materie fühlen darf."[24]

Längst trifft hier die Bemerkung marxistischer Kulturkritiker zu, daß eine Kreativität, die hastige Innovationen im kleinen bei gleichzeitiger Konformität und Unbeweglichkeit im großen betreibe, gesellschaftlich unproduktiv sei.[25] Zugleich läuft diese Art von Kreativität leer:

> „Kreativität als Motor ständiger Neuerungen bleibt letztlich folgenlos. Die jeweils erreichten Änderungen sind gleichgültig. Kreativität verbraucht sich so in dem steten Wechsel der Moden, z. B. des zweimal jährlich wechselnden Kleidergeschmacks, des post-modernsten Denkens, der aktuellsten Jugend-Sub- oder Subventionskultur usw.".[26]

Soll man, angesichts der beschriebenen alltagssprachlichen Inflationierungen und Nivellierungen, den Begriff der Kreativität nicht besser ganz aufgeben?

Vorerst wohl nicht. Besonders im Hinblick auf die Schreibpraxis ist dieser Begriff unverzichtbar, weil er umfassender ist als ältere Begriffe wie etwa „Produktivität" und weil in der zuständigen Bezugswissenschaft, der Literaturtheorie, bislang kein adäquater Ersatzbegriff ausgearbeitet ist.[27] Die gerade von jungen Schreibern oft gestellte Frage, wie sich bei den Dichtern die Kreativität entwickle[28], ist dichtungstheoretisch kaum schlüssig zu beantworten. Zu unterschiedlich sind hier die Vorstellungen, z. B. in Äußerungen von:

Friedrich Schiller: Brief an Gottfried Körner:
  Über die ästhetische Erziehung des Menschen in einer Reihe von Briefen (22. Brief; Kunst und Form);[29]
August Wilhelm Schlegel: Vom Wesen des Romantischen;[30]
Edgar Allan Poe: Philosophy of Composition;
Bertolt Brecht: Kleiner Rat, Dokumente anzufertigen;[31]
  Realismus und Technik;[32]
Hans Magnus Enzensberger: Die Entstehung eines Gedichts;[33]
Witold Gombrowicz: Trete in die Sphäre des Traums.[34]

Auch wenn definitorische Annäherungen an den Begriff der Kreativität, die in anderen Disziplinen erarbeitet wurden, im Hinblick auf die Schreibpraxis meist zu abstrakt-nichtssagend[35] oder zu ungesichert[36] sind, so gibt es doch einige bedenkenswerte Anregungen. Aufschlußreich ist z. B. der Aufsatz „Towards a Theory of Creativity" von Carl R. Rogers.[37] Rogers stellt zunächst einen umfassenden gesellschaftlichen Bedarf an Kreativität fest und definiert sie dann prozessual als „das handelnde Hervorbringen eines neuartigen, ungewöhnlichen Produkts, das aus der Beziehung zwischen der Einzigartigkeit eines Individuums einerseits und den Gegenständen, Ereignissen, Personen oder Umständen seiner Lebensumwelt andererseits erwächst."[38] Kreatives Handeln setzt nach Rogers voraus:

- Offenheit gegenüber neuen Erfahrungen (Extensionalität); also das Gegenteil einer psychischen Abwehrhaltung; das Ertragen von Unklarheiten und Vieldeutigkeiten (Ambiguitätstoleranz); die Bereitschaft, widerstreitende Informationen zu einem Sachverhalt auszuhalten;
- die Fähigkeit, Sachverhalte aus eigenem Antrieb heraus zu werten; die Fähigkeit zu selbständigem Urteil und
- die Fähigkeit, mit Elementen und Konzepten der Wirklichkeit (in Gedanken) zu spielen; das spontan-spielerische Umgehen mit Ideen, Beziehungen zwischen Dingen etc.; die Fähigkeit, Wirklichkeitspartikel (gedanklich) auf „unmögliche" Weise zu kombinieren, etwas von einer Form in eine ungewohnte andere zu bringen.[39]

Rogers betont, daß Kreativität nicht zuletzt ein gewagtes Unternehmen ist: „Ich glaube nicht, daß viele bedeutende kreative Werke und Produkte ohne ein besonderes Gefühl entstehen, nämlich ein Gefühl wie ‚Ich bin allein. Keiner hat das jemals vor mir gemacht. Ich habe mich auf ein Gebiet vorgewagt, auf dem sich noch nie jemand aufgehalten hat. Vielleicht bin ich albern und dumm, oder ich liege total falsch, habe mich verirrt, oder ich bin anormal.'"[40]

Es ist sehr sinnvoll, junge Schreiber bereits am Anfang ihres Schreibprozesses mit solchen Gedanken vertraut zu machen, damit dann, wenn sie ihnen selbst kommen, daraus keine Kreativitätshemmung erwächst. Das Gefühl der Anormalität, das sich im spielerisch-kreativen Prozeß über kurz oder lang einstellt, sollte thematisiert und als unumgänglich dargestellt werden, bevor es Denk- und Schreibblockaden auslöst.

Das Spielerische, das Unvorhersehbare, das Risikobereite des kreativen Schreibens betont auch Günther Anders in einem Text[41], der mit jungen Schreibern zu Beginn ihres Arbeitsprozesses mit Gewinn gelesen werden kann:

Einfälle

„Wie dir das alles nur einfallen kann!" meinte staunend einer seiner Freunde, nachdem Apulejus eine neue Geschichte vorgelesen hatte.

„Wer hat das gesagt?" fragte Apulejus zurück.

„Was?"

„Daß sie *mir* eingefallen ist."

„Wem denn sonst?"

„So viel fällt unsereinem nicht ein", behauptete Apulejus bescheiden. „*Mir* eingefallen ist nur ein einziger Satz."

„Und der zweite?"

„Ist diesem ersten eingefallen."

„Und der dritte?"

„Den ersten beiden, als sie miteinander zu spielen begannen."

Der Freund schüttelt seinen Kopf. „Und welcher von den Sätzen war nun der erste Satz?"

„Der existiert nicht mehr", erwiderte Apulejus. „Der ist bald verlorengegangen. In der Menge der nachfolgenden."

„Und wie hatte dieser erste geheißen?"

„Da verlangst du etwas viel", fand Apulejus. „Soll ich mich vielleicht aller verstorbenen Sätze entsinnen?"

Dem Freund wurde die Sache unheimlich. „Und was tust *du dabei?*" fragte er nach einer Weile.

„Wenn einem Satz sein nächster einfällt?"

„Ich?" meinte Apulejus. „Ach so. Ich schreib ihn mit."

„Und *gemeint*", fragte der Freund ungläubig, „hattest du die Geschichte nicht so?"

„Was verlangst du denn von mir?" fragte Apulejus. „Hättest *du* die Geschichte denn vielleicht gekannt, bevor sie da war?"

Günther Anders

An den Text von Anders lassen sich weitere Präzisierungen anschließen: Er macht auf sinnfällige Weise deutlich, daß ein kreativer Prozeß das „Unterbewußte und nicht Steuerbare als wesentliches Element enthält"[42], daß er Raum für Spontaneität braucht, das „Fließenlassen, das Zulassen direkter, spontaner" Gedanken.[43] Die Verwunderung des Freundes von Apulejus signalisiert, daß solche „Spaziergänge am Rande des Unbewußten",[44] selbst wenn sie kurzfristiger Art sind, einigen Mut verlangen, „auch den sonst weitgehend ausgeblendeten (unbewußten) psychischen Anteilen ein Mitspracherecht einzuräumen".[45] Dem Freund ist es vielleicht deshalb unheimlich zumute.

Zugleich wird in der Geschichte deutlich, daß es bei kreativen Prozessen, wenn der Schreibende das logisch-schlußfolgernde, zielgerichtet-intentionale Korsett abgelegt hat, zu *mentalen Kombinationsexperimenten* kommt, die ein intellektuelles Risiko darstellen. Dem kreativen Prozeß liegt die Fähigkeit zugrunde, „Beziehungen zwischen vorher unbezogenen Erfahrungen zu finden, die sich in der Form neuer Denkschemata als neue Erfahrungen, Ideen oder Produkte ergeben".[46] Es kommt zu einer Art des Denkens, die als *divergent* (lat. = in entgegengesetztem Sinne, in verschiedene Richtungen auseinandergehend) bezeichnet wird. Nach Guilford[47] ist das divergente Denken – anders als konvergentes Denken (zielstrebige, logischschlüssige Problemlösung), Gedächtnis, intellektuelle Erkenntnisfähigkeit (cognition) und die Fähigkeit der Bewertung *(evaluation)* – diejenige Form der Intelligenz, die Schritte in unerwartete Richtungen tut, die zunächst offensichtlich nicht zusammenhängende Elemente der Erfahrung etc. durch assoziative Brücken verbindet, die sich überraschenderweise als gangbar erweisen. Direkt visuell umgesetzt und in einen gruppendynamischen Prozeß eingebracht, läßt sich dieses divergente Denken z. B. am Verfahren des „Cluster-Kreisels" (vgl. S. 47) studieren.

Als etwas, das man nicht kannte, bevor es da war, bezeichnet Anders das Endprodukt des kreativen Prozesses. Kreativität ist somit ein „Überschreiten von Grenzen".[48] In der Geschichte von Anders läuft diese Grenzüberschreitung als ein intuitiver Prozeß ab; Kreativität ist „auf den Innenraum des Ichs" beschränkt.[49] Da stellt sich nun freilich die Frage, „ob das die ganze mögliche Aussage über das Wesen der Kreativität sein kann oder ob da noch eine reale Dimension genannt werden muß"[50] (Hervorhebung G. B.).

Kreativität, so wie ich sie in diesem Band verstehe, hat neben der Dynamisierung von Innenwelten immer auch etwas mit der Verarbeitung von Außenwelten, von materieller, sozialer und gesellschaftlicher Realität zu tun.

Die Vorstellung, bei Kreativität handele es sich um völlig ungebundene mentale Kombinationsexperimente, bedarf einer weiteren entscheidenden Einschränkung: Das Experiment gelingt nur auf sicherer Grundlage. „Die Lust am Neuen setzt ein gewisses Maß an Sicherheit voraus."[51] Gerade bei Jugendlichen, die sich auf kreatives Schreiben einlassen (s. u.), ist es wichtig, daß nicht eine totale Verunsicherung gewohnter Denk- und Schreibmuster eintritt, da sonst eher Blockaden und Rückzüge auf den Bereich des Gekannten auftreten statt Öffnungen gegenüber neuen Erfahrungen. Kreativität, so schreibt May, „entsteht aus der Spannung zwischen Spontaneität und Beschränkungen, wobei die letzteren (wie die Flußufer) die Spontaneität in die verschiedenen Formen zwingen."[52] Dennoch ist gerade das *Erweitern beschränkender Grenzen* – beim kreativen Schreiben der Grenzen des Denkens und des Formulierens – zentral und reizvoll, denn

> „die meisten Menschen haben in ihrer Entwicklung zu viele Grenzen verinnerlicht (Normen, Gebote, Verbote, Hemmungen, Ängste usw.). Dies nimmt ihnen den Raum für Bewegung, behindert die freie, autonome Entfaltung. Oft ist der tatsächlich gelebte Raum weit geringer als der mögliche. Das Gespür für die realen Grenzen (gleich, ob es sich dabei um soziale, biologische, künstlerische, denkerische Grenzen usw. handelt) ist verkümmert. Entfaltung ist ein raumgreifender Prozeß".[53]

Die Grenzen für kreative Wagnisse lassen sich weiter vorantreiben, wenn in Schreibgruppen außer mit anregenden Verfahren (siehe Einleitung) auch an dem Gruppenklima gearbeitet wird. Rogers z. B. betont, daß die in Lerngruppen geschaffene psychische Sicherheit für die Entwicklung von Kreativität geradezu unverzichtbar sei. Das riskante Schreib-Verhalten sollte daher durch Bemühungen um soziale Sicherheiten in der Gruppe ausbalanciert werden. „Wichtiger als Trainingsprogramme in Kreativität", schreibt Baacke, „ist die Entwicklung neuer Interaktionsstile zwischen Erwachsenen und Jugendlichen, die von gegenseitiger Akzeptierung und einem Ernstnehmen individueller Besonderheiten bestimmt sind."[54]

Das gilt besonders auch für die Interaktionen der Jugendlichen untereinander; denn auch die *peer-group*-Orientierung junger Schreiber, ihre Abhängigkeit von dem, was die gleichaltrigen – vermutlich (!) – erwarten und wie sie – vermutlich (!) – reagieren, engt den Spielraum für kreatives Schreiben ein. Auch verfestigte Geschlechterrollen blockieren vielfach den Prozeß des kreativen Schreibens. Hier kann der Pädagoge –als Älterer – viele Einengungen auflösen helfen (vgl. den Abschnitt „Zur Rolle des Pädagogen bei der Erkundung von Schreibverfahren", S. 153).

Schließlich weise ich darauf hin, daß Kreativität beim kreativen Schreiben natürlich nicht alles ist. Sie hat die Funktion von Initialzündungen, führt in interessante, ungewohnte Gefilde und zeigt die Richtung an, wie über auftauchende Probleme hinwegzukommen ist. Dennoch ist Kreativität nur *ein* Element des kreativen Schreibens. „Vielen Autoren", meint der Künstler Hubert Kirchgäßner, „scheint

Kreativität dasselbe zu sein wie künstlerische Produktion [. . .]. Als Künstler weiß ich, daß Kreativität eher den kleinsten Teil der künstlerischen Arbeit ausmacht [. . .]".[55] Kirchgäßner schreibt weiter:

> „Die Gleichsetzung von Kunst und Kreativität ist nicht gerechtfertigt. Sie verweist eher auf jenen Geniekult des späten 19. Jahrhunderts, der uns in übler und schwülstiger Erinnerung ist. Einfälle taugen in der Kunst nicht viel; sie bilden höchstens jenen Anfang der Arbeit, von dem Braque sagte, daß er im Lauf der Bildentstehung restlos verschwinden müsse. Was zählt, ist die langsam im Handwerk sich entwickelnde Erfahrung und Lust, sich technischen Problemen auszusetzen [. . .]. Kunst ist mehr Arbeit als Einfall."[56]

Eine ähnliche Sichtweise künstlerischer Arbeit, diesmal mit dem Vokabular der Musik, formuliert Werner Rizzi:

> „Vergliche man das *Phantasieren* mit dem Aneinanderreihen von Lauten, Buchstaben, Silben, Wörtern und auch Sätzen ohne formale Bindung, das *Improvisieren* mit dem spontanen Darstellen, Kommentieren, Verändern und Umspielen eines Themas mit all seinen – oft kaum konstruierbaren - originellen Äußerungen und Geistesblitzen, aber auch lähmenden Längen, so kommt beim *Komponieren* dem bewußten Entscheidungsmoment große Bedeutung zu.
>
> Die Aussage soll wiederholbar sein und für eine beliebige Zeitspanne Gültigkeit besitzen. Am Ende steht die bewußte Gestaltung, das aus kreativer Arbeit entstandene Produkt, nicht die nur ungefähr umrissene Skizze. [. . .]
>
> Während bei der *Improvisation* die Entscheidungen vorher durch Regel, Stil oder Rastervorgaben und während des Spielverlaufs meist spontan und schnell getroffen werden, geschieht die Selektion, das ‚Sieben' aus der unendlichen Menge von Möglichkeiten beim *Komponieren* in der Regel bewußter, weil in der Zeit abwägbar. Der Wechsel von Detailarbeit und der Wahrnehmung des Ganzen kann in Langsamkeit vollzogen werden"[57] (Hervorhebung G. B.).

Zum Schluß sei die Frage gestellt, welche *altersspezifischen Besonderheiten* beim kreativen Schreiben mit *Jugendlichen* zu bedenken sind.

Der Stamm des lat. Verbs *creare* (Ursprung des Wortes „Kreativität") und der Stamm des Verbs *crescere* (= wachsen, aufwachsen, großwerden) wie auch das Nomen *adulescens* (= Heranwachsender, Jugendlicher) sind eng miteinander verwandt. Adoleszenz, das Jugendalter, und Kreativität, die Fähigkeit des Hervorbringens und Erschaffens, liegen also etymologisch dicht beieinander. Daß sie auch von der Sache her zusammengehören, hat die jüngere Jugendforschung eindrucksvoll empirisch nachgewiesen (vgl. den Abschnitt „Zum Interesse Jugendlicher am Schreiben", S. 25). Zur Erklärung der

Tatsache, daß Jugendliche für kreatives Schreiben ein besonderes Sensorium haben, schreibt Baacke, Jugendliche seien besonders deswegen offen für kreatives Verhalten, weil sie noch nicht so weitgehend wie Erwachsene sozialen Rollen unterworfen seien, die zu nüchtern-zweckrationaler Wahrnehmung verpflichteten.[58] Jugendliche seien vielmehr im Stadium der Rollenerprobung, einem Stadium, dessen prinzipielle Verunsicherungen kreativitätsfördernde Persönlichkeitsmerkmale wie Offenheit gegenüber neuen Erfahrungen, Ambiguitätstoleranz und ein spontan-spielerisches Umgehen mit der Umwelt in besonderer Weise nahelegen.

Freilich ist hier eine entscheidende Einschränkung zu machen: Jugendliche sind in ihrer *Schüler-Rolle* oft auf Lern- und Verhaltensmechanismen fixiert, die ihnen den Zugang zu kreativen Aktivitäten versperren können. Richter schreibt dazu:

> „Wenn ich nur intensiv genug und auf die rechte Weise übe, dann steigt meine Gedächtnisleistung, wächst meine Muskelkraft, steigt meine Ausdauer beim Joggen. Leider ist der Kreativität nicht mit einer solchen einfachen pädagogischen Bemächtigungstechnik beizukommen. Nach meiner Erfahrung ist sie nicht direkt lehr- und lernbar, schon gar nicht durch Belehrung. Kreativitätstrainings fördern in der Regel mehr notwendige Basisfähigkeiten, üben flankierende Techniken ein (z. B. Selbstsicherheitstrainings). Die Kreativität ist aber keine Technik, kein Kniff zum schnellen Lösen schwieriger Probleme. In ihrer Vielschichtigkeit und Komplexität ist sie schwer zu (be-)greifen [. . .]".[59]

Die „flankierenden Techniken" zur Stützung der Kreativität, von denen Richter spricht, werden in diesem Buch u. a. in Form anregender Schreibverfahren zur Verfügung gestellt. Dabei ist – am Anfang des Schreibprozesses, wenn die Blockaden besonders groß sind – in erster Linie der Komplex der betont spielerischen Verfahren von Belang (vgl. den Abschnitt „Mit Sprache spielen", S. 49). Viele der dort vorgeschlagenen Verfahren sind geeignet, schreibenden Jugendlichen dabei zu helfen, sich freizuspielen, die gewohnten schulischen „Bemächtigungstechniken" zurückzustellen und offen zu werden für einen ungewohnten Umgang mit eigenen Vorstellungen und Erfahrungen sowie mit der Sprache, in der all das zum Ausdruck gebracht werden kann.

Einen ganz *besonderen Zugang zum kreativen Schreiben* haben Jugendliche aufgrund einiger altersspezifischer Verhaltensdispositionen. Einige dieser Verhaltensmöglichkeiten zeichnen freilich auch kreativ schaffende Erwachsene aus, so daß sich interessante Verwandtschaften zwischen adoleszenten Verhaltensschwerpunkten und kreativer Praxis im Erwachsenenalter ergeben.

Schriftsteller haben z. B. immer wieder darüber Auskunft gegeben, daß die introspektive, meditative Konzentration auf innere Vorstellungswelten eine ihrer wichtigsten Inspirationsquellen sei (vgl. den Abschnitt „Phantasiereise“, S. 108). „Die Einbildungskraft des Dichters“ hat Wilhelm Dilthey diese bei einer Vielzahl von Autoren festgestellte Fähigkeit genannt; und auch Psychologen bezeichnen die Imaginationskraft als eine zentrale Voraussetzung für Kreativität. So schreibt Teplow:

> „Vor allem muß man bei den großen Künstlern des Wortes die außerordentliche Schärfe und Lebendigkeit der Bilder der Einbildungskraft hervorheben. Diese Bilder entstehen in den meisten Fällen noch vor Beginn der Niederschrift. Der Verfasser ‚sieht‘ in Gedanken seine Helden und ihre Taten und ‚hört‘ ihre Gespräche, und es bleibt ihm nur übrig, sich in den Sinn der sich seinem inneren Blick entfaltenden Ereignisse hineinzudenken, eine Auswahl dessen, was in das Werk hineinkommen soll, vorzunehmen und das Ausgewählte so genau wie möglich zu beschreiben.“[60]

Eine *besondere* Disposition zu solchen kreativen Schüben durch Innenschau-Phantasie hat die psychologische Forschung gerade auch für Jugendliche immer wieder festgestellt. Ausubel schreibt dazu:

> „Im Gegensatz zu dem sorglosen und extrovertierten Selbst der späten Kindheit wird das Selbst des Jugendlichen zu einem entscheidenderen und klarer umrissenen Objekt seines Gewahrseins [. . .]. Entwicklungsstudien über die Persönlichkeitsstruktur mit Hilfe des Rorschach-Tests ergeben übereinstimmend, daß Jugendliche introspektiver und mehr der Phantasie ergeben, introvertierter und an subjektiven Erfahrungen interessierter sind als jüngere oder ältere Altersgruppen“.[61]

Ausubel weist auch darauf hin, daß Jugendliche viel stärker als andere Altersgruppen zum Tagträumen neigen[62], das eine suchend-ungezielte Phantasietätigkeit darstellt, die kreativitätsfördernd wirken kann.

In mehrfacher Hinsicht ist das kreative Schreiben Jugendlichen also in besonderer Weise zugänglich.

Zum Interesse Jugendlicher am Schreiben

„Unter Jugendlichen finden wir einige Formen der Schreibpraxis. Das ist nichts Neues. Aus der Geschichte der Literatur der letzten 200 Jahre wissen wir, daß sich in der Alltagskultur der Jugendlichen eine innere Nähe zu einigen literarischen Ausdrucksformen entwickelt hat. So waren und sind junge Schreiber besonders in der Gattung der Stimmungs- und Gedankenlyrik, bei Maximen und Reflexionen und in der Tradition des persönlichen Briefes und Tagebuchs produktiv. Das gilt sowohl für Jugendliche, die es zu Autorenehren bringen, als auch für die ungleich größere Zahl namenloser Schreiber, deren literarische Tätigkeit rein privat und apokryph bleibt."

JÜRGEN ZINNECKER[63]

In den achtziger Jahren sind symbolhafte Handlungen und ästhetische Praxis in den Jugendkulturen ins Zentrum des wissenschaftlichen und öffentlichen Interesses an der Jugend gerückt (vgl. dazu auch „Zum Bedürfnis nach mehr Subjektivität", S. 30).

Eine solche Feststellung läßt sich nicht zuletzt im Hinblick auf die Schreibpraxis Jugendlicher treffen, deren für viele Beobachter überraschende Breite spätestens die Shell-Studie „Jugend '81" bekanntgemacht hat.[64]

Diese umfangreiche Untersuchung zum Verhalten der 15- bis 24jährigen kam zu dem Ergebnis, daß Anfang der 80er Jahre „kleinere Aufsätze" oder „Gedichte über die eigenen Gefühle" von 2 % der Jugendlichen sehr oft, von 5 % oft und von 18 % ab und zu geschrieben wurden – aus freien Stücken, ohne institutionelle, zum Beispiel schulische Veranlassung. 5 % führten sehr oft, 9 % oft und 15 % ab und zu ein Tagebuch. Den Anteil der schreibenden Jugendlichen – 29 % Tagebuchschreiber und 25 % Gedicht-/Aufsatzschreiber – bezeichneten die Jugendforscher als „recht beachtenswert", zumal 14 % zusätzlich oft oder sehr oft und weitere 23 % gelegentlich Briefe „über persönliche Probleme" schrieben.[65]

Die Schreibintensität und -häufigkeit 15- bis 24jähriger, so ein weiteres Ergebnis der Shell-Studie '81, ist geschlechts-, schulform- und schichtabhängig:

„Die größte Schreibfreude finden wir unter Real- und Oberschülern, bei Brief- und Tagebuchform auch noch bei Hauptschülern; Lehrlinge und Studenten schreiben schon etwas weniger, aber immer noch häufiger als Erwerbstätige. Wie stark die *biographischen Schreibtätigkeiten mit dem Jugendstatus* verbunden sind, erweist sich auch beim Vergleich der Altersgruppen. Jüngere sind häufiger Brief- und Tagebuchschreiber als Ältere. Aus dem Rahmen fällt die Aufsatz- und Gedichtpraxis, die altersneutral ist und auch von Erwerbstätigen noch betrieben wird. Unter Mädchen, in bürgerlichen Kreisen und bei privilegierter Schulbildung steigt die Zahl der Schreibenden in allen Fällen stark an“[66] (Hervorhebung G. B.).

Diese Forschungsergebnisse decken sich mit Resultaten einer Studie von W. Küppers[67], nach der die Hauptzeiten der selbstreflexiven und kreativen Schreibpraxis zwischen dem 14. und dem 17. Lebensjahr liegen. Die Häufigkeit der Schreibpraxis in diesem Alter wird auch von einer kleineren Untersuchung von F. Spieker bestätigt.[68] So kann wohl als gesichert gelten, „daß die jugendliche Schreibtätigkeit – entgegen einem populären Vorurteil – trotz des Einflusses moderner Lebensbedingungen (vor allem der Medien) keineswegs zum Erliegen gekommen ist.“[69]

Auffällig sind die geschlechtsspezifischen Unterschiede in der selbstreflexiven und kreativen Schreibpraxis (vgl. dazu „Zur Rolle des Pädagogen bei der Erkundung von Schreibverfahren“, S. 153). Während 1981 19 % der befragten männlichen Jugendlichen wenigstens ab und zu „kleine Aufsätze, Gedichte über die eigenen Gefühle“ schrieben, waren dies bei den weiblichen Befragten 30 %. Auch die Häufigkeit des Tagebuchschreibens war bei männlichen Jugendlichen (13 %) deutlich geringer als bei den weiblichen (45 %). Allerdings weisen Editoren von Texten junger Schreiber darauf hin, daß sich dieses Übergewicht weiblicher Schreibpraxis in öffentlichen Vermittlungsprozessen, bei Schreibwettbewerben und in Textsammlungen zum Beispiel, nicht niederschlägt: Männliche Jugendliche und junge Erwachsene neigen weit eher dazu, ihre Schreibversuche öffentlich werden zu lassen.[70]

Die Shell-Studie des Jahres 1985 hat die Ergebnisse der Erhebungen von 1981 in wesentlichen Punkten bestätigt. Bei fast identischen Fragestellungen ergaben sich „durchaus ähnliche Prozentverteilungen“.[71] Erneut wird die „ästhetische Praxis“ als „bevorzugte Freizeittätigkeit“ Jugendlicher hervorgehoben. 1985 schrieben 5 % der befragten 15- bis 24jährigen häufig oder sehr häufig aus eigenem Antrieb Gedichte, 11 % schrieben (sehr) häufig Tagebuch, und 7 % schrieben (sehr) häufig selbstreflexive „kleine Aufsätze“.[72]

Von besonderem Interesse ist die Shell-Studie des Jahres 1985 deswegen, weil sie – auch im Hinblick auf die Schreibpraxis – Vergleiche zwischen Jugendlichen und Erwachsenen anstellt. Wie bereits die Vorgängerstudie weist die Untersuchung „die Jugendlichen (das Jugendalter) als kulturell produktiven Teil der Gesellschaft" aus.[73] Erwachsene „sind entschieden weniger literarisch und künstlerisch tätig als Jugendliche."[74] Die Angaben für das zumindest gelegentliche Schreiben von Gedichten (Jugendliche: 22 %; Erwachsene: 10 %), Tagebüchern (Jugendliche: 27 %; Erwachsene: 6 %) und selbstreflexiven Aufsätzen (Jugendliche: 34 %; Erwachsene: 16 %) gehen deutlich auseinander.

Zum Sprachverhalten Jugendlicher

„Und wer selbst nichts schreibt, dem wird sein Leben vorgeschrieben . . .“[75]

Das kreative Schreiben Jugendlicher wird durch ihre spezifische Sprachpraxis zugleich unterstützt und gehemmt. Ausgehen kann man von einem starken Interesse Jugendlicher „an der eigenen Sprache, an der in der eigenen Clique geborenen, für Erwachsene und vielleicht auch für andere Jugendliche unbekannten Wortbedeutung“.[76] Die oft nur in kleinen Zirkeln situativ-spielerisch entwickelten sprachlichen Kreationen sind für Jugendliche Hilfe zur Identitätsbildung:

„Ein zentrales Anliegen der Jugendphase ist es, im Verlauf der Ablösung von *Identifikationen* mit anderen, in der Regel älteren Personen aus der Fülle gesellschaftlicher Einflüsse eine *eigene Identität* zu synthetisieren. Da sich Identität vor allem über das Medium Sprache behauptet, ist die ‚eigene‘ Sprache im Jugendalter so sehr ausgeprägt. Diese ‚eigene‘ Sprache erscheint in der Regel als ein soziales Phänomen, da eine Vielzahl von Jugendlichen aus einer Schicht, einer Region oder auch eine ganze Generation mit ihrer Hilfe auf ähnliche gesellschaftliche Anforderungen reagiert. Sprachliche Neuschöpfungen, Bedeutungsverschiebungen und neue Wortkombinationen stellen für Jugendliche einen generationsspezifischen Verständigungsspielraum her, in dem sich das gegenüber vorhergehenden Generationen *Eigene* herausbilden läßt. Die selbst erschlossenen sprachlichen Experimentierfelder bieten so die Möglichkeit, gesellschaftlich Altes neu erscheinen zu lassen . . .“.[77] (Hervorhebung G. B.)

Auf diese entwicklungsgeschichtlich erklärbare Lust Jugendlicher am Reformulieren kann die Praxis des kreativen Schreibens bauen; zunächst ist dabei aber eine strukturelle Barriere der Jugendsprache zu überwinden. Die innovatorisch-kreative Sprache des Jugendalters, das Bemühen um ein unverwechselbares Idiom, hat einen starken kollektiven Charakter, es dient dem Gruppenzusammenhalt und kann sich zum Gruppendruck steigern (vgl. „Zur Rolle des Pädagogen bei der Erkundung von Schreibverfahren“ S. 153) und behindert damit individuelle sprachliche Anstrengungen. „Kreativität, das heißt vorfindliche Sprachstrukturen umzugestalten, ist das Mittel, sich entsprechend sprachlich aufzuführen, wobei für die Mehrzahl jugendlicher Sprecher Kreativität sich in Aufnahme des Neuen erschöpft“, betont Henne.[78] Vieles an der Jugendsprache hat einen floskelhaften, individuelle sprachliche Beweglichkeit eher behindernden Charakter.

„Zwischen sprachlicher Kreativität und floskelhaftem Ungenügen pendelt sie unentschlossen hin und her und läßt die Erwachsenenwelt verwirrt zurück".[79]

Aus der gesprochenen Sprache Jugendlicher, die sich – ihrer starken situativen Gebundenheit wegen – vielfach gegen schriftliche Fixierungen sperrt, lassen sich ohnehin nur einige, wenn auch zentrale Impulse in die Praxis des kreativen Schreibens einbringen. Dazu zählen „metaphorische (‚übertragene'), zumeist hyperbolische (‚vergrößernde') Sprechweisen" sowie „prosodische (die Lautstruktur betreffende) Sprachspielereien".[80] Durch ein pädagogisches Umgehen mit Phänomenen des Gruppendrucks sollte jungen Schreibern eine Möglichkeit eröffnet werden, das Kreativitätspotential der Jugendsprache für die Schreibpraxis zu nutzen (vgl. dazu zum Beispiel „Die eigenen Wörter fangen", S. 134 ff.).

Zum Bedürfnis nach mehr Subjektivität

Literatur und Subjektivität sind seit langem eng aufeinander bezogen. Einerseits, so schreibt Oelkers, wird die moderne Subjektivität „als ‚Werk' ihrer selbst, also ästhetisch, gedacht". Andererseits ist die Dichtung „in der modernen Gesellschaft der Ort des subjektiven Ausdrucks geworden".[81]

Dieser subjektive Selbstausdruck wird von Jugendlichen vielfach inszeniert[82], in persönlichen Selbststilisierungen, in den Bemühungen um ein besonderes, unterschiedliches *Outfit,* aber auch im Medium der Sprache und mit Verfahren des kreativen Schreibens. Eine besonders zugespitzte Problematik wirft dieses Bedürfnis nach subjektivem Selbstausdruck in der *Institution Schule* auf, in der eine *Entsubjektivierung der Kommunikation* prinzipiell immer dann stattfindet, wenn *Kognitives* im Mittelpunkt steht; und das ist in den meisten Unterrichtszusammenhängen der Fall. Der institutionelle Zwang, 20 bis 30 Schüler gleichzeitig bei *einer* Sache zu halten, führt zur Abspaltung persönlicher Äußerungsformen der Schüler – und auch der Lehrer. Der persönliche Selbstausdruck des Schülers wird bereits auf frühen Stufen der schulischen Sozialisation in jene Phasen des Unterrichtsverlaufs abgedrängt, die weniger Gewicht haben, die Anfangsminuten der Stunde etwa – falls er überhaupt noch im Unterricht zugelassen wird.

Deutlich wird dies an der Tendenz von Lehrern, subjektive Erlebnisschilderungen von Kindern in dem von den Schülern selbst gewünschten Umfang nur in den ersten Klassen einer Schulform zuzulassen. Diese Erzählungen werden recht bald im Interesse entsubjektivierter, abstrakt-systematischer Gedankenproduktion und allgemeiner Information zurückgedrängt und schließlich oft ganz abgestellt.[83] Die Frage, ob es „möglich ist, subjektive Erlebnisse mit einem systematischen Wissenskanon zu verbinden, ohne daß die Systematisierung gleichzeitig ein Abstraktionsvorgang weg von den nachprüfbaren Lebenszusammenhängen der Schüler bedeutet",[84] wird in der Praxis des Schulalltags in der Regel mit einem Nein beantwortet.

Das subjektiv gefärbte, erlebnisgeprägte Erzählen wird von den Schülern schließlich noch taktisch instrumentalisiert, aber nicht mehr um seiner selbst willen eingebracht: „Durch das Erzählen von ‚privaten' Erlebnissen versucht man, den Lehrer zum Quatschen anzuregen, damit er z. B. die Hausaufgaben vergißt."[85]

Die Entsubjektivierung schulischer Kommunikation spätestens mit

Beginn der Sekundarstufe I und ganz besonders dann in der Sekundarstufe II hängt mit einer wenig überzeugenden *Entwicklungstheorie* zusammen, die das Alltagsbewußtsein vieler Lehrer nachhaltig geprägt hat.[86] Ihr zufolge „können die Grundschüler nicht argumentieren, sondern nur erzählen, dagegen wollen die älteren Schüler nicht mehr erzählen, sondern argumentieren. Sicherlich ist die Fähigkeit, logisch und abstrakt (Piaget: ‚formal') zu denken, im allgemeinen erst im nachpubertären Alter voll ausgeprägt; aber es ist nicht einzusehen, warum mit diesem Gewinn zugleich ein Verlust an Erzählfähigkeit und Erzählfreude einhergehen soll."[87]

Die pädagogische Diskussion hat das Problem der Entsubjektivierung vielfach gespiegelt und Gegengewichte aufzubauen versucht.[88] Blätterte man in den 80er Jahren pädagogische und fachdidaktische Zeitschriften durch, so sprangen Themen ins Auge, die auf Phantasie, auf Kreativität, auf die umfassende Belebung der Persönlichkeiten von Schülern – aber auch von Pädagogen – zielten, auf eine Freisetzung individueller Energien im ansonsten eher funktionalistischen, unpersönlichen Lernalltag.

In auffälliger Häufung wurde die Frage aufgeworfen, wie Subjekte mit *all* ihren Fähigkeitsdimensionen – und nicht nur den kognitiven und prozeduralen – im Bildungsalltag zu beheimaten seien, wie insbesondere die in der Institution Schule stillgestellte, von Jugendlichen aber so demonstrativ präsentierte Sinnlichkeit und die Ästhetik wieder Spielraum gewinnen könnten.

Wie läßt sich diese Akzentuierung des Subjektiven erklären? Entwicklungen im Schulsektor selbst haben diese Betonung des Persönlichen nicht ausgelöst. Gibt es andere, gesellschaftliche Ursachenzusammenhänge?

Kritische Hinweise, in Deutschland sei in Zeiten gesellschaftlicher und politischer Stagnation oder Restauration schon immer vorzugsweise die Flucht nach innen angetreten worden, erklären beileibe nicht alles. Insbesondere für die jüngere Generation gibt es durchaus plausible Gründe, Subjektivität stärker zu betonen. Es sind dies Gründe, die deutlich machen, daß es bei diesem Phänomen wohl nicht in erster Linie um eine Flucht in Innerlichkeit und Irrationalität geht.

Im Gegenteil: Betrachtet man den Funktionswandel des Bildungssystems im gesellschaftlichen Kontext, dann ist eine stärkere Betonung des Subjektiven durch Lernende durchaus rational nachvollziehbar.

Dazu sechs Thesen:

These 1

In den letzten Jahren sind im Bildungssystem für die jüngere Generation ganze Motivationsbereiche ausgehöhlt worden.

Nicht von ungefähr ist jahrelang in der didaktischen Literatur die Kategorie der Motivation zentral gewesen. Insbesondere viele Entwürfe für den schulischen Unterricht machten die „Motivationsphase" zum springenden Punkt eines Lernprozesses. Das läßt darauf schließen, daß Pädagogen heute in ihrem Alltagsbewußtsein von einem beträchtlichen Motivationsdefizit junger Lernender in Institutionen ausgehen, daß sie das Gefühl haben, als Vertreter der Lerninstitution an die Subjekte des Lernens nur noch schwer heranzukommen. 1979 schrieb Döpp in dem vielbeachteten Band „Narziß – ein neuer Sozialisationstypus?":

> „Eine umfassende Motivationskrise auf allen Ebenen institutionalisierter Lern- und Bildungsprozesse verunsichert gegenwärtig Lehrer und Erzieher [. . .]. Was sind die Gründe dafür, daß nichts mehr so geht, wie es vor Jahren noch zu gehen schien? Allerorten Symptome, die auf eine Schwächung der klassisch-bürgerlichen Motivationsbasis hinweisen".[89]

Der hier beschriebene Trend hat sich inzwischen wohl stabilisiert. Die Frage bleibt also: Was ist mit den lernenden Subjekten passiert, wenn sie in Situationen, auf die institutionell Lehrende spezialisiert sind, stärker als erwartet Passivität und Zurückgezogenheit zeigen?

These 2

Ein starker Einbruch in die Motivation, objektivierbare Wissensbestände aufzunehmen, hat sich bei den Lernenden dadurch ergeben, daß eine Entwertung intersubjektiv gültiger Erfahrung stattgefunden hat und weiter stattfindet.

Dazu schrieb Peter Wapnewski:

> „Die Autorität der Alten und ihrer moralischen Glaubwürdigkeit war die Autorität der *Erfahrung*. War gegründet auf dem objektiven Wert, dem kontrollierbaren Nutzen, dem nachprüfbaren Gewicht der Erfahrung. Er-

fahrung indessen, eines der kostbarsten Güter, seit es Menschen gab, und ihr Bemühen, sich einzurichten und durchzusetzen in dieser Welt, zerfällt heute im Wechsel, in der Abfolge der Generationen zu einer belanglosen Größe, löst sich auf in Nichtigkeit. (. . .)
Kaum je in der Geschichte mag Erfahrung sich derart desavouiert haben wie in unserer Zeit. Nach wie vor ist der Mensch zwar ein Wesen, das sich versteht und begreift und erklärt aus seinen Erfahrungen. Aber heute ist er mit ihnen allein, er kann sie nicht weiterreichen, niemand nimmt sie ihm ab, das Neue ist schneller, und zum Begreifen dieser uns heute bestimmenden, durchdringenden, entmündigenden Welt ist nicht die alte Erfahrung nützlich, sondern das technische Wissen von innovationsbesessenen, -besetzten Generationen"[90] (Hervorhebung G. B.).

Wenn aber Sozialisationsbemühungen, die auf intersubjektiv gültigen Erfahrungen beruhen, tendenziell der Boden entzogen wird, dann gewinnen die Erfahrungen und Äußerungen des einzelnen Subjekts ein neues Gewicht. Die Schule hat sich darauf bisher kaum eingestellt.

These 3

Erfahrungsentwertung bringt Lernende dazu, aus depositärem, erst später nutzbarem Lernen zunehmend auszusteigen. Lernende empfinden die Forderung des Bildungssystems, man müsse zu depositärem Lernen bereit sein, zunehmend als Funktionslüge.

Walter Hornstein, langjähriger Leiter des Deutschen Jugendinstitutes in München, schreibt dazu:

„Es ist etwas in die Brüche gegangen, auf das sich die Gesellschaft bisher verlassen konnte, dies nämlich, daß die Aussicht auf ein gutes Einkommen, auf einen halbwegs befriedigenden Job ausreicht, um die Heranwachsenden für diese Gesellschaft, für ein Leben in dieser Gesellschaft zu motivieren. Das betrifft vor allem Selbstverständnis und Funktion des Bildungswesens: spätestens seit Mitte der sechziger Jahre hat sich in der Bundesrepublik ein Verständnis von Schule und Bildungswesen durchgesetzt, dessen wesentlicher Bestandteil gerade in der Vorstellung liegt, daß schulische Leistung, nachgewiesen durch Zeugnisse, Abschlüsse, die entscheidende und auch sichere Voraussetzung für soziale Chancen, für befriedigende berufliche Aufstiegsmöglichkeiten darstelle. In der berühmten Formulierung Schelskys: Schule als ‚Zuteilungsapparatur sozialer Chancen' ".[91]

Das Bildungssystem, so wie es hier beschrieben wird, erlitt in den 80er Jahren einen deutlichen Funktionsverlust. Die in der Struktur des Bildungsgangs scheinbar angelegte Zukunft gab es für viele Lernende nicht mehr ohne weiteres. Die Bildungseinrichtungen konnten die bis dato zu erwartenden Schienen des Fortkommens nicht mehr garantieren.[92] Die Konsequenz: Ein Großteil der Lernenden gab sich mit dem Status von „Wartenden" nicht mehr zufrieden und nahm faktisch für sich das gleiche Recht auf ein voll gelebtes Leben in Anspruch, wie dies Erwachsene tun. Depositäres Lernen verlor im Zuge dieser Entwicklung an Wert; Selbstverwirklichung in der Gegenwart wurde wichtiger.[93] Damit rückten für Jugendliche Kommunikationsformen in den Vordergrund, welche die Ausdrucksfunktion der Sprache deutlich akzentuieren.

These 4

Entsinnlichung und Depersonalisierung der Lebenswelt, ihr oft nicht mehr begreifbarer abstrakter Zusammenhang, das weckt bei Lernenden Bedürfnisse nach überschaubaren Erfahrungsräumen und nach Repersonalisierung, erschwert dagegen situationsungebundene, von Personalität gelöste Abstraktion.

Nach Meinung des Medienpädagogen Dieter Baacke befinden wir uns „in unserer Gesellschaft in einer sehr ernstzunehmenden Identitätskrise, die unter anderem auch mit der Entsinnlichung der Lebensräume zu tun hat"[94]. Den Sinnbereichen des Riechens, Fühlens und Sehens eröffnet sich immer weniger Erfahrungsmaterial. Beim Einkaufen von Waren etwa reduziert sich die Sinnlichkeit inzwischen auf die Betrachtung von Plastiküberzügen und das Hantieren mit geruchsfreien Abpackungen. Für Lernende kommt dann die „stillgelegte Sinnlichkeit" der Bildungsinstitution hinzu[95]. Die Lebenswelt wird im Bildungsprozeß noch einmal mediatisiert, in Papier und Zelluloid verwandelt. Das zunehmende sinnliche Defizit ihrer Lehrprozesse haben die Bildungsinstitutionen in den letzten Jahrzehnten mit einem Medienrummel lediglich kaschiert, nicht etwa behoben.

Auch von der entsinnlichten Lebenswelt her ergibt sich also plausibel ein gesteigertes Interesse Jugendlicher an sinnlich-ästhetischer Praxis.

These 5

Aus all diesen Entwicklungen, der Entsinnlichung, Verabstraktifizierung und Depersonalisierung der Lebenswelt, der Entwertung von Erfahrung und der zunehmenden gesellschaftlichen Dysfunktionalität des despositären Lernens, ergibt sich für eine wohl wachsende Zahl von Lernenden der Wunsch, in den Bildungseinrichtungen, also da, wo über längere Zeiträume hinweg personale Bezüge stabil bleiben können, vor allem anderen Subjekte mit Subjekten in Beziehung zu setzen und Formen einer persönlich gefärbten Kommunikation zu entwickeln.

Den personalen Bezug suchen zunächst Lernende untereinander – auch und gerade im Unterricht. Personaler Bezug wird aber auch in der Beziehung zwischen Lehrendem und Lernendem gesucht; also da, wo bislang die Sache übermächtig im Vordergrund stand, werden nun subjektive Öffnungen des Lehrenden zum Lerngegenstand und zum Lernenden hin eingefordert. Sozialpsychologen wie Thomas Ziehe erscheint diese Hinwendung zum Subjektiven plausibel; Ziehe schreibt dazu:

> „Als gemeinsames Motiv hinter den verschiedensten Formen eines Interesses an Subjektivierung [. . .] sehe ich das Bedürfnis, sich selbst noch erleben zu können oder sich als einzigartig (als einzigartige Gruppe) repräsentieren zu können. Die Modernisierung und die mit ihr einhergehende Entzauberung der Welt müssen eine allumfassende Gefahr bedeuten, daß man selbst depersonalisiert wird und sich ‚nicht wiederfinden' kann. Insofern ist das Interesse an Subjektivierung auch nicht etwas, das sich auf Randbereiche der kulturellen Realität richtet und dann von Kritikern als Flucht oder Rückzug denunziert werden kann. Nein, ich habe den Eindruck, das Interesse an Subjektivierung ist durchaus offensiv und richtet sich auf ein Kernproblem: der vereinseitigten Rationalisierung etwas Eigenes entgegensetzen zu wollen".[96]

Das Interesse an Subjektivierung hat verschiedene Facetten: Es tritt in Erscheinung als Verlangen nach spontanem Selbstausdruck. Mancher Lernende drängt heute darauf, daß er als subjektive Instanz ernstgenommen wird. Er sucht Spielräume für persönliche Resonanzen auf Umwelterlebnisse, für persönlichen Selbstausdruck. Er möchte sich in inneren und äußeren Zusammenhängen zugleich selbsttätig erleben. So unter anderem erklärt sich die Abwendung vieler Lernender von der makrostrukturellen Politik, die Abwendung von den großen Organisationen und die Hinwendung zum direkt erlebbaren Zusammenhang, zum Regionalen, Lokalen, das sinnlich erfahrbar bleibt und persönliche Resonanzen erlaubt.

Hinzu kommt ein Bedürfnis, das ich Konfigurationswunsch nennen möchte. Er beinhaltet, daß Lernende – vielleicht schon immer, nun aber ganz intensiv – *Figuren* suchen, in denen sich Informationen verdichtet gestalten, konfigurieren. Aus Gesprächen mit Lernenden schließe ich, daß sie heute oft den Eindruck gewinnen, der Lehrende richte in ihren Köpfen ein unzusammenhängendes Sammelsurium kognitiver Wissensbestände an, welche in ihrem Erleben, in ihrer subjektiven Verarbeitung nicht zusammenkommen können. Mitgeteilte Daten und Strukturen gestalten sich nicht mehr zu Einheiten, konfigurieren nicht mehr. Daraus ergibt sich das Bedürfnis, das lernende Verstehen der Umwelt, also eine „Weltanschauung", in Figuren synthetisiert wiederzufinden. Dies können historische Figuren sein, die „Figuren" der Lehrer, insbesondere aber auch fiktiv-literarische. Das in den achtziger Jahren so weit verbreitete Schreiben von Jugendlichen ist auch als eine Syntheseleistung zu verstehen, mit der das in den Schulen angeeignete, unverbundene Wissen in sinnlich vorstellbaren Personen konfiguriert wird.

These 6

Das Subjektivitätsbedürfnis der Lernenden erfordert eine verstärkte persönliche Präsenz des Lehrenden.

In Zeiten der Erfahrungsentwertung (siehe These 2) gewinnt die momentane Dynamik der persönlichen Weiterentwicklung des Lehrenden an Gewicht gegenüber überpersönlichen und überzeitlichen Wissensbeständen. Ein persönlichkeitsintensives Handeln im Lernprozeß fällt jedoch manchen Lehrenden, besonders auch einem Teil der „progressiv" eingestellten, nicht leicht. Ich meine diejenigen der mittleren und jüngeren Generation, die sorgsam darauf bedacht sind, eigene Erfahrungen mit einer autoritär strukturierten Sozialisation nicht an Lernende der jungen Generation weiterzugeben. Sie nehmen ihre Rollenmacht bewußt zurück – aber mit ihrer Rollenmacht oft auch ihre Person. Sie verwechseln den Abbau von „Autoritärem" mit der Zurücknahme von Persönlichkeit. Dabei haben sie die Vorstellung, wenn sie ihre Person aus dem Bildungsprozeß der Lernenden möglichst weit herauszögen, dann würden die Lernenden den entstandenen Spielraum nutzen, um sich selbst als Personen produktiv ins Spiel zu bringen. Solche Erwartungen werden oft enttäuscht. Meist liegt der vom Lehrenden freigegebene Spielraum brach; statt persönliche Entwicklungen aller Beteiligten zu ermöglichen, entsteht Leerlauf. Offensichtlich belebt sich das Subjekt des Lernenden nur dann, wenn auch der Lehrende mit seiner Persönlichkeit deutlich im Bildungsprozeß präsent ist.

Dies sollte authentisch geschehen, denn sucht der Lehrende eine Verwandtschaft zum Subjekt des Lernenden, ohne seine Person offen einzubringen, dann kommt es zu Rollenspielen, welche die subjektive Dynamik ebenfalls blockieren. Wird die eigene Persönlichkeit vom Lehrenden ausgeklammert, nähert er sich den Lernenden in Kleidung, Sprache und Rolle mit Mitteln der Anbiederung, dann reagieren die Lernenden mit Beschreibungen wie der folgenden: „Schlipsloser, offenkragiger, freundlicher, verbindlicher Freizeitschleimjudas. Der dich duzt."[97]

Solche Reaktionen zeigen, daß die Entwicklung von Subjektivität in einer Lerngruppe entweder nur ohne Ausnahme, also unter Einschluß gerade auch des Lehrenden, oder gar nicht möglich ist. Persönlichkeitsbelebung gelingt nur als Teilnahme an offenen Entwicklungsprozessen *aller* in einer Lerngruppe Anwesenden.[98]

Für Pädagogen, die in der Schreibpraxis mit Jugendlichen und jungen Erwachsenen engagiert sind, gilt diese Einsicht in besonderem Maße. Wollen sie glaubwürdig agieren, müssen sie zugunsten des Selbstausdrucks Jugendlicher und ihres eigenen Selbstausdrucks traditionelle pädagogische Verhaltensmuster aufgeben, die statt auf Ausdruck der Subjekte auf *Ein*drücke, auf *Ein*wirkung aus sind. Jürgen Oelkers hat den Widerspruch, um den es hier geht, gut auf den Begriff gebracht: „Das Bemühen, den poetischen Ausdruck von Subjektivität zu verstehen (oder selbst zu gestalten; G. B.), nötigt zu irritierenden Erfahrungen, denn es kommen Themen ins Spiel, die den gewohnten pädagogischen Anspruch beschneiden [. . .]. Alle Pädagogik muß so tun, als könne die Erziehung von Außen auf das Innere fortschreitend positiv einwirken. Sie denkt also von Außen nach Innen. Die Poesie denkt umgekehrt: Sie thematisiert das innere Geschehen in der Abarbeitung am äußeren."[99]

In der Formulierung von Oelkers steckt der Versuch, das Verhältnis von Innen (Subjektivität) und Außen (Objektivität) pädagogisch neu zu definieren. Eine ähnliche Umorientierung, so belegt Karlheinz Fingerhut, hat sich in den 80er Jahren in der Praxis des schulischen

Deutschunterrichts bereits durchgesetzt. Fingerhut berichtet von zwei Umfragen unter Deutschlehrern, die eine Dekade auseinanderliegen und deren Ergebnisse für ihn belegen, daß der Umgang mit Literatur Anfang der 70er Jahre von einer distanziert-kritischen und wissenschaftlich-rationalen Haltung geprägt war, was zum Beispiel dazu führte, daß in den 70er Jahren an den Schulen „Versuche zum Selber-Schreiben [. . .] deutlich negativ besetzt“[100] waren.

Solche Versuche wurden mit den seit den 50er Jahren abgewerteten Begriffen wie „Erlebnis“ und „Lebenshilfe“ in Beziehung gebracht. Während in den 70er Jahren die Balance „Vernunftfähigkeit und Empfindungsfähigkeit“[101] zugunsten der kritischen Vernunft umkippte und beides gegeneinander ins Feld geführt wurde, wiederholte sich diese Entgegensetzung in den 80er Jahren – so Fingerhut – mit umgekehrtem Vorzeichen. Die Mehrheit der Deutschlehrer sei in diesem Jahrzehnt „aus dem Zeitalter der Aufklärung erneut in ein Zeitalter der Empfindsamkeit übergewechselt“.[102] Zugleich setzten sich in Verlagsprogrammen Alltagslyrik, subjektiv ausgerichtete Erfahrungs- und „Verständigungstexte“ durch, wurde in der Literaturwissenschaft das Subjekt des Lesers betont (Rezeptionsforschung) und orientierte sich die Deutschdidaktik auf das Schülersubjekt als Leser. Diese Entwicklung führt Fingerhut auf die skeptische Bewertung der Vernunftfähigkeit im Gefolge der Kritischen Theorie (Adorno, Horkheimer), auf negative gesellschaftliche Erfahrungen mit technischer Rationalität und auf eine Neubewertung der Emotionalität „als einer von der Gesellschaft nicht so einfach zu verplanenden Dimension des Ich“ zurück.[103]

Die Verfahren des Schreibens und Nachdenkens, die in diesem Buch vorgestellt werden, versuchen insgesamt aus der unproduktiven und problematischen Entgegensetzung von Empfindungs- und Vernunftfähigkeit herauszukommen. Die dokumentierte Schreibpraxis soll Subjekte anregen, sich in beiden Dimensionen gleichzeitig weiterzuentwickeln. Die schreibende Belebung der Subjekte, zu der die vorgestellten Verfahren beitragen möchten, ist auch keineswegs nur für gesellschaftsabgewandte „Bewohner des Elfenbeinturms“ gedacht; vielmehr sollen die Anregungen zu eigenem Schreiben ein Vermögen entwickeln, das zugleich der sprachlichen Ausdruckskraft als auch der Lebensbewältigung im sozialen Kontext zugute kommt: Es geht um Anregungen zu produktiver Tätigkeit.

Außerdem läßt sich mit diesen Verfahren sowie mit der vorgeschlagenen Kultur des Redens über eigene Texte die gesellschaftlich sich ausbreitende Privatisierung von Erfahrungen teilweise aufheben.

Anregungen für die Praxis

1. Einstiege: Korrespondenzen

In der frühen Jugendphase bahnen viele Jugendliche eine oder mehrere Brieffreundschaften an; damit entwickelt sich im Jugendalter eine rege Briefkultur, die insbesondere dadurch immer wieder neue Impulse erhält, daß die zunehmende Reisetätigkeit Heranwachsender jährlich neue Anlässe für einen brieflichen Austausch schafft. In einer Phase, in der persönliche Entwicklungsprobleme zunehmen, die oft bei den engeren Verwandten und Bekannten nicht auf Anhieb thematisierbar sind, werden entfernt wohnende Briefpartner zum Adressaten oft ganz intimer Reflexionen. Die Distanz, die zwischen den Briefpartnern liegt, ermöglicht zugleich eine Offenheit, die im engeren Lebensbereich manchmal nicht möglich erscheint. Die Briefe Jugendlicher – auch solche an räumlich ferne Erwachsene[104] – sind oft von einer besonderen Intensität der Selbstreflexion.

Beeindruckend ist auch die Quantität der persönlichen Korrespondenz im Jugendalter. Diese Form der Schreibtätigkeit übertrifft alle anderen bei weitem. Nach der Shell-Studie '85 schreiben 83 % der 15- bis 24jährigen „persönliche Briefe"; 9 % tun dies sehr häufig, 26 % häufig und 48 % gelegentlich. Nur 17 % schreiben nie einen Brief mit persönlichem Inhalt.[105]

Briefliche Korrespondenzen kommen als Äußerungsform in der Praxis des Schreibens mit Gruppen Jugendlicher und junger Erwachsener kaum in Frage; ein *intensiver* persönlicher Austausch per Brief legt *räumliche Distanzen* zwischen den Schreibenden nahe, und diese sind bei gruppenmäßigen *face-to-face*-Arbeitsformen nicht gegeben. Dennoch läßt sich das Interesse Jugendlicher an Korrespondenzen zum Teil in die Dynamik einer Schreibgruppe übersetzen. Mit den vertrauten Prozeduren der Korrespondenz kommen junge Schreiber rasch über die oft mißliche Anfangssituation hinweg, in der ein weißes Blatt vor ihnen liegt, mit dem sie – ohne Anfangsimpuls zum Schreiben aufgefordert – nichts anzufangen wissen.

In die erste Phase einer Schreibgruppe kommen Jugendliche ja in den seltensten Fällen mit bereits konkreten Projektideen hinein. Das Entwickeln und Entfalten von thematischen Vorhaben und von Verfahren des Schreibens wird von der Schreibpraxis selbst erwartet. Das steigert die anfängliche Schwellenangst vor den ersten literarischen Schreibversuchen. Die dynamisierende Wirkung korrespondenzhafter Verfahren hilft bei der Überwindung. Dazu einige Vorschläge:

Zettellawine[106]

Dieses Verfahren ermöglicht es einer Schreibgruppe, in wechselseitiger, korrespondenzhafter Anregung Schreibideen, Themen, Handlungskerne usw. selbst zu entwickeln. Relativ ziellos in das Verfahren hineingehend, gelingt den Jugendlichen ‚das allmähliche Verfertigen der Ziele beim Arbeiten'. Die Schreibenden erfahren, wie aus eigenen korrespondenzhaften Textentwürfen und denen anderer für die eigene Schreibpraxis „planerische Funken geschlagen werden können".[107] Sie erfahren, wie sich ein Zielhorizont des Schreibens aus ersten Sätzen und Satzfolgen allmählich entwickeln läßt.

Das Verfahren kann so angeregt werden:

Ihr entwickelt zusammen Schreibideen. Jeder besorgt sich ein DIN A 4 Blatt und einen Schreibstift und notiert einen Satz auf seinem Blatt. Es kann sich um einen Aussagesatz handeln, aber auch um eine Frage oder einen Ausruf. Der Satz kann ein Ereignis betreffen, das dich in den letzten Tagen interessiert hat, oder einen Sachverhalt, über den du oft nachdenkst. Es kann sich aber auch um einen ohne viel Überlegung schnell hingeworfenen Satz handeln. Oder um ein Zitat, das du aus einem Film oder einer Fernsehsendung oder einer Schulstunde im Ohr hast.

Spätestens nach *2 Minuten* sollst du deinen Satz an denjenigen weitergeben, der zwei Plätze links von dir sitzt. Du kennst also den Empfänger deines Satzes, bevor du ihn niederschreibst. Vielleicht beflügelt das deine Phantasie.

Die Sätze, die man nach 2 Minuten erhält, sollen – irgendwie, der Phantasie sind keine Grenzen gesetzt – zu einem erzählenden Text erweitert werden. Nach weiteren *5 Minuten* erhält der linke Nebenmann den Text, der nun schon zwei Autoren hat und von einem dritten weitergeschrieben wird. Dazu stehen jetzt *7 Minuten* zur Verfügung.

Anschließend kann ein vierter literarischer Korrespondent einbezogen werden, bevor der Text an den Schreiber des ersten Satzes zurückgeht. Die Texte werden abschließend laut verlesen.

Das Verfahren wird von Jugendlichen in der Regel intensiv schreibend genutzt und führt zu überraschenden und interessanten Erfahrungen:

„Durch die Ideen von den anderen kann man sehen, wie verschieden sich Geschichten weiterentwickeln können. Ich hatte eine ganz andere Geschichte im Kopf, als ich den Zettel weitergegeben habe."

„Die Geschichten der anderen lagen einem besser."

„Man konnte probieren, sich in den Schreibstil eines anderen hineinzudenken."

„Allein wäre mir gar nicht so viel eingefallen. Wenn man alleine dasitzt, verbeißt man sich in was."

Die kollektiv geschriebenen Texte werden ausführlich diskutiert. Dabei werden unter anderem Vorschläge gesammelt, auf welche Weise sich die Texte weiterentwickeln (teilweise umschreiben, weiterschreiben) lassen. Zum Schluß kann entschieden werden, wer welchen Text in der Weiterentwicklung betreut.

Der im folgenden wiedergegebene Text basiert auf Materialien, die mit dem Zettellawine-Verfahren entstanden sind. In der Diskussion über das Material kristallisierte sich heraus, daß es in ihm um das – oft von Medien scheinbefriedigte – Bedürfnis nach Sensationen gehe, um die innere Leere vieler junger Menschen, die sich in der Sehnsucht nach dem besonderen Ereignis äußere. Der banale Schlußakkord des Textes war in dem Zettellawine-Text ursprünglich nicht enthalten; er wurde im Gespräch als kritischer Gegenpol zu der anfangs thematisierten Sensationsgier und Abenteuerlust entworfen. Der Text baut so eine Leser-Erwartung auf, die anschließend in kritischer Absicht enttäuscht wird:

Mysteries

Es war ein stürmischer Tag an der Ägäis, die Wellen schlugen meterhoch, und Carmen ging trotz des Wetters auf der Promenade spazieren. Sie dachte an alles Mögliche, an ihr versägtes Physikum, an ihre Eltern –, doch plötzlich blieb sie wie versteinert stehen. Etwa fünfzig Meter links von ihr bewegte sich etwas auf einem Wellenkamm, aber sie konnte es nicht näher definieren. Ihre Neugier war geweckt. Vorsichtig bewegte sie sich auf die Stelle zu, die so geheimnisvoll zu sein schien. Alle Gedanken an ihre Eltern und das Physikum waren wie weggeblasen. Ihr ganzes Interesse galt dem merkwürdigen Etwas dort auf dem Wellenkamm.

Beim Näherkommen sah sie, daß es in allen Farben schimmerte und menschenähnliche Gestalt zu haben schien. Leblos trieb es da. Panik ergriff Carmen. War es wirklich ein Mensch? Sie mußte unbedingt etwas unternehmen. Nur, für sie als ungeübte Schwimmerin war es viel zu gefährlich, sich in die tosende See zu wagen. Blitzartig lief sie zum

Bootshaus in der Hoffnung, den Seewart dort anzutreffen. Er war nicht da! Es ging um Sekunden. Was sollte sie bloß tun?

Ohne lange zu überlegen, löste sie die Taue des erstbesten Bootes, setzte sich hinein und ruderte wie wild aufs Meer hinaus. Sobald sie ein wenig vom Bootshaus entfernt war, wurde sie von den Wellen hin- und hergeschmissen. Einige der Wellen schlugen über ihrem Boot zusammen, sie schmeckte nur noch Salzwasser. Als sie sich einigermaßen von dem Schrecken erholt hatte, sah sie sich nach dem Wellenkamm um, auf dem sie die menschliche Gestalt vermutete.

Und – sie war wie versteinert – dort war nichts mehr zu erkennen. Der Moment, in dem die Wellen über sie schlugen, war doch so kurz, das „Etwas" konnte doch nicht verschwinden. Während sie grübelte, kam ihr plötzlich der Gedanke, daß das Gebilde, das doch menschliche Gestalt zu haben schien, vielleicht ein Zeichen gewesen sein sollte? Doch was?

Schon früher hatte sie solche Zeichen erhalten. Einmal wachte sie mitten in der Nacht auf und meinte, daß da jemand in ihrem Zimmer gewesen sei. Da – das Fenster stand weit auf, weshalb sie beschloß, aus dem Fenster zu schauen. Dort lag dann eine tote Katze vor ihrem Fenster.

So passierten ihr noch viele merkwürdige Dinge. Woran lag es nur? Geschah es nur ihr, oder gab es noch viele andere, denen so etwas schon öfter widerfahren ist? Sie überlegte lange, doch zu einer relativ beständigen Antwort kam sie nicht.

Die See tobte furchtbar, und ihr Boot drohte zu kentern. Der Angstschweiß brach ihr aus. Die Gedanken schwirrten nur so in ihrem Kopf herum. Und plötzlich, wie von Geisterhand, war die See ganz still, richtig unheimlich. Der Wind war verschwunden, die Wellen hatten sich gelegt, und plötzlich tauchte die menschliche Gestalt wieder auf. Sie schimmerte immer noch in allen Farben, noch viel schöner als zuvor. Aber Carmen konnte immer noch nicht ausmachen, um was es sich genau handelte. Doch dann bemerkte sie, daß dieses Wesen auf ihr Boot zutrieb. Sie hatte immer noch große Angst, nahm sich ein Herz und ruderte langsam auf dieses „Etwas" zu. Es war gar nicht mehr so groß, wie es zuerst zu sein schien. Es sollte doch nicht etwa –?

Enttäuschung und Erleichterung wechselten sich ab. Wieder einmal hatte sie sich etwas eingeredet, und die Lösung war so simpel: Es war ein alter, farbiger Plastikeimer.

Ein weiteres Beispiel wurde von vier 17jährigen verfaßt:

Eines Morgens wachst du auf und hast einen tödlichen Kater. Aber wohin mit dem Vieh? Du hast keine Ahnung, woher er kam und wohin er geht. Du versuchst noch einmal, die Geschehnisse der letzten Nacht vor deinen Augen ablaufen zu lassen. Aber vergeblich. Alles, was bleibt, ist ein mordstödlicher Kater.

Du fragst den Kater, ob er wisse, wie er zustande gekommen sei, welches Zeug und in welchen Mengen zu seiner Existenz beigetragen habe, doch alles, was dabei herauskommt, ist ein klägliches Miau.

Nachdem du dich mit deinem neuen Hausgenossen abgefunden hast, läßt du deinen Blick ein wenig durch das Zimmer schweifen. Dort ein Strumpf, da ein Hemd über der Nachttischlampe, und der Rest ist ein Haufen inmitten des Zimmers. Bis auf den linken Schuh, er ist nirgends aufzufinden. Was hast du die letzte Nacht alles getrieben? Wie bist du nach Hause gekommen?

Manchmal gleiten Jugendliche bei ersten Versuchen mit dem Verfahren der „Zettellawine" zu sehr in Reflexionen ab; es kommen keine oder keine anregenden *narrativen* Strukturen zustande. Statt dessen werden auf dem Papier Routinen des schulischen Schreibens reproduziert, welche die Schreiber selbst wenig zufriedenstellen. In solchen Fällen kann die Schreibanregung so variiert werden, daß narrative Phantasietätigkeit gezielter angestoßen wird. Ein Beispiel:

Jeder notiert den Satz „Als Hans die Turnschuhe anzog, passierte es" auf seinem Blatt. Innerhalb von drei Minuten sollen diesem Satz drei weitere Sätze angefügt werden, die eine Geschichte eröffnen sollen. Dann gibt jeder sein Blatt an denjenigen weiter, der zwei Plätze links von ihm sitzt.

Die Geschichte, die man erhält, soll – irgendwie, der Phantasie sind keine Grenzen gesetzt – weitergesponnen werden. Nach jeweils fünf Minuten gibt es dann einen dritten, vierten usw. Autor für jeden Text.

Mit diesem Verfahren sind zum Beispiel die folgenden Texte entstanden:

Als Hans die Turnschuhe anzog, passierte es. Die Schnürsenkel rissen! „Mutti, ich brauch neue Schnürsenkel!" „Mal dir welche. Ich hab' keine Zeit." „Dann nehme ich eben deine von den roten Schuhen. Tschüß bis später." So ein Schwachsinn, wie kann man nur über Schnürsenkel nachdenken? ● Wie kann man nur rote Schnürsenkel zu Turnschuhen nehmen, dachte die Mutter, als Hans fortging. Sie hatte kein Verständnis für die Ideen ihres Sohnes. Hans, der mittlerweile auf dem Spielplatz angekommen war, wurde von allen Kindern bestaunt. Rote Schnürsenkel auf Turnschuhen sind „in". ● „Mann, der ist in!" Er stand nun im Mittelpunkt des Geschehens. Hans machte sich daran, ohne es recht zu wollen, der oberste Sandkasten-Rocker zu werden. Er gab von diesem Zeitpunkt an die Anweisungen, wer mit welchen Förmchen was zu bauen hatte. ● Eine sehr große Aufgabe mit großer Verantwortung. Diese Aufgabe gab ihm die Macht über den gesamten Sandkasten. Er war nicht nur Sandkastenrocker, sondern auch gleichzeitig der König des Sandkastens. Ihm hatten alle zu gehorchen und seine Befehle entgegenzunehmen. Es gab jetzt keinen Zweifel mehr: Er befand sich auf dem Höhepunkt seiner Karriere. Hansi, König der Sandkastenrocker und solcher, die es werden wollten. Seine erste große Amtshandlung war die Anweisung, ihm doch eine seiner Stellung gerecht werdende Sandburg zu bauen. Er dachte sich: „Jetzt mach' ich's wie die Pharaonen."

*

Als Hans die Turnschuhe anzog, passierte es. Die Schnürsenkel waren verknotet, und beim Bücken bemerkte er einen leichten Zug an seinem Hinterteil. Seine Hosennaht war gerissen. Grauenvoll! Und das vor all den Leuten. Er wurde rot und war sichtlich beschämt. ● Dazu trug auch seine rotgepunktete Unterhose bei, die unübersehbar aus dem Loch schaute. Was sollte er tun? Alle lachten und grölten. Endlich kam ihm die Idee! Er zog sich die kaputte Hose aus, sprang mit seiner gepunkteten auf den Tisch und legte ein heißes Hawaii-Solo auf's „Parkett". Die anderen bekamen den Mund nicht mehr zu. Ihre Maulsperre war nicht zu übersehen. ● So was hatten sie noch nicht gesehen. Ihnen hatte bisher immer der Mut zu einem Hawaii-Solo gefehlt. Aber nun wollten es alle ausprobieren. Sie besorgten sich ebenfalls eine entsprechende Unterhose, und bald war der Raum von verrückten Menschen angefüllt. ● Hippies, oder wie nennt man diese Typen von Mensch? Es wurden immer mehr, obwohl nicht alle zur Karnevals-Party eingeladen waren. Die Stimmung stieg auf den Höhepunkt, als Hans, der Superstar, die Sektflasche tosend öffnete und bekanntgab, daß die ganze Fete aufgrund seines bestandenen Abiturs von seinen Eltern finanziert werde. Doch von diesem Zeitpunkt an versandete die Ausgelassenheit mehr und mehr, und es endete in einem teilweise gähnend langweiligen Gelage.

Elfi Birker/Peter van Dornick/Frank Heyer/Ilona Michels

Gesichter-Briefe

Hier wird das Verfahren der Zettellawine ergänzt durch eine vorgeschaltete Korrespondenz mit zeichnerischen Mitteln. Der Verfahrensablauf:

Jeder wirft einen Zettel mit seinem Namen in eine Trommel. Die Namenlose werden anschließend sofort gezogen. Jeder zeichnet seinem „Empfänger" nun einen Brief. Der Brief soll ein Gesicht zeigen, ein lachendes, trauriges, gelangweiltes, entsetztes, blödes usw. Das Blatt mit dem Gesicht wird zusammengefaltet und über die Sitznachbarn an den Empfänger abgeschickt. Die „Briefträger" dürfen die Post ausnahmsweise einsehen. Der Adressat malt eine Denkblase zu dem Gesicht und schreibt ein, zwei Sätze hinein. Der Brief wird dann an einen anderen Empfänger, der gerade unbeschäftigt ist, umadressiert. Dieser entwickelt aus den Sätzen in der Denkblase den Anfang einer Geschichte. Er hat dazu fünf Minuten Zeit. Dann schickt er den Brief erneut – mit neuer Adresse – weiter. Der nächste hat sieben Minuten Zeit, die Geschichte weiterzuschreiben usw..

Sprachspiel-Korrespondenzen

Auch sprachspielerische Übungen lassen sich korrespondenzhaft aufziehen. (Zu weiteren Sprachspielen vgl. „Mit Sprache spielen", S. 49 ff.). Vorgegeben wird ein bestimmtes Verfahrensmuster, das es erlaubt, einen nicht zu umfangreichen Text serialisiert durch eine Reihe von Schreibern anfertigen zu lassen. Die folgenden Vorschläge wurden durch Franz Fühmann[108] angeregt:

Falsches Deutsch

Ihr fertigt in einer Gruppe eine Speisekarte an, deren Wörter bewußt in falschem Deutsch geschrieben sind. Durch den Verstoß gegen die Rechtschreibung sollen die Wörter einen neuen Sinn bekommen. Anregungen zu diesem Verfahren könnt ihr dem Gedicht „Speisen und Gedränge" von Franz Fühmann entnehmen. Die Speisekarte soll möglichst viele Gänge umfassen. Jeder erfindet eine Zeile und gibt das Blatt dann an den Nachbarn/die Nachbarin weiter.

Franz Fühmann[109]

Speisen und Gedränge

Schildgrätensuppe
Rolladen mit Restkartoffeln
Thüringer Rostbrettl mit Packobst
Eispein mit mehr Rettich
Gedienstete Sehzunge
Wählfleisch mit Sau ergraut
Frühkasse vom Faß an
Lahmbraten mit Rammsoße
Mordateller
Kesse Stangen
Liebdauer
Kannenbert

Ein Schülerversuch:
Pharma-Schinken mit Melone
Hemmbürger
Rammelkeule mit Brutkartoffeln
gegrillter Schweißkolben
He Ring mit Bellkartoffeln
Rollkornbrot mit Euterbutter
Reiherkuchen
Apfelsprudel mit Roh Sin En

Versteckte Wörter

Ihr schreibt ein Gedicht, in dem es darum geht, aus Wortkörpern durch Wegstreichung von Buchstaben neue Sinneinheiten zu gewinnen (vgl. „Was alles in den Dingen steckt" von Franz Fühmann). Jeder schreibt unter einer von ihm selbst gewählten Überschrift *eine* Zeile, in der vorgeführt wird, wie aus einem Wort durch „Hinauswurf" eines oder mehrerer Buchstaben ein neues entsteht. Neben dem sprachspielerischen erzielt ihr einen lyrischen Effekt, wenn ihr die Buchstabenstreichung am Anfang des Wortes vornehmt; dann entsteht nämlich in jeder Zeile ein Binnenreim (zum Beispiel „In der Psychose eine Hose"). Jeder, der eine Zeile fertiggestellt hat, gibt sein Blatt an ein Gruppenmitglied weiter, das ebenfalls gerade fertig geworden ist.

Franz Fühmann[110]

Was alles in den Dingen steckt

Im Traum ein Raum
im Schmaus eine Maus
im Messer ein Esser
in der Fahne eine Ahne
Im Gewicht ein Wicht
in der Katze der Atze
im Kaffee der Affe
im Schein der Hein
und der Heini in der Bescheinigung.
(...)

Cluster-Kreisel[111]

Das Cluster-Verfahren nutzt assoziativ Potentiale einer Schreib*gruppe*, die – ähnlich wie beim „Brainstorming" (vgl. S. 169) – das Entwikkeln von Gegenständen des Schreibens (Themen, Stoffe) beflügeln können. Die Schreib-Weise fördert eine intensive gruppendynamische Vernetzung von Ideen und bietet zugleich jedem einzelnen genügend Gelegenheit zu einer selbstbestimmten Entwicklung von Assoziationen. Diese produktive Verschränkung von Zusammenarbeit und individuell-zentrifugalen, vom gemeinsamen Ausgangspunkt wegstrebenden Kräften drückt sich in dem Schreibarrangement aus:

Bei euren ersten Gesprächen über mögliche Gegenstände des Schreibens sind erste Begriffe gefallen. Ihr wählt nun eines dieser Wörter aus und schreibt es in die Mitte eines großformatigen Blattes. Ihr setzt euch um das Blatt herum. Das notierte Wort wird eingerahmt; denn es soll der Mittelpunkt von Assoziationsketten sein, die sternförmig von der Mitte des Blattes ausgehen und bis zum Rand geschrieben werden. Ihr laßt eurer Phantasie jeweils fünf Minuten lang freien Lauf und schreibt am besten nur Stichworte auf für Bilder und Gedanken, die euch durch den Kopf gehen. Nach einer vereinbarten Zeit (fünf Minuten) kann der auf dem Blatt entstehende Wörter-Stern gedreht werden. Ihr lest die Gedanken der anderen, laßt euch von ihnen anregen, führt sie zum Rand hin fort und beginnt in der Mitte des Blattes einen neuen Wörterstrahl. Da das Blatt im Verlauf des Verfahrens mehrmals gedreht wird, führt ihr mit den Mitgliedern der Schreibgruppe eine Ideen-Korrespondenz.

Der auf dem Blatt entstehende Text kann schließlich als ganzer oder in Teilen in verschiedene Verfahren der Weiterverarbeitung eingebracht werden.

Klopfwörter[112]

Auch bei diesem Verfahren kann die Gruppensituation für den individuellen Schreibprozeß jedes einzelnen produktiv werden. Es ist zu Beginn der Schreibpraxis in Gruppen besonders deswegen anregend, weil es sehr rasch und ohne die belastende Situation des lange Zeit weiß gebliebenen Blattes und des individuellen Vor-sich-hin-Grübelns spielerisch und zunächst ohne hochgeschraubte literarische Erwartungen Texte aufs Papier bringt. Die Schreibanregung lautet:

Ihr sitzt zusammen, jeder mit einem leeren Blatt vor sich. Jeder ist nun einmal der „Klopfer". Auf das Klopfzeichen des ersten Mitglieds der Schreibgruppe hin merkt sich jeder ein Wort, das ihm in diesem Moment durch den Kopf geht. Die Wörter aller werden dem Klopfer rasch aufs Papier diktiert. Dann wird der nächste der „Klopfer". Schließlich hat jeder – je nach Gruppengröße – sechs bis zehn Wortbausteine auf seinem Papier, mit denen innerhalb von zehn bis fünfzehn Minuten ein Text beliebiger Art hergestellt werden soll. Der Text muß alle beim Klopfen genannten Wörter enthalten.

Das Verfahren bringt eine rasche Eröffnung der Schreibpraxis. Die „Kombination von sehr unterschiedlichen Wörtern entwickelt eine dem Schreibprozeß förderliche Spannung und Eigendynamik. Die Zufälligkeit der Wortkombinationen erzeugt eine spielerische Haltung und entlastet die Schreibenden, weil sie für die Besonderheit der Wortzusammensetzung nicht verantwortlich sind."[113] Zugleich ergeben sich erste kreative Entwicklungen aus der Dynamik des kollektiven Verfahrens; der einzelne Schreibende ist nicht mehr mit seiner – oft versagenden oder nicht recht in Gang kommenden – Phantasie allein.

2. Mit Sprache spielen

„Beginnt es aber nicht mit einem lauteren und unbekümmerten Spieltrieb vorerst, mit einer Selbstverständlichkeit und Verwunderung zugleich, daß uns etwas einfällt, mit einer geradezu natürlichen Machlust, naiv und rücksichtslos. Man fängt einfach an."

MAX FRISCH, Öffentlichkeit als Partner[114]

So einfach, wie es dem arrivierten Dichter erscheint, kommt das dichterische Schreiben Jugendlichen selten vor. In ihrer Schreibpraxis sind sie oft mühsam auf der Suche nach Einfällen. Wie lassen sich Spielräume für solche Einfälle öffnen? Wie kommt Kreativität in Gang?

Als eine der besten dichterischen „Lockerungsübungen" gilt seit jeher der *spielerische* Umgang mit vorgefundenem Sprachmaterial. Wenn Sprache – für viele ein fixiertes System – in Bewegung gerät, wenn mit Worten und Buchstaben „artistisch" gespielt wird, stellen sich beim Schreibkünstler auch Ideen ein, Schreibprojekte entwickeln sich und ziehen Kreise. Deswegen ist es sinnvoll, in der Anfangsphase der Schreibpraxis Jugendlichen die Sprache, die ihnen nicht zuletzt durch schulische Übungen festgelegt erscheint, als veränderbare Struktur, als Experimentierfeld, als Spielraum für kreatives Handeln zu erschließen.[115]

Dabei geht es um eine Rekonstruktion kindlicher Unbekümmertheiten im Spiel. Gerade sie attestiert Sigmund Freud dem Dichter, wenn er schreibt:

„Sollten wir die ersten Spuren dichterischer Betätigung nicht schon beim Kinde suchen? Die liebste und intensivste Beschäftigung des Kindes ist das Spiel. Vielleicht dürfen wir sagen: Jedes spielende Kind benimmt sich wie ein Dichter, indem es sich eine eigene Welt erschafft oder, richtiger gesagt, die Dinge seiner Welt in eine neue, ihm gefällige Ordnung versetzt. Es wäre dann unrecht zu meinen, es nähme diese Welt nicht ernst; im Gegenteil, es nimmt sein Spiel sehr ernst, es verwendet große Affektbeträge darauf. Der Gegensatz zu Spiel ist nicht Ernst – sondern Wirklichkeit. [...] Der Dichter tut nun dasselbe wie das spielende Kind; er erschafft eine Phantasiewelt, die er sehr ernst nimmt, d. h. mit großen Affektbeträgen ausstattet, während er sie von der Wirklichkeit scharf sondert. Und die Sprache hat diese Verwandtschaft von Kinderspiel und poetischem Schaffen festgehalten, indem sie solchen Veranstaltungen des Dichters, welche der Anlehnung an greifbare Objekte bedürfen, welche der Darstellung fähig sind, als *Spiele: Lustspiel, Trauerspiel,* und die Person, welche sie darstellt, als *Schauspieler* bezeichnet.[116]

Noch genauer bestimmt Viktor Sklowskij den Spielcharakter der Dichtung, die spielerische Veränderung von Sprache im dichterischen Prozeß. In seinem 1916 geschriebenen Aufsatz „Die Kunst als Verfahren" geht Sklowskij von einem Unterschied zwischen (automatisierter) Sprache des Alltags und (entautomatisierender) Sprache der Dichtung aus. Dem entspricht ein automatisierter beziehungsweise entautomatisierter Modus der Wirklichkeitswahrnehmung – es handelt sich in dichterischen Texten also nicht nur um eine *sprachliche* „Spielerei".

Das dichterisch-entautomatisierende Sprechen wird als *die* Möglichkeit verstanden, die Wahrnehmungsfähigkeit – und damit das Stoff- und Ideenpotential des Schreibenden – auszuweiten, während die automatisierte Wahrnehmung des Alltags, die durch nichts mehr irritiert werden kann, in einen Verlust von Wahrnehmung überhaupt übergeht:

> „Wenn wir uns über die allgemeinen Gesetze der Wahrnehmung klarwerden, dann sehen wir, daß Handlungen, wenn man sich an sie gewöhnt, automatisch werden. So geraten zum Beispiel alle unsere Angewohnheiten in den Bereich des Unbewußt-Automatischen; wenn jemand sich an die Empfindung erinnert, die er hatte, als er zum ersten Mal eine Feder in der Hand hielt oder zum ersten Mal in einer fremden Sprache redete, und wenn er diese Empfindung mit der vergleicht, die er beim zehntausendsten Mal hat, dann wird er uns zustimmen. Durch den Prozeß der Automatisierung erklären sich die Gesetze unserer prosaischen Sprache [. . .]; die Dinge bieten sich entweder nur mit einem ihrer Merkmale dar, zum Beispiel als Nummer, oder sie werden gleichsam nach einer Formel ausgeführt, ohne überhaupt im Bewußtsein zu erscheinen. [. . .] So kommt das Leben abhanden und verwandelt sich in nichts. Die Automatisierung frißt die Dinge, die Kleidung, die Möbel, die Frau und den Schrecken des Krieges. ‚Wenn das ganze komplizierte Leben bei vielen unbewußt verläuft, dann hat es dieses Leben gleichsam nicht gegeben.' Und gerade, um das Empfinden des Lebens wieder herzustellen, um die Dinge zu fühlen, um den Stein steinern zu machen, existiert das, was man Kunst nennt. Ziel der Kunst ist es, ein Empfinden des Gegenstandes zu vermitteln, als Sehen und nicht als Wiedererkennen; das Verfahren der Kunst ist das Verfahren der ‚Verfremdung' der Dinge und das Verfahren der erschwerten Form, ein Verfahren, das die Schwierigkeit und Länge der Wahrnehmung steigert [. . .]".[117]

Das dichterische Spielen mit Wörtern legt der automatisierten Sprache des Alltags Stolpersteine in den Weg und läßt die Dinge in neuem Licht erscheinen. Das routinehafte, vorurteilshafte *Wahrnehmen und Benennen* der Wirklichkeit wird gestört. Die folgenden Verfahren wirken in besonderer Weise entautomatisierend.

Erniedrigungen

In seinem unter Pseudonym herausgegebenen Band „Das Wasserzeichen der Poesie“[118] stellt Hans Magnus Enzensberger verschiedene dichterische Modi des Sprechens vor. Unter der Überschrift „Jargon“ konfrontiert er dabei ein Gedicht von Ezra Pound mit einem eigenen Text:

Ezra Pound[119]

Albatre

Diese Dame im weißen Bademantel, den sie einen
„peignoir“ nennt,
Ist – vorläufig – die Geliebte meines Freundes,
Und die zarten weißen Füße ihres weißen Schoßtiers
Sind nicht zarter als sie,
Und Gautier höchstselbst hätt den Kontrast von Weiß
auf Weiß nicht verachtet
Wie sie so dasitzt im Lehnstuhl
Zwischen den zwei müden Kerzen.

Serenus M. Brezengang[120]

Koks

Die Tante da im weißen Fummel, „nightie“ nennt sie das
oder so,
Ist im Moment die Alte von meinem Kumpel,
Und die schnuckligen weißen Treter von ihrem weißen
Kläffer
Sind mindestens so schnucklig wie sie.
Darauf wäre sogar Elvis persönlich abgefahren,
So weiß auf weiß, wie sie da rumhockt auf ihrer Matte
Vor zwei abgefackten Räucherstäbchen.

Die Enzensberger-Nachdichtung (der Name Serenus M. Brezengang ist ein Anagramm zu Magnus Enzensberger, vgl. S. 61) verschiebt den Pound-Text in den Bereich eines zeitgenössisch saloppen Jargons. Dieses Verfahren, „Hohe Literatur“ durch Stil und Wortschatz sprachlich zu „erniedrigen“, ist für junge Schreiber von besonderem Interesse, wenn sie sich von der Aura dichterischer Texte und arrivierter Autoren in ihren eigenen Schreibbemühungen erdrückt fühlen (vgl. „Zur Herstellung einer Gesprächskultur in der Schreibpraxis", S. 160). In solchen, bei Jugendlichen nicht seltenen Situationen sind am Anfang der Schreibpraxis parodistisch „erniedrigende" Befreiungsschläge à la Enzensberger sinnvoll.

Schreibanregung:

Du wählst aus Lyrikbänden oder Lesebüchern ein Gedicht aus, dessen Sprache dir als besonders „erlesen" aufgefallen ist. Dieses Gedicht unterziehst du einer parodistischen „Erniedrigung". Du ersetzt das „erlesene" Vokabular des Textes durch betont flapsige, umgangssprachliche, eventuell auch durch derb jargonhafte Formulierungen. Der vom Autor gewählte Gedankengang soll dabei beibehalten werden. Den Ursprungstext und deine „Erniedrigung" stellst du abschließend auf einem Blatt gegenüber.

Ein 17jähriger Schüler hat die Schreibanregung auf Erfahrungen bezogen, die er bei Deutschklausuren gemacht hat. So ergab sich folgender Text:

Heinrich Heine[121]

Ist ja eklig

Wenn ich in Deine Augen seh,
so schwindet all mein Leid und Weh
Doch wenn ich küsse Deinen Mund,
so werd' ich ganz und gar gesund.

Wenn ich mich lehn an Deine Brust
kommt's über mich wie Himmelslust
Doch wenn Du sprichst: Ich liebe Dich
so muß ich weinen bitterlich.

Mist! Deutschklausur! Analysiere ein Liebesgedicht; wie ich das hasse. Und dann auch noch so geschwollen geschrieben. Wenn ich das schon lese: „Wenn ich in Deine Augen seh", hach, wie romantisch, „so schwindet all mein Leid und Weh". Wieso Leid und Weh? Was tut ihm denn weh? Wie blöd der sich schon ausdrückt. Warum sagt er nicht einfach: „Du hast schöne Augen"? Traut sich wohl nicht. Mann, ist der verklemmt.

Na ja. „Doch wenn ich küsse Deinen Mund, so werd ich ganz und gar gesund". Mann, muß der Kerl verknallt sein. Was geht mich das überhaupt an? Ist doch seine Braut, soll die doch das Gedicht analysieren, hat er ja schließlich für sie geschrieben und nicht für mich, oder nicht? Was schreibt der jetzt? „Wenn ich mich lehn an Deine Brust." Himmel, jetzt wird der Kerl auch noch pervers, ist ja eklig. „Kommts über mich wie Himmelslust". Oh Gott, gleich geht ihm einer ab. „Doch wenn Du sprichst: Ich liebe Dich, so muß ich weinen bitterlich". Was? Weinen? Wieso heult der denn jetzt? Ich werd aus dem nicht schlau. Soll doch froh sein, wenn ihn einer liebt. Wahrscheinlich kapiert er's gar nicht. Wie kann man bloß so idiotisch schreiben? Damit reißt der doch keine einzige Braut auf. Ist wohl zu schüchtern, Wärmflaschentyp, was? Also viel besser wär:

Ich schau' Dir in die Augen, Kleines.
Du machst mich an.
Komm, küß mich, Baby,
ich brauch Dich.
Wenn wir's tun,
koche ich über, Darling.
Du sagst: I love you.
That's great.
Komm, nimm mich in die Arme,
und bleib bei mir!

So, klingt viel besser. Das analysiere ich jetzt. Basta!!!

Robert von der Ruhr

Im folgenden Beispiel hat ein 17jähriger Schüler einen lyrischen Text von Achim von Arnim[122] „erniedrigt":

Gebet

Gib Liebe mir und einen frohen Mund,
Daß ich dich, Herr, der Erde tue kund;
Gesundheit gib bei sorgenfreiem Gut,
Ein frommes Herz und einen festen Mut;
Gib Kinder mir, die aller Mühen wert,
Verscheuch die Feinde von dem trauten Herd;

Gib Flügel dann und einen Hügel Sand,
Den Hügel Sand im lieben Vaterland,
Die Flügel schenk dem abschiedschweren Geist,
Daß er sich leicht der schönen Welt entreißt.

Ach lieber Maestro, oben da im Himmel,
solltest wissen, für die Mädchen hab ich einen Fimmel.
Auch möcht ich eine freie Schnauze und auch immer Kohle,
nicht für den Staat, zu meinem eignen Wohle.
Verschon mich ja von Gören, denn ich scheiß auf die Annalen,
verbann die Schwiegermutter zu den Kannibalen.
Schenk mir ne tolle Villa dann zum Prahlen,
am besten auf nem Boden ohne atomare Strahlen.
Und bin ich mal besoffen, dann verleihe meinem Geist
zwei Flügel, daß mir meine Alte nicht den Arsch aufreißt.

Marc Rüppel

Lipogramm

Stil ist eine relativ komplexe literarische Struktur. Dennoch können Stilisierungsvorhaben wie die „Erniedrigungen" von Jugendlichen – an lebensweltliche Erfahrungen anknüpfend – meist ohne große Probleme realisiert werden.

Anders verhält es sich mit deautomatisierenden Sprachspielen, die auf phonologische Aspekte, auf den einzelnen sprachlichen Laut abstellen. Der Sachverhalt, um den es hier geht (z. B. den Laut „o"), ist zwar sofort eingrenzbar und greifbar. Die phonologische Deautomatisierung im Rahmen von Texten erfordert jedoch eine oft intensive sprachliche Umgestaltung und Reduktion des Sprachmaterials. Phonologische Operationen sind dem Jugendlichen zudem lebensweltlich kaum bekannt. Dennoch bieten solche Verfahren phonologischer Deautomatisierung und Kreativierung einen erheblichen Reiz.

Eines dieser Verfahren ist das Lipogramm, das in jüngster Zeit insbesondere von Georges Perec (1936–1982), einem Mitglied des Pariser Ouvroir de littérature potentielle um Le Lionnais und Queneau, praktiziert worden ist. Bei Lipogrammen handelt es sich um Texte, aus denen ein Buchstabe – oder gar mehrere – mit Absicht weggelassen sind. Dabei sind zwei Varianten vorstellbar:

1. Einem vorliegenden Text wird ein Buchstabe des Alphabets „ausgetrieben". Das gelingt natürlich nur, wenn das Wortmaterial entsprechend verändert wird und Wörter mit diesem Buchstaben durch andere ersetzt werden. Die Buchstaben-Elimination zwingt somit zu neuen Formulierungen.[123]
2. Beim Schreiben eines Textes wird von vornherein ein Buchstabe weggelassen. Das „Verfahren der erschwerten Form" (Sklowskij) belebt die sprachliche Artistik.[124]

Die Schreibanregungen für die Schreibpraxis in Gruppen (das Verfahren macht natürlich auch in Einzelarbeit Sinn) können so aussehen:

Ihr nehmt euch einen Text vor, den einer von euch in letzter Zeit geschrieben hat und mit dem er – der Formulierungen wegen – vielleicht nicht ganz zufrieden war. Ihr schreibt diesen Text neu, indem ihr einen Buchstaben des Alphabets „hinauswerft", indem ihr alle Wörter mit diesem Buchstaben durch andere Wörter ersetzt. Das zwingt euch auf kreative Bahnen der Neuformulierung. Der Änderungsbedarf ist am größten, wenn ihr häufige Buchstaben (e, s) hinauswerft, und sehr gering, wenn ihr seltene Buchstaben (y, z) wählt. Bei ersten Versuchen sind Buchstaben mittlerer Häufigkeit (i, g) am geeignetsten. Ihr könnt den neuen Text zusammen verfassen.

*

Ihr schreibt einen Text zu einem von euch gewählten Thema, wobei ihr einen Buchstaben des Alphabets nicht verwendet. Dadurch schrumpft das zur Verfügung stehende Wortmaterial zusammen, und das Verfahren zwingt euch immer wieder zu ausgefallenen, interessanten Formulierungen.

Vokalvereinzelung

Dieses Verfahren treibt den lipogrammatischen Ansatz auf die Spitze: In einem ganzen Text, der notwendigerweise kurz sein muß, soll nur noch ein einziger Vokal vorkommen. Ein bekanntes Beispiel dieses Verfahrens ist Ernst Jandls Gedicht „ottos mops".[125]

Schreibanregung:

Ihr verfaßt ein Gedicht, dessen Wörter nur einen Vokal oder nur einen Diphthong (z. B. au, ei) enthalten. Als sinnvolle Vorbereitung stellt ihr zunächst eine Liste solcher Wörter zusammen.

Nach diesem Verfahren sind die folgenden Texte entstanden. Der erste ist an der anaphorischen Struktur von Jandls „ottos mops" orientiert; die Zeilen beginnen mit ein und demselben Wort. Das zweite Gedicht arbeitet statt dessen mit Alliterationen.

Anna

Anna stand da.
Anna tat was.
Anna sprach Hans an.
Anna: Spaß, Spaß!

Anna an Hans.
Anna: Ha, ha, ha! Da sah
Anna Alf.
Anna: Angst.

Anna: A . . . Alf . . . na?
Annas Alf sagt: Anna, gab's was?
Anna: . . . tja . . . ja.
Annas Alf: Was?

Anna blaß: Das.
Anna war Mama,
Annas Alf Papa.

Simone Hattenrath (18)

Anna mag Marc

Mark hat Macht,
Marc hat Mark,
da Marc Macht mag,
Mark hat Kraft.
Anna mag Marc,
da Anna Mann mag, Macht mag,
Mark mag, Kraft mag.
Marc mag Anna, was Anna ahnt.
Marc sagt Anna das.

Anna lacht, als Marc das sagt.
Marc haßt das.
Marc sagt: „Laß das!"

Annette Lennertz (18)

Knut und Ruth

Knut um Ruth.
Knut tut Mut, schlurft zu Ruth.
Ruth tut gut: Uhh!
Knut: Wunsch zum Kuß.
Ruths Mund: Schluß.
Knut murrt: Kuh!
Ruth: Muh!
Knut Druck zum Kusch'lruck.
Nun: Kusch'lruck zum Kuß.
Knuts Wut ruht.
Knut gurrt, Ruth schnurrt.
Tusch.

Niki Mocken (18)

Reduktionstexte

Ging es bei den vorhergehenden Verfahren darum, die Anzahl der zur Verfügung stehenden Buchstaben zu verringern, so soll nun das Lexikon der Sprache drastisch eingegrenzt werden. Das Verfahren simuliert einen Zustand, in dem für eine Reihe von Erfahrungen die entsprechenden konventionellen Benennungen nicht mehr zur Verfügung stehen.

In frühen entwicklungsgeschichtlichen Stadien – zum Beispiel bei Kindern oder bei „unzivilisierten" Naturmenschen – ist diese lexikalische Reduktion natürlich. Für viele Dinge und Vorgänge, die erstmals bewußt wahrgenommen werden, sind die passenden Wörter noch nicht verfügbar. In diesem Zustand präsentiert Erich Scheurmann den jungen Eingeborenen Tuiavii aus der Südsee, der unversehens in die zivilisatorische Fremde Europas gerät und die dortigen Gegenstände des täglichen Lebens mit dem dafür nicht zugerichteten, stark reduzierten Lexikon seiner Sprache zu beschreiben sucht:

Laßt euch berichten, verständigere Brüder der vielen Inseln, welche Last ein einzelner Papalagi auf seinem Leibe trägt: Zuunterst umhüllt den nackten Körper eine dünne weiße Haut, aus den Fasern einer Pflanze gewonnen, genannt die Oberhaut. Man wirft sie hoch und läßt sie von oben nach unten über Kopf, Brust und Arme bis zu den Schenkeln fallen. Über die Beine und Schenkel bis zum Nabel, von unten nach oben gezogen, kommt die sogenannte Unterhaut. Beide Häute werden durch eine dritte, dickere Haut bedeckt, eine Haut aus den Haaren eines vierfüßigen wolligen Tieres geflochten, das besonders zu diesem Zwecke gezüchtet wird. Dies ist das eigentliche Lendentuch. Es besteht zumeist aus drei Teilen, deren einer den Oberkörper, deren anderer den Mittelleib und deren dritter die Schenkel und Beine bedeckt. Alle drei Teile werden untereinander durch Muscheln und Schnüre, aus dem gedörrten Safte des Gummibaums verfertigt, gehalten, so daß sie ganz wie ein Stück erscheinen. Dieses Lendentuch ist zumeist grau wie die Lagune zu Regenzeit; es darf nie ganz farbig sein. Höchstens das Mittelstück und dies auch nur bei den Männern, die gerne von sich reden machen und den Weibern viel nachlaufen.

Die Füße endlich bekommen noch eine weiche und eine ganz feste Haut. Die weiche ist zumeist dehnbar und paßt sich dem Fuße schön an, um so weniger die feste. Sie ist aus dem Felle eines starken Tieres, welches solange in Wasser getaucht, mit Messern geschabt, geschlagen und an die Sonne gehalten wird, bis es ganz hart ist. Hieraus baut der Papalagi dann eine Art hochrandiges Canoe, gerade groß genug, um einen Fuß aufzunehmen. Ein Canoe für den linken und eines für den rechten Fuß. Diese Fußschiffe werden mit Stricken und Widerhaken fest am Fußgelenke verschnürt und verknotet, so daß die Füße in einem festen Gehäuse liegen wie der Leib einer Seeschnecke. Diese Fußhäute trägt der Papalagi von Sonnenaufgang bis zum Sonnenuntergang, er geht darin auf Malaga und tanzt darin, er trägt sie und ob es auch heiß sei wie nach einem Tropenregen.

[. . .]

Auch die Frau trägt gleich dem Manne viele Matten und Lendentücher um Leib und Schenkel gewunden. Ihre Haut ist davon bedeckt mit Narben und Schnürwunden. Die Brüste sind matt geworden und geben keine Milch mehr vom Druck einer Matte, die sie sich vom Hals bis zum Unterleib vor die Brust bindet und auch auf den Rücken; einer Matte, die durch Fischknochen, Draht und Fäden sehr hart gemacht ist. Die meisten Mütter geben daher auch ihren Kindern die Milch in einer Glasrolle, die unten geschlossen ist und oben eine künstliche Brustwarze trägt. Es ist auch nicht ihre eigene Milch, die sie geben, sondern die von roten, häßlichen, gehörnten Tieren, denen man sie gewaltsam aus ihren vier Zapfen am Unterleib entzieht.

Im übrigen sind die Lendentücher der Frauen und Mädchen dünner als die des Mannes und dürfen auch Farbe haben und weit leuchten. Auch scheinen Hals und Arme oft durch und lassen mehr Fleisch sehen als beim Manne. Trotzdem gilt es als gut, wenn ein Mädchen sich viel bedeckt, und die Leute sagen mit Wohlgefallen: es ist keusch; das soll heißen: es achtet die Gebote rechter Gesittung.[126]

Dieses Verfahren bietet Möglichkeiten, sprachliche Kreativierung zu eröffnen und zugleich kritisch-satirische Absichten zu befördern. Eine mögliche Schreibanregung:

Du schreibst zunächst einen Text über Aspekte deines Lebensalltags, oder du besorgst dir einen solchen Text. Geeignet sind zum Beispiel manche Texte aus Schülerzeitungen. Der Ursprungstext wird dann in mehreren Schritten kreativ verändert. Der zentrale Gedanke dabei ist, daß dir für vieles, was im Ursprungstext bezeichnet werden konnte, die Worte fehlen. Dazu versetzt du dich in einen Zustand reduzierter sprachlicher Fähigkeiten. Du bist zum Beispiel ein Kind oder ein von jeder Zivilisation unberührter „Naturmensch“, dem für viele Dinge unseres Alltagslebens die Worte fehlen.

Erster Schritt der Veränderung: Du unterstreichst in dem Ursprungstext alle Wörter, die du – in deinem angenommenen Zustand reduzierten Sprachvermögens – nicht kennen würdest, weil dir auch die entsprechenden Gegenstände, Sachverhalte und Vorgänge unbekannt wären.

Zweiter Schritt: Du ersetzt die unterstrichenen Wörter durch andere, einfachere, über die deine Reduktionssprache vermutlich verfügt. Dabei wirst du manches Wort umständlich – aber vielleicht witzig – umschreiben müssen. Dabei kannst du einige kritisch-satirische Spitzen gegen unsere Zivilisation einbauen.

Mit diesem Verfahren ist der folgende Text entstanden:

Der Knochenwetzberg

Wenn die Sonne aufgegangen ist, verlassen die kleinen Bleichgesichter ihre Matte. Auf schwarzen, endlosen Steinen rollt bald ein riesiger, stinkender Fisch. Er frißt die Kleinen in seinen Bauch und brummt. Immer mehr kleine Bleichgesichter quetschen sich in den langen Bauch. Endlich bleibt der stinkende Fisch bei einem großen Steinberg liegen, wo Löcher eingelassen sind, zum Hinausschauen. Alle Bleichgesichter springen dem Fisch aus dem Bauch und stürmen in eine Ecke des Berges, als wären Tiger hinter ihnen her.

In dem Berg sind viele Höhlen, vor denen die Bleichgesichter in Rudeln stehen. Einige sehen auf ihre Arme. Dort ist ein Band, auf dem ein kleiner Mond zu sehen ist. Darauf drehen sich zwei Finger, die zeigen, wie weit die Sonne schon gewandert ist. Plötzlich kommt ein Medizinmann. Er zieht einen glänzend silbernen Stock aus seiner Doppelhaut im Lendentuch, mit dem er zaubern will. Er steckt den Stock in ein Loch und dreht ihn nach rechts. Aber ich glaube, er hat seinen Geheimspruch vergessen. Doch dann sagt er einen neuen: „Misttür!" Und nun geht die Platte, vor der er steht, durch Geister bewegt zurück, und das Rudel kleiner Bleichgesichter stürmt in die Höhle. Überall stehen kurze, gefällte Bäume. Die Kleinen pflanzen sich darauf nieder und stellen ihren Medizinbeutel neben sich. Darin sind viele Palmblätter, die ganz weiß gepinselt sind, außerdem eine Doppelhaut, aus der jedes Bleichgesicht einen kurzen Stock holt, der blaues Meerwasser spuckt. Damit malen sie erzählende Zeichen.

Eine Wand ist fast durchsichtig; an einer anderen hängt eine dunkelgrüne, harte Wiese, an der die Medizinmänner weiße Knochen wetzen. Der Medizinmann, der jetzt vor der harten Wiese steht, hat festes Wasser vor den Augen. Er wetzt den Knochen und wetzt und wetzt und fragt dann einen Jungen mit Worten einer fremden Sprache. Das Kind ist ratlos und antwortet in der Sprache seines Stammes, stotternd und leise. Da wird der Medizinmann furchtbar böse und schreit den Jungen an. Der wird ganz rot im Gesicht. Zum Glück ertönt in diesem Moment eine Stimme aus dem Nichts. Auf Kommando stehen alle Bleichgesichter auf und stürmen aus der Höhle.

Ein Junge hat aus seiner Doppelhaut tief innen im Berg einen langen, spitzen Knochen mitgenommen und ritzt einen anderen nun am Bein, bis er blutet. Ein dritter läuft schnell zu einem Medizinmann und sagt ihm, was er gesehen hat. Der kommt herbei und zieht die beiden auseinander. Er nimmt sein festes Wasser von der Nase, geht mit seinen Augen ganz dicht an die Wunde des dicken Bleichgesichts und macht ein nachdenkliches Gesicht. Die Gazellen laufen schnell herbei; eine fragt den Medizinmann, ob sie ein schnelles Kanu rufen soll, das immer „Tatü Tata" schreit und das kranke Bleichgesicht gesundfahren kann. Der Medizinmann schüttelt den Kopf, und weil die Stimme aus dem Nichts wieder ruft, gehen alle langsam und murmelnd hinter dem blutenden dicken Bleichgesicht zurück in die Höhle.[127]

Antike Sprachspiele

Besonders aus dem antiken Griechenland sind Spiele mit Sprache bekannt. Allerdings werden sie den entautomatisierenden Ansprüchen, die Sklowskij an dichterische Verfahren stellt, nicht immer gerecht. Auch für die Schreibanimation mit Jugendlichen sind sie zum Teil weniger gut geeignet, da sie meist nicht auf eine breitere sprachliche Kreativierung zielen, sondern oft ein verbissenes, sprachtüftlerisches Arbeiten an nur wenigen Wörtern verlangen. Eine kurze Vorstellung dieser Verfahren stößt bei Jugendlichen dennoch auf Interesse, auch wenn sie kaum Schreibprojekte in interessanter Weise anregen können. Zu diesen Verfahren zählen:

Palindrom (von griech.: palindromos = rückläufig)
Es handelt sich um eine Folge von Buchstaben, Wörtern und Versen, die vorwärts und rückwärts gelesen einen Sinn ergeben. Neben Wortpalindromen (Anna, Reliefpfeiler, Retter, Ehe, nun, stets, Lagerregal, Rentner, neben, Ebbe, Radar) gibt es auch Satzpalindrome (Ein Neger mit Gazelle zagt im Regen nie).

Anagramm
Erster bekannter Verwender des Anagramms ist der griechische Dichter Lykophron aus Chalkis (drittes Jahrh. v. Chr.). Als Anagramm bezeichnet man die Umstellung der Buchstaben eines Wortes, eines Namens oder einer Wortgruppe zu einer neuen Lautfolge, die Sinn ergibt. Dabei darf kein Buchstabe weggelassen oder hinzugefügt werden. Im Barock verwendeten einige Autoren zum Beispiel Anagramme als Pseudonyme. So schrieb Christoffel von Grimmelshausen seinen Namen in verschiedenen Anagrammen wie German Schleifheim von Sulsfort. In neuester Zeit veröffentlichte (Hans) *Magnus Enzensberger* unter dem Pseudonym Serenus M. Brezengang.[128] Diese Beispiele regen Jugendliche zur Nachahmung an.

Akrostichon
Es handelt sich um ein Gedicht, bei dem die Anfangsbuchstaben oder -silben oder -wörter hintereinander gelesen ein Wort oder einen Satz ergeben.

Telestichon
Ein Gedicht, bei dem die letzten Buchstaben der Zeilen, von oben nach unten gelesen, in versteckter Weise ein Wort oder einen Satz enthalten.

Satzteilwechsel

Ein Verfahren, das gedankliche Routinen auflöst, Assoziationsspielräume eröffnet und insbesondere gängige Zuschreibungen von Subjekt- und Objektstatus durcheinanderbringt, ist der Satzteilwechsel. Bei Peter Handke liest sich das so:

Die verkehrte Welt

Eingeschlafen wache ich auf:
Ich schaue nicht auf die Gegenstände, und die Gegenstände schauen mich an;
Ich bewege mich nicht, und der Boden unter meinen Füßen bewegt mich;
Ich sehe mich nicht im Spiegel, und ich im Spiegel sehe mich an;
Ich spreche nicht Wörter, und Wörter sprechen mich aus;
Ich gehe zum Fenster und werde geöffnet.
[. . .]
Ich greife nicht nach Gegenständen, sondern die Gegenstände greifen mich an;
Ich entledige mich nicht der Kleider, sondern die Kleider entledigen sich meiner;
Ich rede mir nicht Wörter ein, sondern Wörter reden mich mir aus. . .

Peter Handke[129]

Das Verfahren eignet sich dazu, Erfahrungen von Jugendlichen, die diese ihrer „Banalität" wegen für wenig mitteilenswert halten oder deren gedankliche Aufarbeitung für sie vorerst erschöpft ist, durch ein sprachliches Experiment neu zu erschließen. Folgende Arbeitsanregung ist denkbar:

> Du drückst eine Begebenheit, die dich interessiert, in einer Reihe von Sätzen aus. Die Sätze sollten jeweils mehrere Nomen enthalten. Beim Notieren läßt du unter jedem Satz eine Reihe frei. Nachdem du einige Sätze zu Papier gebracht hast, wechselst du innerhalb eines jeden Satzes – zunächst in Gedanken – Nomen aus: Das Nomen, das im Objekt oder in einer Ortsbestimmung steckte, wird zum Subjekt und umgekehrt. Denjenigen Satzteilwechsel, den du für den interessantesten hältst, notierst du unter dem Ursprungssatz. Einige der verwandelten Sätze kannst du anschließend zu einem Gedicht gestalten.

Im folgenden als Beispiel einige Sätze einer Schülerin und anschließend ein Gedicht, das auf diesen Sätzen aufbaut:

Meine Mutter ist ein Flüchtlingskind.
Mein Flüchtlingskind ist eine Mutter.
Sie kam mit einem Zug aus Polen.
Ein Zug aus Polen kam mit ihr.
Ihre Schwester verhungerte in einem der Waggons.
Ein Waggon verhungerte in ihrer Schwester.
[...]

Zug der Hoffnung

Ein Zug aus Polen kam
mit meiner Mutter.
Gespickt mit Leibern
ein Waggon verhungerte
in ihrer Schwester.
Die Fliegen starben
wie die Menschen.
Jeder war in Hoffnung
mit dem Westen.
Und
die Lehrer bauten Nazis
in der Schule
wieder auf

Martina Biczysko (18)

Auch das folgende Gedicht wurde mit dem Verfahren des Satzteilwechsels vorbereitet:

Scheidung

Flucht ist in meinen Eltern
Eingefrorene Blicke füllen ihren Kalender
Das Gericht wütet
in ihnen Das Urteil:
leer, nichtssagend
kaputt.
Das Toben der
Vergangenheit
ein letztes Mal.
Panik.
„Aus".

Sylvia Kramer (17)

Lexikon

> „Ein Gedicht besteht aus Wörtern. Aber wie erginge es einem, der kein Dichter ist, wenn er probieren würde, ein Gedicht, von dem ihm nur der Wortvorrat bekannt wäre, zu rekonstruieren. Das käme auf den Versuch an."[130]

Diesen sprachspielerischen Vorschlag macht Andreas Thalmayr alias Hans Magnus Enzensberger in seinem Buch „Das Wasserzeichen der Poesie". Jugendliche selbst – oder auch der Pädagoge – können Gedichte jeweils zu einem Lexikon sortieren und die Wortlisten anderen Mitgliedern der Schreibgruppe zur Neugestaltung vorlegen. Arbeitsanregung:

Du wählst ein nicht zu langes Gedicht aus und zerlegst es in Einzelworte. Die Worte werden nach Wortarten sortiert und aufgelistet. Du notierst die in dem Gedicht enthaltenen Substantive, Verben, Adjektive, Pronomen, Konjunktionen, Präpositionen und sonstiges in gesonderten Wortkolonnen. Anschließend übergibst du das Wortmaterial einem anderen Mitglied der Schreibgruppe. Dieses fügt es zu einem neuen Gedicht zusammen. Schließlich werden erstens der neu zusammengefügte Text und zweitens der Ursprungstext vorgetragen.

Wortgerüst – Jeu des paroles reliées

Dieses Verfahren läßt sich nahtlos an das der „Klopfwörter" (vgl. S. 48) anschließen. Es hat in der Geschichte literarischer Geselligkeit eine lange Tradition. Walter Benjamin schreibt dazu:

> „Brezel, Feder, Pause, Klage, Firlefanz: Dergleichen Wörter, ohne Bindung und Zusammenhang, sind Ausgangspunkte eines Spieles, das im Biedermeier hoch im Ansehen stand. Aufgabe eines jeden war, sie derart in einen bündigen Zusammenhang zu bringen, daß ihre Reihenfolge nicht verändert wurde. Je kürzer dieser war, je weniger vermittelnde Momente er enthielt, desto beachtenswerter war die Lösung. Zumal bei Kindern fördert dieses Spiel die schönsten Funde. Ihnen nämlich sind Wörter noch wie Höhlen, zwischen denen sie seltsame Verbindungswege kennen."[131]

Bereits in der höfischen Gesellschaft ist das Verfahren zu finden. Im Anschluß an die Tradition der mittelalterlichen Minnehöfe haben – besonders französische – aristokratische Salons in der Zeit des Absolutismus Verfahren wie das „Jeu des paroles reliées"[132] immer wieder realisiert. Jeder Mitspieler nannte dabei ein Wort, und mit den Wörtern aller mußte dann eine Geschichte ausgesponnen werden. Die gesellschaftliche Funktion dieser Spiele sieht Gundel Mattenklott kritisch, denn

> „diese Spiele, so sehr sie die Aktivität des einzelnen Teilnehmers erfordern und jeden zum Subjekt der Sprache zu machen scheinen, zielen deshalb doch auf nichts weniger als auf individuelle oder kollektive Emanzipation. Der Spielraum, den der absolutistische Staat in Frankreich der höfischen Aristokratie einräumte, hatte sie von der Einsicht in ihre politische Bedeutungslosigkeit abzulenken. Zugleich fiel ihm die Funktion der Repräsentation und der Systemstabilisierung zu. Schöner Schein im buchstäblichen Sinn des Wortes war diese literarische Spielkultur."[133]

In Zeiten gesellschaftlicher Stagnation, in denen Schriftsteller mit „ihren Tiraden, ihrem Grimm, ihrem Ekel, ihrer Emphase" nicht mehr durchzudringen scheinen, präsentiert Andreas Thalmayr alias Hans Magnus Enzensberger das „Jeu des paroles reliées" erneut, und zwar in einem sehr ironischen Kontext, der die behauptete gesellschaftliche Wirkungslosigkeit von Literatur und das Wiederaufgreifen spielerischer Dichtungsverfahren gedanklich miteinander konfrontiert. Enzensberger nennt das „Jeu des paroles reliées" – in ironischer Anlehnung an Nachmittagsbeschäftigungen von Jugendgruppen – „Schnitzeljagd":

„Vorgegeben sind fünf beliebig gewählte Wörter, die in der vorgeschriebenen Reihenfolge zu einem Text verknüpft werden sollen."[134]

Für dieses Schreibexperiment setzt ihr euch ein zeitliches Limit, zum Beispiel von 15 Minuten; denn die Verknappung der Zeit setzt Phantasie hemmungsloser in Gang als ein unbegrenzter Zeitvorrat.

Visuelles Gedicht

Die visuelle Dichtung, eine Spielart der konkreten Poesie, hatte nach Vorläufen in der Antike einen ersten Höhepunkt im Barock. In dieser Zeit entstand eine Fülle von Gedichten, welche durch eine besondere Gestaltung im Schriftbild Gegenstände darstellten, die in der Regel in einer direkten oder symbolischen Beziehung zum Inhalt standen. Im 20. Jahrhundert erlebte diese Form der Dichtung eine neue Blüte; wichtige deutschsprachige Vertreter sind E. Gomringer, E. Jandl, F. Mon u. a.. Von Ernst Jandl stammt das folgende Gedicht,[135] das einen Aspekt der Aussage („So ein Riesenhaufen Moral"), nämlich „Haufen", sowohl durch den linken Wortblock als auch durch das rechte Buchstabendreieck visuell umsetzt. Zugleich ist der visuellen Auflösung des Wortes „Moral" in „m-oral" eine satirische Kommentierung von Moralitätsansprüchen zu entnehmen. Die gängigen Assoziationen zu „oral" sind „orale Phase" und „Sexualität", ein Bereich, der mit Moralitätsansprüchen immer wieder in Konflikt gerät.

```
ein so ein riesen haufen
ein so ein riesen haufen
ein so ein riesen haufen
ein so ein riesen haufen
ein so ein riesen haufen
ein so ein riesen haufen
ein so ein riesen haufen
ein so ein riesen haufen
ein so ein riesen haufen
ein so ein riesen haufen
ein so ein riesen haufen
ein so ein riesen haufen
ein so ein riesen haufen
ein so ein riesen haufen
ein so ein riesen haufen
```

Im Anschluß an das Gedicht von Jandl läßt sich folgende Schreibanregung formulieren:

Du wählst einen Gegenstand, ein Thema aus, mit dem du dich einmal kritisch auseinandersetzen möchtest. Du notierst zu diesem Thema einige mögliche kurze Formulierungen und überlegst, welche davon sich – ähnlich wie in Jandls Gedicht – visuell umsetzen lassen. Um deine kritischen Absichten zu akzentuieren, kannst du auch gezielte Verletzungen der Rechtschreibung vornehmen, zum Beispiel in Formulierungen wie „Ein Büchlein voller gerächter Noten". Auch Buchstabenumstellungen, Auslassungen und Wortverschmelzungen sind möglich, durch die dann eventuell Wörter entstehen, die einen kritischen Kommentar in sich tragen, zum Beispiel (M)ordnung, (V)erwachsene, (F)eigenheim, (V)erziehung, der Eintrott ins Leben, der militärische Siechheitspakt.

Eine Vorform des visuellen Gedichts ist das *Typogramm*. Das Typogramm will den Inhalt *eines Wortes* visuell darstellen.
Beispiele:

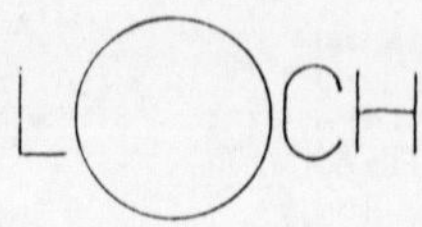

Um eine besondere Form der Visualisierung handelt es sich bei einem Sprachspiel[136], das Buchstabengruppen in Wörtern durch Ziffern ersetzt, deren Lautung als Zahlwort der Lautung der ersetzten Buchstaben entspricht. Beispiele:

Er ist 2fellos ein 3ster Kerl.
Ver3ben
Sch0er
1ichtig

Mit Hilfe von Visualisierungen hat ein 18jähriger Schüler die folgenden Texte zur Deutschland-Problematik geschrieben:

Deutschland

Deutschland Deutschland Deutschland Deutschland
Deutschland Deutschland Deutschland Deutsch
Deutschland Deutschland Deutschland
Deutschland Deutschland Deutsc
Deutschland Deutschland D
Deutschland Lands

BRD

c h
D l a n d
s t s e u
h u n d
E c a l t D

Repair it

Deutschland
Deut chland
eutschland
D tschland
Deutsc and
Deutschla
utschlan
D chland
euts chl
D u s c l d
e ts h nd
D s h d
e t c n
t a
D

BRDDR

DDDRBRDDDRBDDDDRRDDBRDDBDBRDD
BRRDBRDDRDBRDDDBRBRDDDDDRBDDB
DRRRRDDBDBRBDRBDDRBBDRBRDBRDR
BDRBBDRBRRDDRBDRRDBRDDRBRDDBD
BRDDRDD BRD R BDDRBD
BDDRBDRBDRBBDRDRRBRDBRDDRDDRB
DDBRDDRBRDBRDDRBDBRDDBBRDBDDR
BRDDDRBDBDRRDBRDBRDRRDDRBRDDR
BDRRDRB DDR DBBRDBR
DDRBRDBRDDDRBDRDBDRBDRDBDDRBD
DRDBRDDRBRDBRDDRBRDBRDDRDRDDB
DDRBRDBDRBDRBDRRDBRDBBRDBRDDR
DBRDBRDBRDDRBRDBRDDDRBRDBRDDB

Deutschland

Deutschland
l
Deutsch and
s
Deut ch land
t c l d
D u h n
e s
a

Helmut van Ool

3. Innenwelten darstellen

„Poetischer Gehalt [. . .] ist Gehalt des eigenen Lebens [. . .]"
JOHANN WOLFGANG VON GOETHE, Wort an junge Dichter[137]

Das Interesse für die jugendliche Schreibpraxis war ursprünglich eng mit psychologischen Forschungen, insbesondere mit der zu Beginn des 20. Jahrhunderts entstandenen Entwicklungspsychologie verknüpft. Psychologen und Pädagogen wie Ch. Bühler, W. Stern, F. Giese, S. Bernfeld sahen in literarischen Selbstdokumenten Jugendlicher einen „Königsweg für den Zugang zu tiefen Schichten jugendlichen Seelenlebens".[138] Die ältere deutsche Entwicklungspsychologie ging davon aus, daß die private Schreibpraxis ein bei Jugendlichen weit verbreitetes Verfahren sei, um Entwicklungsprobleme produktiv in Angriff zu nehmen.

Die psychologisierende Betrachtungsweise literarischer Praxis wirkt bis heute fort,[139] und zwar nicht nur im Hinblick auf jugendliche Schreibpraxis. So verfolgt der Sozialisationsforscher Lutz von Werder mit seiner Poesietherapie[140] das Ziel, kreatives Schreiben als therapeutisches Medium zu etablieren. Die Poesietherapie soll psychisches Leiden insbesondere mit Hilfe des biographischen Schreibens und der schreibenden Selbsterforschung aufdecken, ausdrücken und abtragen helfen. Etwas weniger psychologisierend ist die „biographische Selbstreflexion" von Herbert Gudjons u. a. angelegt.[141]

Für die heutige Praxis des Schreibens mit Jugendlichen ist dieser Kontext eher hinderlich als förderlich. Lediglich in Beratungs- und Therapiekontakten von Pädagogen zu *einzelnen* Jugendlichen ist eine psychologisierende Erschließung von Texten Jugendlicher eventuell sinnvoll. In *Gruppen* schreibender Jugendlicher – besonders aber im Rahmen der Schule – ist sie es nicht. Wenn Jugendliche dort angeregt werden, „innere Quellen" zu öffnen, so werden sie sich in der Regel nur dann darauf einlassen, wenn ihre persönliche psychische Dynamik *nicht* zum Gegenstand öffentlicher Erörterung gemacht wird, und das mit gutem Recht. Denn erstens ist ein „normal ausgebildeter Lehrer [. . .] kein Therapeut [. . .]. Der Unterricht kann nicht zur psychotherapeutischen Sitzung umfunktioniert werden."[142] Und zweitens sind Lerngruppen in der Schule meist nicht so zusammengesetzt, daß ein hilfreich-unterstützender Umgang mit seelischen Selbstentblößungen Jugendlicher gewährleistet ist.

Insbesondere in der Schule sollte sich die Schreibpraxis mit Jugendlichen deshalb von psychoanalytischen Verzweckungen emanzipieren. Dann sind – freilich nur bei sehr günstigen Gruppenkonstellationen – auch einmal Gespräche über private Texte wie Tagebücher möglich. Eine solche Öffnung der eigenen Persönlichkeit fällt Jugendlichen – besonders im Rahmen der Schule und ganz besonders in der eher anonymisierenden Organisationsstruktur der Sekundarstufe II – jedoch schwer. Texte, in denen persönliche Entwicklungsprobleme, innere Spannungen und private Erlebnisse ungeschützt fixiert sind, werden in der Praxis der Schreibanimation nur von ganz wenigen Schülern – und dann in der Regel nur dem Pädagogen – vorgelegt; eine weitergehende Öffentlichkeit und Anteilnahme wird nicht gewünscht. Die Befürchtungen, verletzt zu werden, sind zu groß.

Andererseits ist die persönliche Entwicklungsproblematik Jugendlicher in vielen der von ihnen verfaßten dichterischen Texte durchaus ein zentraler Gegenstand. Der junge Verfasser nutzt jedoch Verfahren des Verdichtens und der Umgestaltung, um die ihn beschäftigende Entwicklungsproblematik von seiner Person zu lösen, um eine Distanz zwischen sich als Person und die zur Sprache gebrachten Probleme zu bringen; diese werden dann leichter kommunizierbar. „Ich kann die Dinge, die mir wichtig sind, nur eingekleidet schreiben, sonst geht es mir zu nahe", so zitiert Irene Kummer einen jungen Schreiber.[143]

Bringt ein Jugendlicher ungelöste psychische Probleme, deren intensives Erleben deutlich wird, in der Schreibpraxis zum Ausdruck, so kann sich der Pädagoge keineswegs einfach mit dem Hinweis darauf entziehen, daß er im psychologischen Bereich inkompetent sei. Auch wenn ein therapeutisches Gespräch in der Regel nicht in Frage kommt, in seinem persönlichen Entwicklungsprojekt sollte der Pädagoge dem Jugendlichen weiterzuhelfen versuchen. Er kann dabei insbesondere den Jugendlichen dabei unterstützen, seine persönlichen Probleme dichterisch zu verschieben, sie von seiner Person zu lösen und damit leichter reflektierbar zu machen. Der Pädagoge kann dazu weitere Verfahren anbieten, mit denen der Jugendliche sich seiner persönlichen Lebenslage schreibend gegenüberstellen kann. Besonders im Schutzraum von Verfahren, die Lebensweltliches *fiktionalisieren,* ist dies möglich.

Im folgenden wird zunächst die weit verbreitete Textform des Tagebuchs als ein Gegenstand der Schreibpraxis vorgestellt. Anschließend wird an einigen Beispielen gezeigt, wie Jugendliche Persönliches durch dichterische Verfahren *mitteilbar* fixieren können und dabei zu einer narrativen Vergegenwärtigung personaler Identitätsfindung gelangen. Diese Verfahren legen freilich noch wenig Distanz zwischen die Schreibenden und ihre Texte. Deshalb sollte den Jugendlichen generell die *Möglichkeit* gegeben werden, diese Texte im privaten Bereich zu behalten, also nicht an andere weiterzugeben. Zudem sollten weitere Verfahren der Materialverarbeitung bereitgestellt werden, die eine „Einkleidung" ermöglichen und die Aussagen der Jugendlichen somit eher kommunizierbar machen.

Tagebuch

Golo Mann, ein fleißiger Tagebuchschreiber, meint, „die besten Tagebücher würden von namenlosen Jugendlichen geschrieben, die für den Druck noch nichts loswerden können und daher alles, was sie zu sagen haben, *notgedrungen* dem Journal anvertrauen! So wie Nietzsche meinte – und Bismarcks herrliche Jugendbriefe belegen das –, die bedeutendsten Briefe kämen immer von solchen Leuten, die in ihrem eigentlichen Beruf noch nicht zum Zuge gekommen sind, die noch beunruhigt abwarten müssen, was wohl das Schicksal mit ihnen vorhabe."[144]

Die Tagebücher von Jugendlichen, so ist der Einlassung von Golo Mann zu entnehmen, entstehen unter anderem aus gestautem Äußerungsdrang. Oft sind sie auch schreibend tastender, eigenes Handeln vorbereitender oder ersetzender Widerstand gegen die Lebenswelt und ihre Zumutungen, eine Möglichkeit dieses Schreibmodus, die ja – nicht nur auf Jugendliche bezogen – von Literaten immer wieder genutzt worden ist. Winston Smith etwa, Hauptfigur in George Orwells Anti-Utopie „1984", geht mit der Eröffnung eines Tagebuches in die heimliche Opposition zu einem politischen Regime, das seine Bürger total verplant und kontrolliert. Das beschreibende Festhalten persönlicher, durch eigenes Erleben beglaubigter Wirklichkeit, die gesellschaftlichen Meinungsmonopolen bewußt vorenthalten wird, hilft Winston Smith zunächst, sich als Individuum zu behaupten. Gegen einen subjektivitätsfeindlichen gesellschaftlichen Machtapparat rettet er Ansätze sowohl persönlicher Identität als auch historischer Wahrheit.

Jugendliche haben ähnliche Verfahren schreibender Selbstbehauptung in den 80er Jahren neu entdeckt. Spannungen zwischen dem Individuum und als bedrohlich empfundenen gesellschaftlichen Apparaten sind durchaus ihr Thema. Die Herausgeber einer der interessantesten neueren Anthologien von Texten Jugendlicher schreiben: „Ihr Thema ist die Bedrohung des Menschen durch einen perfektionierten Unterdrückungsstaat und durch das Beherrschtsein von einer Technik, die nicht mehr kontrollierbar ist."[145]

Die Tagebucheintragungen Jugendlicher thematisierten wohl auch in den 80er Jahren eher private Dimensionen dieser Spannung zwischen Individuum und Umwelt. Aber auch gesamtgesellschaftliche Aspekte dieser Bedrohung des Einzelnen dürften in die Diarien Jugendlicher Einzug gehalten haben; diese Annahme legen die thematischen Strömungen nahe, die sich in den anderen von ihnen häufig realisierten Formen des freien Schreibens zeigen. Wissenschaftliche Untersuchungen über die thematischen Präferenzen in Tagebüchern Jugendlicher der 80er Jahre gibt es bis dato nicht.[146] Was jedoch feststeht, ist die ungebrochene, ja sogar wieder gewachsene *Beliebtheit des Tagebuchschreibens* bei Jugendlichen.

Nach der Shell-Studie „Jugendliche + Erwachsene '85"[147] geben 46 % der 15– bis 24jährigen an, schon einmal im Leben ein Tagebuch geschrieben zu haben oder noch immer ein Diarium zu führen. Von den 45– bis 54jährigen *Erwachsenen* erinnerten sich dagegen nur 23 % an eine solche Schreibtätigkeit. Der 1985 für Jugendliche und junge Erwachsene ermittelte Durchschnittswert verdeckt erhebliche *geschlechtsspezifische Unterschiede:* Während 70 % der weiblichen Befragten in ihrem Leben einmal mit einem Tagebuch beschäftigt waren, machten von den männlichen Befragten nur 22 % diese Angabe.

24 % der 21– bis 24jährigen, die sich an ein Tagebuch erinnern, haben dieses im Alter zwischen 6 und 12 Jahren *begonnen,* 30 % im Alter von 13 bis 14 Jahren, 23 % mit 15 oder 16 Jahren und immerhin noch 15 % mit 17 oder 18 Jahren. Die höchste Anzahl der Tagebuchschreiber findet sich bei den weiblichen Jugendlichen im Alter von 13 bis 14, bei den männlichen Jugendlichen im Alter von 18 Jahren. „Das häufigste Alter, in dem Tagebuchschreiben beendet wird, liegt bei Jugendlichen und Erwachsenen '84 zwischen dem 15. und 18. Lebensjahr."[148]

Die Shell-Jugendstudie '81 hat die Teilgruppe der Jugendlichen, die das Tagebuch als einen Modus lebensgeschichtlichen Nachdenkens pflegen, näher eingegrenzt. Die Sozialisationsforscher stellen fest, das Tagebuch habe sich bei Jugendlichen – ähnlich wie biographisch geprägte Gedichtformen – als bevorzugte Ausdrucksweise „exponierter Subjektivität" entwickelt. Einen Bedarf an einer solchen Ausdrucksweise hätten insbesondere diejenigen, „die ganz persönliche Entwürfe eines künftigen Lebens für sich in Anspruch nehmen wollen. Wer sich dagegen an vorfindlichen biographischen Mustern orientieren will, hat geringeren Bedarf an literarischen Praktiken [. . .]".[149]

Interessante Einblicke in diese Funktion des Diariums im Jugendalter vermittelt die folgende Tagebucheintragung der 17jährigen Sylvia Plath, die 1932 in Boston geboren wurde. Der Text kann in Schreibgruppen Jugendlicher gelesen und reflektiert werden:

„Ich habe mich entschlossen, ab heute wieder Tagebuch zu führen – da kann ich meine Gedanken und Meinungen hineinschreiben, wenn ich gerade Zeit habe. Auf irgendeine Weise muß ich den Überschwang meiner siebzehn Jahre bewahren und festhalten. Jeder Tag ist so kostbar, daß ich unendlich traurig werde bei dem Gedanken, daß mir diese Zeit mehr und mehr entschwindet, je älter ich werde. Jetzt, jetzt ist die ideale Zeit meines Lebens. [. . .]

Ich bin sehr glücklich im Moment, sitze am Schreibtisch und schaue hinüber zu den kahlen Bäumen rings um das Haus jenseits der Straße . . . Immer möchte ich Beobachter sein. Ich möchte, daß das Leben mich stark berührt, aber nie so blind macht, daß ich meinen Anteil am Dasein nicht mehr ironisch und humorvoll betrachten und mich über mich selber lustig machen kann, wie ich es über andere tue.

Ich habe Angst vor dem Älterwerden. Ich habe Angst vor dem Heiraten. Der Himmel bewahre mich davor, dreimal am Tag zu kochen – bewahre mich vor dem erbarmungslosen Käfig der Eintönigkeit und Routine. Ich möchte frei sein – frei, um Menschen kennenzulernen und ihre Geschichte – frei, um an verschiedenen Enden der Welt zu leben und auf diese Weise die Erfahrung zu machen, daß es andere Sitten und Normen gibt als die meinen. Ich glaube, ich möchte allwissend sein . . . Ich glaube, ich würde mich gern „das Mädchen, das Gott sein wollte" nennen. Doch wäre ich nicht in diesem Körper, wo *wäre* ich dann – vielleicht bin ich dazu *bestimmt,* eingeordnet und abgestempelt zu werden? Nein, dagegen wehre ich mich. Ich bin ich – ich bin mächtig – aber in welchem Maße? Ich bin ich. [. . .]

Mehr und mehr wird mir bewußt, welch eine gewaltige Rolle der Zufall in meinem Leben spielt . . . Es wird der Tag kommen, wo ich mich schließlich stellen muß. In diesem Augenblick graut es mir vor den wichtigen Entscheidungen, die auf mich zukommen – welches College? Was für ein Beruf? Ich habe Angst. Ich bin unsicher. Was ist das Beste für mich? Was will ich? Ich weiß es nicht. Ich liebe die Freiheit. Einengung und Beschränkung sind mir zuwider . . . Ich bin nicht so klug, wie ich gedacht habe. Wie in einem Tal kann ich jetzt die Wege sehen, die sich mir öffnen, aber ich sehe das Ende nicht – die Konsequenzen . . .

Oh, ich liebe das *Jetzt,* trotz all meiner Ängste und Vorahnungen, denn *jetzt* bin ich noch nicht endgültig geformt. Mein Leben fängt erst noch an. Ich bin stark. Ich sehne mich nach einer Sache, der ich meine Kräfte widmen kann ..."

Sylvia Plath[150]

Tagebuchschreiben – so läßt sich folgern – kann ein Ausdruck von verweigerter Anpassung sein. Wenn es jedoch über das Alter von 17, 18 Jahren hinaus fortgeführt werden soll, bedarf es bei vielen Jugendlichen äußerer Impulse, ansonsten wird es in diesem Alter oft beendet. Das mag daran liegen, daß die persönlichen Entwicklungsprojekte der Jugendlichen eine neue Stufe erreicht haben, der eine andere, öffentlichkeitsfähigere Textform angemessener sein mag. Ein Grund ist aber vielleicht auch, daß dieser Schreibmodus für viele Schreiber nach einigen Jahren der Praxis ausgereizt ist. Wohl nur in diesem Fall ist es sinnvoll, daß der Pädagoge dem Jugendlichen Hinweise gibt, mit deren Hilfe er das Verfahren des Tagebuchs für sich noch einmal neu ausschöpfen kann, etwa in Form der folgenden, vom Jugendlichen je nach Entwicklungsstand seiner Tagebuchpraxis individuell nutzbaren Anregung:

Du hast in den letzten Jahren ein Tagebuch geschrieben. Vielleicht bist du irgendwann an einem Punkt angelangt, an dem das Tagebuch deine persönliche Entwicklung nicht mehr so sehr vorangebracht hat. Andererseits möchtest du das Tagebuchschreiben nicht unbedingt aufgeben oder auch wieder neu beginnen: mit neuen Ideen, mit Anregungen, die dir bei dieser Art des Schreibens Neuland erschließen. Vielleicht können dich die – inzwischen oft berühmten – Tagebücher von Schriftstellern, die auch als Erwachsene noch viele Jahre Tagebücher geschrieben haben, anregen. Lies z. B. in den Tagebüchern von:

Franz Kafka	Gottfried Benn	Luise Rinser
Thomas Mann	Albert Camus	Anais Nin
Robert Musil	Max Frisch	Katherine Mansfield

Als Stützung und Weiterentwicklung bisheriger Praxis des Tagebuchschreibens ist auch das folgende Verfahren „Stationen" zu empfehlen.

Stationen

„Angenehm am Schreiben ist, daß man die Gedanken, die ständig da sind, einmal vor sich hat und sieht, was man eigentlich ‚leistet', was so die ganze Zeit in einem abgeht."

JUNGE SCHREIBERIN[151]

So wie es bei einer Zugfahrt relativ rasch zurückgelegte Strecken gibt und Stationen, an denen der Zug länger verweilt, so zerfällt auch die Zeit-„Strecke" eines Tages oder einer Woche in Abschnitte, die man im Rückblick rasch überspringt, und Momente, an denen die Erinnerung stärker haften bleibt. Um solche konkret erlebten Momente, die Erinnerungswert haben, geht es im folgenden Verfahren. Werden diese Momente festgehalten, so ergibt sich eine spezielle Form des Tagebuches, die auf das aufmerksame Registrieren und sensible Festhalten äußerer Ereignisse Wert legt, auf scheinbare Nebensächlichkeiten des Alltags, die sonst im Tagebuch oft unter den Tisch fallen.

Ein Meister solcher Notate ist Peter Handke. Handkes Tagebuch „Das Gewicht der Welt" spiegelt unter jeweils einem Tagesdatum eine Reihe von Stationen des Alltags, in denen sich das Erleben des Autors intensiviert hat. Die Außenwelt wird an solchen Stationen in die Gedankenwelt des Autors einbezogen. Handkes Tagebucheintragungen verwandeln Alltagsbeobachtungen in knappe Erzählkerne, fügen sie in Vergleiche ein, wiederholen Beobachtetes in fotografisch genauer Sprache oder teilen aufgeschnappte Zitate mit. Beispiele:

„Es fällt einem etwas herunter, und am Nebentisch schaut man sich um, aber nur ganz schnell.

Wie in einem Krankenzimmer den ganzen Nachmittag lang die Tulpenblätter zu Boden fielen.

Vor dem Fotoautomaten auf ein Foto warten; dann käme ein Foto mit einem anderen Gesicht heraus – so finge eine Geschichte an.

An einem dunklen Fenster vorbeigehen, hinter dem früher ein Freund gewohnt hat.

Eine schöne, ernste Frau, die endlich aus den starren Zähnen lächelt: als ob sie Wasser läßt.

‚Ich will deine Meinung hören.' – ‚Meine Meinung!' rief sie erschrokken.

Beim Aufwachen lagen die Haare auf meinem Kopf wie eine flache Hand."[152]

Die Notate Handkes sind für ein alltagsorientiertes Schreibprojekt besonders anregend, da sie Ansatzpunkte für eine Literatur bieten, „an der viele produktiv teilhaben könnten, da sie direkt aus dem Alltag heraus entsteht, wenig Zeitaufwand erfordert und auch ohne überraschende sprachliche Fähigkeiten zu interessanten Produkten führen kann. Der Entstehungsweise und eventuell dem Stoff nach sind die Notizen dem persönlichen Tagebuch verwandt, fordern aber durch den Zwang zur Kürze eine konzentrierte *Beobachtung* und durch den fotografischen Zug *Genauigkeit* im Wiedergeben äußerer Eindrücke."[153]

Handkes Tagebuch kann in der Schreibpraxis mit Jugendlichen kurz vorgestellt werden. Anschließend ist folgende Anregung möglich:

Du suchst in nächster Zeit täglich mehrmals ruhige Momente, in denen du Beobachtungen und Ereignisse, die sich in der Erinnerung an die letzten Stunden in den Vordergrund drängen, genau und zugleich knapp notierst. Nachher kannst du an den Notaten immer wieder herumfeilen, sie weiter verdichten oder gedanklich erweitern. Die fertiggestellten „Stationen deines Alltags" kannst du abschließend auf Tagesblättern festhalten. Es entsteht so eine Form des Tagebuches, die dir bisher nicht vertraut war. Darin geht es weniger um dein Innenleben als um deine persönliche Sicht der Außenwelt, in der du lebst. Wenn du ein solches Tagebuch versuchst, ist die Lektüre von Peter Handkes „Das Gewicht der Welt" anregend.

Nach diesem Verfahren sind die folgenden Texte entstanden:

Gedankenbus

(Dieser Text entstand während einer Busfahrt am
10. 2. 1988 auf der Strecke Waldniel-Brüggen).

Opa wartet im Wind kann kaum stehen und
versteckt sich hinter einer Mauer
Mädchen mit pinker Jacke läuft
vorbei
läuft mit pinker Jacke zur gelben Telefonzelle
Opa wartet
Kleiner Junge mit Pudelmütze und Sporttasche läuft
zum Opa blau zu blau

Opa nimmt die Tasche und berührt mit den
Fingerspitzen sanft die Schultern des Kindes

Penner auf Bank winkt lächelnd ab, als
der Bus vorüberfährt
dem Mercedes öffnet sich willig das Garagentor

Die Stelle, wo der Hund überfahren wurde, überrollt
der Bus mit Höchstgeschwindigkeit
... und die Kinder schreien ...

Ein Papierkorb voller nasser Zeitungen –
oder ist es nur eine? – aufgequollen?

Die Strecke ohne Gleise – von der Natur zurückerobert

Das alte Haus mein Lieblingshaus auf dieser
Strecke und ich erinner mich an den
starken Schmerz
beim ersten Anblick
nach dem Zerfall
der langsam nachläßt
ein Notarztwagen leuchtet mir entgegen

Der Steg in den See –
für den Selbstmordkandidaten

Scheibe freimachen vom Atem
70 Individuen

Wilder Garten wird zerstört totes Holz klagt an
helle Scheiben fressen sich in meine Erinnerung
die Romantik ist verlorengegangen
des halbzerfallenen Hauses

Ein Doppelpfeil (Plastik) führt in den Wald

Uta Dülks (18)

Stationen

Ein Mann schlägt sein Kind,
es weint,
doch er hat nichts erreicht.

Man gibt dem Bettler einen Groschen,
ein Glänzen liegt in seinen Augen,
aber nur kurz.

Mitten im Pulk der Leute
lacht ein bekanntes Gesicht.

Zwei ältere Leute lästern im Bus
über Gott und die Welt –
wenn sie sich selber sehen könnten,
könnten sie genug über sich selbst erzählen.

Thorsten Rühlemann (18)

Stationen

Ich fahre im Bus. Ein Mann steigt ein, Zigarre, Bierfahne, brüllt: „Ich hab Durst!" Was, immer noch?

Abend. Ein Auto rast über eine weggeworfene Zigarettenkippe. Feuerwerk.

Vollmond. Ich muß mich einen Moment konzentrieren, um ein Gesicht in ihm zu sehen. Dann ist es da.

Lügen haben kurze Beine – sagt der Politiker, während er sich auf die Zehenspitzen stellt, um den Rand des Rednerpultes zu überwinden.

Thorsten Krüger (18)

Augenblick-Texte

„Ich lerne sehen. Ich weiß nicht, woran es liegt, es geht alles tiefer in mich ein und bleibt nicht an der Stelle stehen, wo es sonst immer zu Ende war. Ich habe ein Inneres, von dem ich nicht wußte. Alles geht jetzt dorthin. Ich weiß nicht, was dort geschieht."

RAINER MARIA RILKE[154]

Dieses Verfahren ermöglicht es, einen kurzen Moment des Alltags, in dem einige interessante Beobachtungen und Eindrücke zusammentreffen, einen Augenblick, der sich im Tagesablauf durch die Intensität des Erlebens auszeichnet, kurz festzuhalten. Das Verfahren ist im übrigen dafür geeignet, die Kunst des Tagebuchschreibens weiterzuentwickeln.

Es geht nicht so sehr um ein realistisches Beschreiben der Außenwelt. Vielmehr sind äußere Eindrücke nur der Anlaß, die innere

Dynamik einer Person schreibend festzuhalten. Folgende Anregung kann gegeben werden:

> Du befindest dich zu Hause, hast dich zurückgezogen, du hast Ruhe. Du erinnerst dich an den heutigen – oder den gestrigen – Tag. An diesem Tag gab es einige Augenblicke, die du besonders intensiv empfunden hast, Augenblicke, die du als besonders „dicht", erfahrungsreich und voll eigener Reflexionen erlebt hast. Wähle den eindrucksvollsten dieser Augenblicke aus. Erinnere dich:
>
> – Was war zu sehen?
> – Was war zu hören, im Radio, im Fernsehen, auf der Straße?
> – Was war zu riechen?
> – Was ging dir alles durch den Kopf?
> – Wohin bewegte sich deine Phantasie?
> – Welche Erinnerungen, welche Erwartungen und Befürchtungen drängten sich auf?
>
> Schreibe alles das auf, in freier assoziativer Fügung, ohne allzu großes Bemühen, eine „logische" Struktur in deinen Text zu bekommen.

Ein Text einer 17jährigen, der nach dieser Anregung entstand:

Geburtstag

Ich fühle mich grau, eingesperrt. Unten Bekannte mit großen Autos. Leute, die ich nicht kenne, stehen bei der Garage.
Ich denke an Weihnachten.
Glückliche Kinder.
Mein Auto ist durch den TÜV. Maiers Babysitter guckt Dallas. Bis hier höre ich JRs eisige Stimme. Die Feierlichkeiten beginnen. Tanzen, trinken, gute Laune. Das Ehepaar von nebenan hat sich scheiden lassen. „500 weniger Unfalltote durch Anschnallen auf dem Rücksitz".
Ich bin müde, will allein sein. Mit mir. Doch ich muß hinunter. Die Geschenke warten.

Annette Leuthen (18)

Autobiographisches Schreiben

Jugendliche, die zu Hause ein Tagebuch in der Schublade liegen haben, können es als Quelle für autobiographische Textformen verwenden. Hinzu kommen kann ein umfangreicher Fundus an Erinnerungen, eventuell vergegenwärtigt durch alte Fotoalben, Dias usw. Ein schriftliches Erinnern und Verarbeiten des eigenen Lebensweges fällt jungen Schreibern um so leichter, je weiter der zu betrachtende Lebensabschnitt in der Vergangenheit zurückliegt. Ereignisse, Situationen und Zustände, die an die Gegenwart heranreichen, sind schwerer zu überschauen und lassen eine distanziertere Betrachtung oft noch gar nicht zu. Sie waren vielleicht bereits geprägt von der Lebensproblematik, mit der der junge Schreiber sich immer noch herumschlägt.

Das Schreiben über die Kindheit kann ohne jede thematische Festlegung beginnen; oder es kann auf verschiedene erinnerungsleitende und -aktivierende Aspekte konzentriert werden. Dazu bieten sich an:

- mündliche Berichte von Eltern und Verwandten;
- die Bekanntschaften der Kindheit;
- die Medienhelden der Kindheit (Helden von Kinderkassetten oder aus Kinderbüchern);
- die Unfälle der Kindheit;
- die Überraschungen der Kindheit;
- das Spielzeug der Kindheit.

Das Verfahren könnte folgendermaßen umschrieben werden:

> Stöbere in den Ecken eurer Wohnung, in denen sich Erinnerungsstücke verbergen, die deine Kindheit wieder wachwerden lassen. Es können sein: alte Fotos oder Dias, weggepacktes altes Spielzeug, alte Kleidungsstücke, die ersten Schulhefte und Schulbücher, Kassetten aus Kindertagen, Bilderbücher usw. Laß all diese Gegenstände Erinnerungen wachrufen. Mach dir Notizen dazu, und schreibe dann in aller Ruhe einen Text über deine Kindheit. Der Text kann in einer Art und Weise, die dir angemessen scheint, stilisiert sein (witzig, ironisch, märchenartig, im Schüler-Jargon, im Behördendeutsch etc.).

Als Anregung kann den Jugendlichen der folgende Auszug aus Harry Rowohlts autobiographischem Bericht „Ru(h)m für Bären + Poeten" vorgelegt werden:

Kinderbücher, die mich prägten? Gehen wir mal für die Dauer dieses Beitrags davon aus, daß ich geprägt wäre –: Doch, doch. „Pu der Bär", das schönste Kinderbuch der Welt, das schönste *Buch* der Welt, das hat mich durchaus geprägt.

Und auch sonst. Ich konnte nämlich, bis ich drei Jahre alt war, nicht sprechen. Meine Mutter hatte sich schon damit abgefunden, daß ich ein bißchen doof bin, aber Kind ist Kind, und da wollen wir mal nicht so sein. Damals waren nämlich die meisten Kinderbücher in Versen abgefaßt, und ich nahm an, es würde allgemein so gesprochen, und solange ich das noch nicht beherrschte, hielt ich lieber die Klappe.

„Bill hat ein Bällchen, und das ist rund. Sein rundes Fellchen ist kunterbunt. Bill sprach zu Bällchen: ‚Du gefällst mir sehr (wie Romy Schneider zu Burkhard Driest). *Mein Spielgesellchen, wo kommst du her?'"* Woraufhin der Ball dem Buben einen Bären nach dem andern über sein Ballaballa-Land aufbindet: Alice im Wunderland, Dorothy in Oz, Christopher Robin in Pooh's Corner. „Bill und Bällchen" hieß das Buch, aber von wem es war und wo es erschienen ist, weiß ich nicht.

Als ich dann doch etwas sagte, war das nicht „Mamma" oder „Pappa" (das schon gar nicht, denn so was Feines hatten wir damals noch nicht), sondern, und das glaubt mir zwar niemand, es stimmt aber trotzdem, es war die Zeile *„Ich habe gelogen, betrogen, gestohlen; meine Hände sind schmutzig."* Meine Mutter ist nämlich Maria Pierenkämper, die weltberühmte unbekannte Schauspielerin, und diese memorierte damals die „Medea" von Anouilh und stürmte dabei im Zimmer auf und ab, und ich sah ihr von meinem Laufställchen beim Memorieren zu, immer auf und ab, wie beim Tennis. Und wenn sie nicht memorierte oder weg war, las sie mir vor, mit Betonung und allem Drum und Dran, und war viel besser als viel später, als ich sie in Gelsenkirchen als Maria Stuart auf der Bühne sah, aber diese Enttäuschung kam daher, daß der Darsteller des Mortimer mir vorher verraten hatte, die beiden Königinnen würden zum Schluß von links und rechts auf die Bühne reiten, meine Mutter auf einem Rappen, die miese Elisabeth auf einem Fuchs, und sich mit Pistolen duellieren, was aber gar nicht stimmte, sondern meine Mutter wurde geköpft, und auch davon wurde nur geredet, und man sah es gar nicht, zum Glück.

Im Kindergarten war dann Prosa Verkehrssprache, und das Sprechen mit Endreim, das zu Hause niemanden gestört hatte, ließ ich schon am ersten Tag sein, weil Veronika, die eine Brille hatte, das affig fand. Veronika hieß mit Nachnamen Scholz, wie der Kinderbuchverlag Scholz in Mainz, und dadurch gab es wieder ganz andere Kinderbücher und die Kinderzeitschrift „Die bunte Kiste", und all das fand *ich* nun wieder affig, was ich aber nie zugegeben hätte, weil Veronika eine Brille hatte. Veronika wanderte dann mit ihrem Vater nach Amerika aus, während ihre jüngere Schwester Katharina mit der Mutter in Wiesbaden blieb (oder wie oder was), so daß ich, weil Katharina ebenfalls eine Brille hatte, erst mal versorgt war. Ach, Katharina. Sie paßte auch altersmäßig viel besser zu mir, weil sie nur noch anderthalb Jahre älter war als ich, und sie konnte – wir nannten das „Verliebungsmahl" – Nudelsuppe auf dem Puppenherd kochen. Aber dann ging sie auf die Schule und konnte plötzlich lesen und schreiben, so daß ich praktisch kein Umgang mehr für sie war, und da habe ich meine Mutter so lange angemault, bis ich auch auf die Schule durfte, was später ganz günstig war, weil ich, als ich sitzenblieb, immer noch der Jüngste in der Klasse war („Der Zweitjüngste", sagte Christiane Bender an dieser Stelle immer.).

Nun konnte ich also lesen und machte die zweite wichtige Entdekkung: Es hieß *Pu. Der. Bär* und nicht *Puderbär.* Das ging ja noch, aber außerdem entdeckte ich, daß auf Englisch alles anders geschrieben als gesprochen wird. Mein Bruder Heinz hatte mir nämlich amerikanische Kinderbücher mitgebracht – ein Riesenbuch. *BIG FARMER BIG,* über einen Riesen, der sich zum Frühstück vierhundert Eier in die Pfanne kloppt, mit einer kleinen Tasche dran und einer winzigkleinen Broschüre drin, *little farmer little,* über einen Zwerg, dessen Bett aus einer Streichholzschachtel und vier Streichhölzern besteht [...]. *Harry Rowohlt*[155]

Den Tonfall ihres Textes sollten die Schüler unabhängig von dieser Vorlage festlegen (vgl. dazu „Stilisierungen", S. 138). Freilich wirkt die witzige Art Rowohlts in der Regel ansteckend.

Es entstehen Texte, in denen sich identitätsstiftende Erinnerungsarbeit mit dem Interesse an einer fiktionalisierenden Rekonstruktion und Neuinszenierung der eigenen Kindheit mischt. Die Erfahrungen der Kindheit werden dabei nicht in voller Breite erfaßt, sondern aus späterer Perspektive und meist nach unbewußten Prinzipien ausgewählt, organisiert und konzentriert erzählerisch wiederbelebt:

„Wir erinnern uns an vergangene Krisen und wie wir sie überwanden, an vergangene Fehler und Erfahrungen und was wir aus ihnen lernten, an Pläne und was aus ihnen wurde, an Erfolge und wie wir sie erreichten, an Enttäuschungen und wie wir sie meisterten, an Hoffnungen und wie wir sie erfüllten oder wodurch sie zunichte wurden. Das heißt, wir erinnern uns nicht an bloße Fakten, wie sie etwa der ‚Lebenslauf' enthält, vielmehr erinnern wir uns an Verläufe und unsere Einstellungen dazu. Wir interpretieren das Frühere aufgrund unserer Kenntnisse des Späteren und ziehen Lehren für die Zukunft daraus [...][156]."

In der deutschen Literatur gibt es eine Reihe von autobiographischen Werken, in denen – in unterschiedlichen Mischungen von Dichtung und Wahrheit – die Kindheit der Autoren dargestellt wird. Während des Schreibens an einem eigenen autobiographischen Text können sie von Jugendlichen zur vergleichenden Lektüre herangezogen werden. Hier können sie studieren, auf wie unterschiedliche Weisen Autoren die autobiographische Schreibaufgabe gelöst haben. Eine Anregung:

> Besorge dir in Bibliotheken die folgenden Titel, und schaue nach, wie diese Autoren ihre Kindheit und Jugend nacherzählt haben. Die Werke bewegen sich – wie wohl auch dein eigener Text – zwischen Dichtung und Wahrheit:
>
> Heinrich Jung-Stilling: Heinrich Jung-Stillings Jugend
> Johann Wolfgang von Goethe: Dichtung und Wahrheit
> Jean Paul: Selbstbiographie. Kindheit und Knabenjahre
> Hermann Hesse: Unterm Rad
> Franz Kafka: Brief an den Vater
> Bernward Vesper: Die Reise
>
> Das Aufwachsen eines Kindes aus der Perspektive des Erwachsenen hat Peter Handke in seiner „Kindergeschichte" dargestellt. Auch sie könnte für dein Schreiben anregend sein. Welche Schreibverfahren der Autoren findest du besonders interessant? Wie kannst du sie nutzen?
>
> Du kannst dich in deinem eigenen Text auch inhaltlich mit den Kindheiten von Goethe, Vesper usw. auseinandersetzen, einzelne Sätze einbeziehen, sie parodieren etc.

Erste Erfahrung

„Die neuen Erfahrungen"

1966 /
in Bayreuth /
vor einer Aufführung der Oper „Tristan und Isolde" /
steckte ich /
auf einem Parkplatz /
zum ersten Mal /
eine Münze /
in einen Parkautomaten /:
das war eine neue Erfahrung für mich /

und weil man stolz ist /
auf neue Erfahrungen /
war ich stolz /
auf die neue Erfahrung;

Ich fragte mich:

„Wann habe ich zum ersten Mal eine Tür mit eigenen
Händen geschlossen? /
Und wo habe ich zum ersten Mal in einem Stück
Brot eine Ameise mitgegessen? /
Und unter welchen Umständen habe ich Wasser
zum ersten Mal dampfen sehen? /
Und wo habe ich zum ersten Mal unter einem
Zellophansack keine Luft mehr gekriegt? /
Und wann habe ich zum ersten Mal einen Brief
EXPRESS aufgegeben?"
Einmal /
in welchem Jahr? /
erwachte ich /
zum ersten Mal in einem fremden Raum /
und bemerkte zum ersten Mal /
daß ich in einem Raum war. [. . .]

1948 /
an der bayrisch-österreichischen Grenze /
im Ort Bayrisch-Gmain /
„in einem Haus mit welcher Nummer?" /
sah ich /
auf einem Bettgestell /
unter einem Leintuch /
hinter Blumen /
zum ersten Mal /

einen Menschen /
der tot war.

Peter Handke[157]

Erste Erfahrungen zeichnen sich durch den hohen Anforderungscharakter des Neuen, durch persönliche Verunsicherung, manchmal fieberhafte Suche nach Möglichkeiten der Bewältigung ungewohnter Situationen und deswegen durch besondere Intensität des Erlebens aus. Erste Erfahrungen konzentrieren sich im Kindes- und Jugendalter; sie sind aber auch dem Erwachsenen nicht fremd.

Jugendliche erinnern sich zum einen an „Erste Erfahrungen" aus der Kindheit; in diesem Fall sind oft nur noch Umrisse von Situationen und Vorgängen im Gedächtnis. Die Erinnerung an diese Erfahrungen ist meist relativ wenig belastend, da die Vorgänge, um die es geht, inzwischen routinisiert oder zumindest nicht mehr ungewöhnlich sind. Dennoch ist die Thematisierung solcher Erfahrungen für Jugendliche von Interesse, da die jungen Schreiber sich mit ihrer Hilfe darüber klarwerden können, daß das Ungewohnte – mit dem sie nun in ganz anderen Bereichen konfrontiert sein mögen – bewältigt werden kann und daß ihnen persönlich dies gelungen ist.

Anders verhält es sich mit „ersten Erfahrungen", die erst kurze Zeit zurückliegen. Hier sind – zumindest im schulischen Kontext – eher nur diejenigen Erfahrungen mitteilbar, die den Jugendlichen nicht zu sehr existentiell betroffen haben. Der oder die junge Schreibende sollte darauf hingewiesen werden, daß er oder sie nur selbst entscheiden kann, bis zu welchem Grad von existentieller Betroffenheit er/sie Erfahrungen schreibend wiedergibt.

Schließlich sind auch noch zukünftige, erwartbare „erste Erfahrungen" thematisierbar. An ihnen lassen sich Elemente von Lebensplänen und Zukunftshoffnungen, Ängste und Wünsche festmachen.

Eine Schreibanregung könnte lauten:

Für jede Erfahrung gibt es ein „Erstes Mal". Dein Leben lang hast du „erste Erfahrungen" gemacht.

Du erinnerst dich weit in die Kindheit zurück und notierst alle „ersten Erfahrungen", die im Gedächtnis haften geblieben sind und die du mitteilen kannst. Du schilderst Ort, Zeit, Umstände und Ablauf dieser „ersten Erfahrungen" möglichst genau. Vieles davon wirst du – aus heutiger Sicht – mit einem wissenden Lächeln notieren.

Schwer ist es, mit „ersten Erfahrungen" aus der jüngeren Vergangenheit umzugehen. Du entscheidest selbst, welche davon du zu Papier bringst.

Zum Schluß notierst du die „ersten Erfahrungen", die du in Zukunft noch erwartest. Es kann sich zum Beispiel um kurze Fragen handeln, die mit den Worten „Wann werde ich . . .", „Wo werde ich . . .", „Mit wem werde ich . . ." oder „Wie werde ich . . ." anfangen.

Dein Text mit vielerlei persönlichen Notaten zu „ersten Erfahrungen" ist eine interessante Variante der Autobiographie.

Nach diesem Verfahren ist der folgende Text einer 18jährigen entstanden:

Zum 1. Mal:
Immer macht man irgendwann mal irgendetwas zum 1. Mal.

Zum 1. Mal habe ich an der Hand – watschelnd – unseren Garten erforscht. Es gab ein blaues, rundes Becken, etwa 30 cm tief. Die Steinenten darum schienen ungeheuer groß. Ich durfte sie streicheln.

Im nächsten Jahr – ich war schon etwas größer – spielte ich im Sommer im Garten und fiel zum 1. Mal in Scherben. Alles rot! Mama lief mit mir zum 2. Mal zum Krankenhaus. Die Narbe habe ich noch heute.

Irgendwann mal habe ich zum 1. Mal Suppengrüngemüse gegessen. Ich mochte es soo gerne. Oma hat es mir mit einem Löffel gegeben. Ich saß auf einem blauen Stuhl in der Küche. Oma hatte schon immer graue Locken und einen Kittel an.

Ich erinnere mich, als ich zum 1. Mal „gebadet" habe. Das Wasser war irgendwie grünlich durch mein Babapapa-Shampoo. Am schönsten fand ich es, von dem Rand der Badewanne ins Wasser zu rutschen. Das spritzte und schwappte immer so schön über. Telefonieren in der Badewanne fand ich auch immer gut. Dazu nahm ich die Brause. Ich telefonierte mit meiner Oma.

In Dülken, vermutlich im Alter von 3 Jahren um 9 Uhr in unserem Wohnzimmer auf der Erde hab' ich zum 1. Mal eine Strumpfhose – in rot – angezogen. Ich mußte ziehen helfen.

Zum 1. Mal ging ich in den Kindergarten. Ein blonder Junge mit breiten Lippen riß seinen Mund auf, als er gerade ein Plätzchen zerkaute. Ich hab' mich zum 1. Mal so richtig geekelt. [. . .]

Zum 1. Mal kauften wir einen Hund. Ich weiß nur noch, daß wir unheimlich lange fahren mußten, bis wir zu Hause waren. Ich saß hinten im Auto, und der Hund lag auf meinem Schoß. Ich war so froh und hab' immer gesungen: „Lotte (so hieß die Hündin), hotte, Krotte, Schnäußchen, alle kommen in mein Häuschen."

Das war das 1. Mal, daß sich etwas reimte, was ich sagte. [. . .]

Zum 1. Mal waren wir bei Bekannten in Köln. Abends in der Stadt durfte ich alleine in ein Kaufhaus Zigaretten holen gehen. Das Kaufhaus hatte aber zwei Ausgänge. Ich nahm den Falschen. Hinten heraus. Draußen war es dunkel. Zum 1. Mal fand ich den Weg nicht mehr und hab' mich verlaufen. Aber Mama, die vorne wartete, hat mich wiedergefunden; weil ich ja nur am anderen Ende herausgekommen bin. Ich hab' geweint, hatte so 'ne Angst.

Einmal im Frühjahr, oder so, sind wir an einem See spazieren gegangen. Da waren wahnsinnig viele Frösche. Die sah ich zum 1. Mal. Sie saßen teilweise aufeinander und ich wußte nicht warum. Mama sagte mir, daß sie sich paarten.

Ich hatte zum 1. Mal Angst im Dunkeln, weil die Männchen und Hunde auf der Tapete plötzlich wie Hexen aussahen. Mama ist sofort gekommen.

Zum 1. Mal hab' ich eine Radtour gemacht. Mit zwei Jungs aus meiner Klasse. In einen riesigen Baum haben wir unsere Namen geritzt. Ob sie wohl heute noch dort stehen?

Zum 1. Mal hab' ich eine Kuh gemolken. Die Kuh trat aus, weil sie sich ans elektrische Melken gewöhnt hatte.

Zum 1. Mal wechselte meine Lieblingsfarbe Rot in Gelb.

Zum 1. Mal bin ich mit dem Rad gefallen. Ich wollte einen Mann, der vor mir fuhr, überholen – es ging bergab – ich flitzte also hinterher, verlor die Kontrolle über mein kleines Rad und fiel kopfüber auf den Asphalt. Per Krankenwagen und Blaulicht bin ich abgeholt worden.

Zum 2. Mal wurde ich genäht, allerdings zum 1. Mal am Kinn. Die Narbe habe ich auch heute noch.

Zum 1. Mal alleine in Urlaub gefahren.

Zum 1. Mal das Flugzeug verpaßt.

Zum 1. Mal einen Sonnenstich in Südfrankreich bekommen. (Bis jetzt war das gleichzeitig auch das letzte Mal!)

Zum 1. Mal Auto gefahren, später dann den Führerschein gemacht.

Zum 1. Mal die Schule gewechselt. Komisches Gefühl; viele neue Gesichter – Chaos im Hirn – scheinen alle nett zu sein.

Zum 1. Mal hat mein Brieffreund aus Arabien angerufen. Ich hab' mich sooo gefreut.

Stephanie Schakat

Daß Schreibanregungen wie „Erste Erfahrung" bei Jugendlichen – je nach Naturell – auch zu ganz anderen Produkten führen können, machen die drei folgenden Texte zweier 17jähriger Schüler und einer 18jährigen Schülerin deutlich:

Erste Erfahrungen

Am 7. 1. 1971 wurde ich zum ersten Mal geboren.

Kurz danach bekam ich zum ersten Mal Haare auf dem Kopf.

Irgendwann später kam ich zum ersten Mal in den Kindergarten und baute meine erste Sandburg.

Zum ersten Mal haute ich meinem Freund eine Eisenstange auf den Kopf, nachdem er mir mein schönstes Matchbox-Auto geklaut hatte.

Zum ersten Mal legte mich mein Opa über das Knie, und zum ersten Mal wußte ich, was Schmerzen sind.

Dann kam ich zum ersten Mal in die Schule. Und zum ersten Mal wurde ich so richtig vermöbelt. Zum ersten Mal aß ich Pizza, und zum ersten Mal erkannte ich, wieviel Zeug doch in so einem kleinen Magen sein kann.

Zum ersten Mal hatte ich sechs Einsen auf einem Zeugnis.

Und das war der Anfang einer sensationellen Karriere.

Beim nächsten Zeugnis hatte ich zum ersten Mal eine Vier.

Und beim Zeugnis darauf hatte ich erstmals nur noch vier Einsen. Und so sank ich zum ersten Mal immer weiter ab, bis ich mich im zehnten Schuljahr auf einem Niveau festpendelte. Im Sommer 1981 kam ich zum ersten Mal zum Gymnasium, und fünf Jahre später bereute ich dieses zum ersten Mal. 1982 errang ich meine ersten Schönheitswettbewerbspreise, und 1983 wurde ich erstmals zum schönsten und stärksten Genholter Schuljungen, der am 7. 1. 1971 geboren ist, gewählt. Kurze Zeit später hatte ich zum ersten Mal den „Scheißegal"-Gedanken. 1984 hatte ich zum ersten Mal die 54. Freundin. Und 1985 hatte ich zum ersten Mal ein Lieblingslied: „Millionen Frauen lieben mich".

Gerade im Moment merke ich zum ersten Mal, was ich wieder für einen Senf geschrieben habe. *Guido Schmidt*

Erste Erfahrungen

Wenn ich jetzt, in der Blüte meiner Jahre, mein Leben Revue passieren lasse, komme ich unweigerlich zu dem Schluß, daß die ersten Erfahrungen in Kindheit und früher Jugend prägenden Einfluß auf meiner Entwicklung zur reifen, in sich geschlossenen Persönlichkeit hatten. Spontan rufen sich mir einige Begebenheiten und Anekdoten ins Gedächtnis, die ich für die Nachwelt als erwähnenswert erachte und die vor allem meine Weltoffenheit widerspiegeln. Meine ersten Versuche, das Fahrradfahren zu erlernen, blieben mir in einer besonders guten Erinnerung. Die Hekken, Bäume und Büsche, mit denen ich dabei Bekanntschaft machte, bildeten die Grundlage für meine heutige Naturverbundenheit. Hier zeigt sich, daß die Begeisterung für die Produkte der modernen Technik und das ökologische Bewußtsein einander nicht ausschließen, sondern sich in mir in nachahmenswerter Form verbinden. Ebenfalls in diesem Lebensabschnitt, etwa zwischen drei und fünf Jahren, habe ich mir zum ersten Mal den Kopf gestoßen. Ich rannte mit voller Wucht gegen ein Garagentor und erfuhr dabei ein Gefühl, das ich lange Zeit nicht wiedererlebte und erst einige Jahre später nach dem ersten Alkoholrausch wieder neu entdeckte.

Mein erster eigenständiger Umgang mit einem Endprodukt der Unterhaltungsindustrie führte auch prompt zur ersten Tracht Prügel. Als ich trotz ausdrücklichen Verbotes den Video-Rekorder betätigte und dabei durch das gewaltsame, verkehrte Einlegen der Kassette die Tonköpfe demolierte, war ein körperlicher Verweis fällig. Zunächst wollte ich zurückschlagen, entschloß mich dann schließlich doch wegen der ungleichen Kräfteverhältnisse gegenüber meinem Vater, auf den Einsatz körperlicher Gewalt zu verzichten. Laut weinend, nicht vor Schmerz, sondern vor Wut, schwor ich mit Tränen erstickter Stimme der Welt Rache. Einige Stunden später ließ ich meine Rachepläne wegen Zeitmangels fallen.

Erst dieses Ereignis formte mich zu dem besonnenen, alle Details berücksichtigenden Denker, der sich heute der Welt präsentiert. Auch mich ereilte in früher Kindheit zum ersten Mal das Gefühl der Angst. Dies mag den Leser in Erstaunen versetzen, doch muß ich, mich insbesondere an die jüngere Generation wendend, feststellen, daß nur derjenige, der alle Perspektiven menschlichen Daseins kennt und mit den Schwächen irdischen Lebens vertraut ist, zu einer Gelassenheit und Souveränität ausstrahlenden Person werden kann. Doch dies nur am Rande. Ich ging also mit meinen Eltern in ein großes Kaufhaus, und plötzlich, ich weiß nicht, wie es geschah, stand ich allein in der Kinderabteilung einer Vielzahl fremder Leute gegenüber. Der erste Schreck und diese von Einsamkeit und Hilflosigkeit geprägte Empfindung habe ich bis heute nicht vergessen.

Bewußt gelogen habe ich zum ersten Mal, als ich abstritt, eine Fensterscheibe mit dem Fußball zerschossen zu haben. Die Durchschaubarkeit dieser Lüge war mir in meiner kindlichen Naivität nicht klar, so daß ich zunächst glaubte, durch den Schwindel einen Vorteil erarbeitet zu haben. Aber die Gewissensbisse in den folgenden Tagen waren um ein Vielfaches schlimmer als der Tadel, den ich für das Erzählen der Wahrheit erhalten hätte. Schließlich konnte ich das Gefühl des Vertrauensbruches nicht mehr ertragen und gestand alles. Eine große Erleichterung war die Folge, die mir einschärfte, in Zukunft meinem Gewissen nicht zuwiderzuhandeln und mich immer um Aufrichtigkeit zu bemühen.

Die Erfahrung, daß Menschen sich verändern und ihre durch innige Zuneigung bestimmten Beziehungen im Laufe der Jahre ins Gegenteil verkehrt werden können, machte ich zum ersten Mal bei der Scheidung meiner Eltern. Das Bewußtsein, daß selbst etwas so Grundsätzliches wie das Gefühl einem Wandel unterworfen und vergänglich ist, gab mir zu denken. In mir wuchs die Erkenntnis, daß das Leben eine stete Veränderung ist und daß die Hoffnung, eindeutige Lösungen und Wahrheiten zu finden, zum Scheitern verurteilt sein muß. Aber bevor ich beginne, mich auf die Ebene philosophischen Denkens zu begeben, kehre ich auf den Boden der Realität zurück und möchte meine Ausführungen mit dem innigen Wunsch schließen, der Leser möge das für ihn Akzeptable internalisieren und sein Leben offener und freier gestalten.

André Wolters

Erste Erfahrungen

Ich weiß noch, wie ich das erstemal Möhrengemüse zu essen bekam und anschließend herzhaft über diese orange besprenkelte Bluse meiner Mutter lachte. Alle weiteren Versuche, mich zu füttern, schlugen fehl. Meinen ersten Spinat werde ich nie vergessen, er ist bis heute mein Lieblingsgericht. Meine ersten Malversuche sind mir noch in guter Erinnerung. Mein Vater hatte unser Eßzimmer weiß gestrichen und war kurz weggefahren. Ich saß in meinem Laufstall, der in der Ecke des frisch gestrichenen Zimmers stand. Ich und meine neuen Malstifte. Plötzlich wurde meine Mutter stutzig über die ungewohnte Ruhe aus dem Zimmer, welche ihr verdächtig vorkam. Sie betrat das Zimmer, was sie besser nicht getan hätte. Es entlockte ihr einen Aufschrei und fast einen mittelprächtigen Herzinfarkt. Ich empfand diese Reaktion als überschäumende Freude über die bunt bemalte, vor einer Stunde weiß gestrichene Wand. Ich war glücklich! Sie raste sofort zum Telefon und rief Vater an. Er kam, sah und lachte. Ja, er lachte. Er wußte dieses Kunstwerk zu schätzen. Meine Mutter schimpfte, schrie und weinte. Er lachte. All meine brüchigen Sprachkenntnisse setzte ich ein, um dieses Kunstwerk zu interpretieren. Mutter verstand mich nicht. Doch mein Vater, dieser phantasievolle Mensch, wußte, daß dieses verschmierte Stück Wand einen Fuchs darstellen sollte. Mann, war ich stolz. Doch Mama verstand ich nicht. Wer stellt denn auch ein Kind mit neuen Stiften direkt an eine frisch gestrichene Wand, wenn man sich nicht künstlerisch entfalten darf.

Mein erstes Fahrrad bekam ich mit vier. Vater hielt mich am Gepäckträger fest, und ich fuhr los. Als ich mich umblickte und er drei Meter hinter mir stand, begriff ich, daß ich die ganzen drei Meter ohne seine Hilfe gefahren war. Der Schock saß so tief, daß ich geradewegs in einen Brennesselgraben fuhr. Mit kurzer Hose und T-Shirt.

Das erste Mal genäht wurde ich einige Tage nach meiner Geburt. Leistenbruch rechts und links. Dies weiß ich aus Erzählungen und von den Narben.

Das erste Mal so richtig traurig war ich, als mein Opa starb. Ich war seine Lieblingsenkelin von neun. Ich konnte es einfach nicht begreifen.

Das erste Mal so richtig Angst hatte ich, als ich in einem Pfadfinderlager in der „DDR" war und mich nachts bei einer Mutprobe im Wald verlaufen hatte. Ich war zehn und habe geschrien und geweint, bis unser Leiter kam, der mich schon vermißte.

Ein unvergeßliches Erlebnis wird mir auch meine erste Englischstunde mit *dem* Lehrer sein.

Christiane Beutner

Automatisches Schreiben – écriture automatique

„Wir sind dem Aufwachen nah, wenn wir träumen, daß wir träumen."
NOVALIS, Vermischte Bemerkungen[158]

1889 veröffentlichte Pierre Janet, ein Psychologe, wie Sigmund Freud ein Schüler von Jean Martin Charcot, in der Pariser Salpêtrière in die Kunst der Suggestion und Hypnose eingewiesen, ein wissenschaftliches Werk mit dem Titel „Der psychologische Automatismus". In diesem Buch wird eine neue psychotherapeutische Behandlungsmethode entwickelt: das „automatische Schreiben", ein Schreiben im Halbschlaf, in Trance oder Hypnose. Im selben wissenschaftlichen Kontext entwickelte Freud seine Technik der Assoziation oder des freien Einfalls zur Behandlung psychisch Kranker.

André Breton, während des ersten Weltkrieges in neuro-psychiatrischen Kliniken beschäftigt und mit den Schriften von Freud und Janet vertraut, sowie Philippe Soupault übertrugen solche Konzepte aus der Frühphase der Psychoanalyse auf die Literatur und setzten ihre Ideen 1919/1920 in dem surrealistischen Standardwerk „Les champs magnetiques"[159] praktisch um.

Das dichterische Verfahren, um das es hier geht, verlangt vom Schreibenden „eine Steigerung seiner Aufmerksamkeit" für innerpsychische Vorgänge und eine „Ausschaltung der Kritik, mit der er die ihm auftauchenden Gedanken sonst zu sichten pflegt".[160] Es geht um eine Freisetzung imaginativer Kräfte, denen gegen die alles überlagernde Vernunft für eine begrenzte Zeit möglichst unbegrenzter Spielraum zu verschaffen ist. Die Surrealisten beabsichtigen keine Ablösung der „Herrschaft der Logik" durch ein Prinzip des Irrationalen, sondern eine imaginative Erweiterung der Denkbezirke, über die die Vernunft – nachher – dann wieder wachen kann: „Die Imagination ist vielleicht im Begriff, wieder in ihre alten Rechte einzutreten. Wenn die Tiefen unseres Geistes seltsame Kräfte bergen, die imstande sind, die der Oberfläche zu mehren oder gar zu besiegen, so haben wir allen Grund, sie einzufangen, sie zuerst einzufangen und danach, wenn nötig, der Kontrolle unserer Vernunft zu unterwerfen. Auch die analytischen Denker können dabei nur gewinnen."[161]

Die Texte, die die Surrealisten anstreben, sollen ein „Denk-Diktat ohne jede Kontrolle durch die Vernunft", ein „reiner psychischer Automatismus"[162] sein. Diese Texte können – wie von einigen Surrealisten gegen die Psychoanalyse reklamiert – auch von jedem nachträglich bearbeitenden Zugriff bewahrt und als Objekte, die zum Teil auch dem Schreibenden selbst inkommensurabel erscheinen, stehenbleiben. Sie können aber auch mit weiteren Verfahren verdichtet, weiterentwickelt werden. Wenig angebracht ist freilich eine nachträgliche analytische „Entschlüsselung" automatisch geschriebener Texte, die zu sehr in private Bezirke eindringen würde. Das Verfahren kann folgendermaßen vorgestellt werden:

Ihr nehmt Papier und Stift zur Hand und verteilt euch sitzend oder liegend im Raum. Jeder sollte für sich eine private Ecke ausmachen. Unterdessen wird mit einem Recorder Instrumentalmusik eingespielt. Ihr sitzt oder liegt zunächst zwei, drei Minuten in aller Ruhe, vielleicht mit geschlossenen Augen, und konzentriert euch auf den „Film", der durch euren Kopf läuft.

Beginnt nach diesen zwei, drei Minuten, den assoziativen Strom in eurem Kopf möglichst entspannt schreibend umzusetzen. Am besten geht das, wenn ihr auf Syntax verzichtet und nur einzelne Wörter ohne Punkt und Komma in rascher Folge aneinanderreiht. In diesem ununterbrochenen Schreibprozeß soll der „Film", der durch den Kopf läuft, in seiner ganzen Sprunghaftigkeit und scheinbaren Unstrukturiertheit festgehalten werden. Oft werdet ihr mit den geschriebenen Worten kaum nachkommen. Euer *inneres Auge* sieht sehr viel und wirft es euch manchmal rasend schnell zum Schreiben hin. Dieses gelingt aber nur, wenn ihr euer *äußeres Auge* fast abschaltet, wenn ihr den Raum und die Leute um euch herum vergeßt. Außerdem ist planendes und absicherndes Überlegen fehl am Platz. *Laßt das Nachdenken sein,* das nachträgliche Prüfen von Geschriebenem! Überlegt nicht: „Paßt das zusammen?" Alles paßt. Es soll ein „bewußtloses" Schreiben werden. Sollte der „Film" im Kopf einmal stocken, könnt ihr das letzte auf dem Papier notierte Wort immer wieder neu schreiben, bis der „Film" wieder läuft. Lange dauert die Unterbrechung dann nicht.

Dieses assoziative Verfahren praktizieren Jugendliche – eventuell nach Anfangsschwierigkeiten – mit wachsender Intensität und Ausdauer. Oft stellt sich bei ihnen erst nach 20 bis 30 Minuten dieses die ganze Person in Beschlag nehmende Schreiben und nach vielen beschriebenen Blättern der Wunsch nach einer Pause oder einem Abbruch ein.

Nach der zeitlich oft außerordentlich „dicht" erlebten Phase des „bewußtlosen" Schreibens – „ich hatte nach fünf Minuten das Gefühl, als ob ich eine halbe Stunde intensiv gelebt hätte" – sollte jeder Verfasser die Gelegenheit haben, sich still reflektierend mit seinem eigenen Spontantext zu beschäftigen. Dieses erstmalig bewußte Lesen wird von den Jugendlichen als ein Angebot zur Selbstverständigung meist ausführlich genutzt. Es sollte deshalb genügend Zeit zur Verfügung stehen.

Nach dieser Auseinandersetzung mit der eigenen, auf bislang ungewohnte Weise freigesetzten Vorstellungs- und Erinnerungswelt sollte jeder für sich entscheiden können, ob er seinen Text gar nicht, in Teilen oder ganz den anderen Mitgliedern der Schreibgruppe mitteilt. Die dann vorgetragenen Texte sollten kommentarlos zur Kenntnis genommen werden.

Auch ein Gespräch über das Schreibverfahren selbst ist oft lohnenswert. Dabei sind Äußerungen wie die folgenden zu erwarten: „Das hörte überhaupt nicht auf". „Ich habe alles um mich herum vergessen." „Das geht zu tief rein." „Am Anfang konnte ich nicht abschalten." „Man lernt zu viel von sich kennen." „Es wäre gefährlich, direkt hinterher Auto zu fahren." „Eine halbe Stunde kann man das aushalten." „Ich konnte oft das Nachdenken nicht abstellen." „Man kann die Gedanken gar nicht so schnell aufschreiben, wie sie einem kommen."

Die Zitate aus einem Gespräch mit 18jährigen zeigen, daß sich Jugendliche in unterschiedlichen Graden auf dieses Schreibverfahren einstellen können. Die einen sind besonders in der Anfangsphase bei der Entfaltung assoziativer Gedanken noch zu sehr durch ihre kontrollierende Ratio gefesselt. Andere können das Verfahren bereits so intensiv ausfüllen, daß sie einen „Absturz" in unergründete Tiefen ihrer Psyche befürchten. In aller Regel sind die Jugendlichen dann freilich doch in der Lage, die Öffnung nach innen, die das automatische Schreiben ermöglicht, zu einer produktiven Selbstverständigung zu nutzen.

Bei dieser Version des automatischen Schreibens sind folgende Texte von Jugendlichen entstanden (gekürzt):

Hauscomputer als Gesellschafter

Krämpfe, Hektik, Hektik, Terror, Streß, Streß, Streß, Streß, Hektik, Oelkrise, Stromausfall, Stromausfall, Chaos, Chaos, Chaos, Unfall, künstliches Leben? natürliches Leben? natürliches Leben, Leben, Leben, Schule? Schule, Lernmaschinen, Roboter, Roboter, Roboter, Roboter, Roboter, Regierung, Maschinen, Maschinen, Regierung, Kernkraft zu teuer, verseucht, Krebs, Krebs, Krebs, Krebs, Antikrebspille, wozu Forschung? wozu das alles? macht leben noch Spaß? Spaß, Spaß, Gesellschaft, Gemeinschaft, Beerdigung, Sarg, Verwandte? Gefühle, Trauernde im Sonderangebot, Sonderangebote, Sonderangebote, künstliche Nahrung, eckige Tomaten, fades Gemüse, Arbeit? Beschäftigung? faulenzen, faulenzen, Bücher? gibt es noch Bücher? Bildungscomputer, Ungeheuer durch Forschungsfehler, Katastrophe, Weltkrieg, atomare Sprengsätze, Neutronenbombe, Bombe, Bombe, UNO, UNO, Weltorganisationen, Straßen, Bohnen, Busse, Fahrrad, Haustiere, Spielcomputer, Haustiere, Hauscomputer als Gesellschafter, Weltreise, Planeten, Planeten, Sterne, Sterne, Sonne, Sonne, natürliches Gleichgewicht, München – eine Wüste? Wüste, Pole schmelzen, Strahlflugzeuge, Schutzanzüge, Schutzanzüge, Anzüge, Helme, Helme, Helme, zu Hause, Wohnung, Strahlensicherheit, Gemütlichkeit, Musik, . . . , öffentliche Institutionen, Lufttaxi, Eisenbahnbrücke, Wasser, Wasser, gibt es klares Wasser? grün? blau? rot? Fische? weiße, graue tote Brühe? grüne Bäume? Heizung, Heizung, Klimaanlage? Energiekrise, Energiekrise, Freundschaft? Freundschaft, Freundschaft, dahinvegetieren, wozu das alles? wozu das alles? . . .

(unbekannt)

Ein Haus haben mit Freunden

Sonne, Glück, Ideal, jemandem in die Arme laufen, Kinder, Liebe, daß ich mich freuen kann, hilflos bin. Um acht Uhr aufstehen, ausgefüllt nach Hause kommen, gemütlich wie bei uns zu Hause sitzen, mit den Nachbarn reden, am Sonntag mit der Familie in die Kirche gehen, an einem schönen Ort wohnen, ohne Angst, ohne Umweltverschmutzung, trotz aller Gefahren frei zu sein, die alten Verbindungen nicht abbrechen lassen, sich gerne erinnern, so leben wie jetzt, Probleme zu haben, zu lösen, sich auf einen anderen freuen, lachen, lachen, durch den Regen laufen, frei von nichts hören, die Welt hinter sich lassen und doch nicht vergessen, auszubrechen, 3. Welt, Indiokaffee trinken, stricken, diskutieren, in die Politik gehen, meinen Kindern etwas von allem zeigen, sich einsetzen gegen AKW's und Chemiekonzerne, hoffen, Erfolg zu haben, Fabriken, Beton, Beton, Hochhäuser, Spielplätze?, Ich will auf grünen Wiesen laufen, habe Angst ob es sie dann noch gibt, etwas tun, ein Haus zu haben mit Freunden, Hund und Katze und Idylle spielen, meine Schwester wiedersehen, wählen gehen, verhindern abends vor dem Fernsehen zu sitzen, Stadtbummel, Demonstrationen, Hilfe, Altenheim, Jugendliche, mich nicht unterbuttern lassen, in Urlaub fahren weg von Beton und Touristik, lange schlafen, Kleinigkeiten zu erhalten, Zuckerwatte, Hand in Hand gehen, Geborgenheit, lesen, lesen, lesen, beten, Gottesdienst machen, so wie jetzt, Umwelt, werde ich noch saubere Bäche sehen? Vögel hören, Angst, Erwartung, alles behalten was jetzt so schön ist, Traditionen, Besuch bei den Eltern, Hoffnung für andere, Reisen, Reisen, sehen, erleben, in mich aufnehmen was wichtig ist, weitergeben, ändern.

(unbekannt)

Eine zweite Version des automatischen Schreibens kann die Anfangsschwierigkeiten einiger junger Schreiber weitgehend beheben, weil sie einen ersten, von außen kommenden Ansatzpunkt für Assoziationen liefert:

> Es gab in vergangenen kulturellen Epochen eine Reihe von Symbolen, die das Lebensgefühl ganzer Generationen spiegelten. Bekannt ist zum Beispiel die „Blaue Blume“ aus Novalis' „Heinrich von Ofterdingen“, die für romantische Sehnsucht steht, oder „Eis“ als Symbol für die Stimmungslage Anfang der 80er Jahre dieses Jahrhunderts.[163] Auch ihr könnt euer gegenwärtiges Lebensgefühl in einzelnen symbolhaften Wörtern ausdrücken. Ihr nennt Gegenstände, Sachverhalte oder abstrakte Begriffe, die eure Lebenssituation gut zum Ausdruck bringen. Um die Wörter zu finden, könnt ihr ein kurzes Brainstorming (vgl. S. 169) veranstalten. Die gefundenen Wörter werden an der Tafel notiert. Jeder konzentriert sich auf eines der Wörter und nutzt es als Ausgangspunkt für automatisches Schreiben. (Weiter wie auf S. 91 erklärt.)

Auf diesen Impuls hin wurden in den 80er Jahren unter anderem die folgenden Wörter von Jugendlichen vorgeschlagen: Eis, Mauer, Feuer, Sturm, Plastikblume, Beton, Benzin, Geld. Ein nach diesem Verfahren entstandener Text sieht so aus:

Beton Beton grau grau grau schwarz schwarz schwarz dunkel dunkel dunkel traurig traurig ohne Blumen ohne Tiere ohne Tiere ohne Tiere Tiere Kinder in Schulen Schulen Bunker Bunker eng eng militärisch Gefahr

Gefahr Gefahr Gefahr allein unter vielen überwacht überwacht Krieg Blumen Blumen Blumen Atommüll Atom Atommüll Verschmutzung Verschmutzung Verpestung Verpestung Hülle über Städten Hülle Hülle Hülle Himmel Himmel Himmel Auto Auto Auto Auto Auto Straßen kein Platz Platz Platz Platz viele Menschen Menschen Menschen Hektik Streß Streß Streß Streß Wärme Wärme Wärme Wärme Gemütlichkeit keine Gemütlichkeit Wärme Wärme Wärme Ofen Ofen Kachelofen Kachel Kachelofen Ofen Ofen Ofen Wärme Wärme Oma Opa Opa Opa Opa alte Zeiten Zeiten Zeiten Müll Müll Müll Müll Müll Müll Müll Müll Müll traurig traurig Kinder Tiere Tiere Tiere Blumen Tiere nur im Zoo Zoo ausgestorben kein Platz zu viele Menschen Menschen keine Blumen Blumen Oel Oel Oel Vögel verklebtes Gefieder kein Oel kein Oel Energie Kälte kalt leer öd grau Beton Beton Plastik gelb Plastik Plastik Plastik Asphalt Teer Teer Beton Teer laut Lärm Lärm Krach Krach Streß Hetze Hetze Alltag grau grau grau schwarz grau grau grau Schule Schule Schule Schule Schule Kinder Kind Kinder Kinder Kinder Kinder Zwang Zwang Angst Angst kein Träumen kein Träumen keine Freiheit Bewachung Bewachung ernst streng streng keine Freude Freude Fröhlichkeit fröhlich froh froh Weihnachten Christbaumkugel Wärme Wärme Schnee Schnee Schnee Glanz Glanz Kerzen Kerzen rot braun braun braun beige Nüsse Nüsse Nüsse Nüsse Nüsse Beton kein Weihnachten keine Wärme kalt kalt kalt kalt kalt kalt kalt kalt kalt kalt kalt kalt kalt kalt kalt kalt Kinder ohne Eltern strenge Erziehung Kinder Kinder Tiere im Zoo arme Kinder Tiere erzogen streng ernst ernst ernst Bus Auto Auto Auto Auto Auto Auto Auto LKW Flugzeug Rakete Mond Mars Mars Jupiter Jupiter Jupiter Jupiter Venus Jupiter Jupiter Sonne Weltall Welt Weltall Weltall Sterne Licht Weite Weite Sterne Weite Sterne Weite Sterne Weite Weite Weite Licht Licht Licht schwarz blau blau blau blau blau weiß weiß weiß weiß weiß weiß weiß weiß schwarz

(unbekannt)

Als Ausgangspunkte für automatisches Schreiben sind auch Fotos vorstellbar. Gut eignen sich dazu die Bilder, die jährlich im Rahmen des „Deutschen Jugendfotopreises" ausgezeichnet und die vom Kinder- und Jugendfilmzentrum in der Bundesrepublik Deutschland (Küppelstein 34, 5630 Remscheid) in preiswerten Jahresbänden dokumentiert werden. Besonders die Preisträgerfotos spiegeln in der Regel eindrucksvoll generationstypische Sichtweisen.

Die Textmaterialien, die beim automatischen Schreiben entstehen, können mit einer Reihe von Verfahren (z. B. Alltags-Gedicht, S. 131) weiterverarbeitet werden.

Endloser Traum

Träume, an die man sich noch erinnert, sind oft von einer starken Intensität. Träume sind Szenen, in denen der Träumende selbst immer die Hauptrolle spielt. Die Szenen werden bedrängend durch phantastische Übersteigerungen, frappierendes Zusammentreffen von Personen und Ereignissen, durch Dehnungen oder Raffungen von Raum und Zeit. Diese Form des träumerischen Erlebens läßt sich literarisch umsetzen.[164]

Junge Schreiber können insbesondere zukunftsgerichtete Befürchtungen in Traum-Fiktionen gut ausdrücken. Das Muster des Traumhaften, dessen Strukturprinzipien in Ansätzen rasch nachgeahmt werden können, eignet sich dazu, persönliche, besonders aber auch gesellschaftliche und politische Problemkonstellationen in die Zukunft zu verlängern und sie intensiv szenisch auszuphantasieren.

Da Träume meist schnell auf einen Punkt zusteuern, an dem mit einer katastrophalen Zuspitzung von Ereignissen das Erwachen eintritt, wäre in einer Traumerzählung nur die Entfaltung einer einzigen Szene möglich. In Anlehnung an die Erzähltechnik Hermann Hesses in „Der Steppenwolf" sieht die folgende Anregung[165] vor, daß mehrere Träume hintereinandergeschaltet werden und daß der Erzähler sich beim Aufwachen aus dem ersten Traum sofort in einem zweiten befindet. Schreibanregung:

> Einiges in deinem Leben – und manches in unserem gesellschaftlichen Leben – mag dir bedrohlich erscheinen. Entsprechend in die Zukunft verlängert, könnten die problematischen Zustände und Sachverhalte katastrophale Ausmaße annehmen. Du phantasierst solche Katastrophen in einer Reihe von Träumen aus. Träume enden ja sehr oft katastrophenhaft. Sie entwickeln sich phantastisch, unrealistisch, mit vielen Übertreibungen und haben doch einen wahren Kern. Es gibt überraschende Ereignisse, und die Gesetze von Raum und Zeit werden mißachtet. Denke auch daran, die Vorstellungen, die du dir in deinen erfundenen Träumen machst, möglichst anschaulich auszumalen.
>
> Du versuchst, deinen Text als Traum-Kette zu schreiben. Wenn du – nach einer dramatischen Zuspitzung – aus einem Traum aufwachst, befindest du dich sogleich in einem nächsten usw. Du schreibst die Träume relativ knapp, aber eindringlich.

Den folgenden Text hat die Autorin im Alter von 17 Jahren geschrieben:

Endloser Traum

Ich sitze auf der Wohnzimmercouch und starre vor mich hin. Plötzlich falle ich. Es ist, als hätte ich meinen Körper verlassen und sähe selbst in ein tiefes, schwarzes Loch ohne Ende. Ich fühle mich wie in einem Fahrstuhl, der zu schnell abwärts fährt. Licht, überall ist Licht, und ich sehe Menschen, viele Menschen. Ich kenne sie, irgendwoher kenne ich sie alle, aber sie sehen so alt und hinfällig aus. Sie stehen im Kreis, in dessen Mitte ein großer Spiegel steht. Ich schaue in den Spiegel, und anstelle meines Bildes sehe ich Dunst, aus dem vereinzelt Schreie hervorklingen.

Um mich herum gellendes Lachen. Ich will weglaufen, ich halte mir die Ohren zu und laufe, laufe, laufe. Vor mir ist eine Tür. Ich erfasse den Türknauf, reiße sie auf und stehe mitten auf einer Bühne. Vor der Bühne ist ein prächtiger Zuschauerraum, in den Reihen und Logen sitzen Männer in festlichen Anzügen und Frauen in prunkvollen Gewändern. Sie erblicken mich und schreien im Chor: „Spielen, spielen, spielen!" Ich weiß nicht, was sie wollen. Ich will ja überhaupt nicht hier sein! Was soll ich spielen?

Sie schreien immer lauter, in meinen Ohren rauscht es, ich breche zusammen. Langsam komme ich zu mir, mir tut alles weh, ich habe das Gefühl, als wäre ich zusammengeschlagen worden mit Anforderungen, die ich nicht erfüllen kann. Ich stehe auf und sehe mich um, ich bin alleine in einem winzigen Raum ohne Tür und Fenster. Ich höre Geflüster, aber ich weiß nicht, woher es kommt. Ich schleiche an den Wänden entlang, tastend, horchend. Jemand packt mich von hinten, ich schreie! Auf einmal wieder Licht, ich bin in einem ganz anderen Raum. Es ist ein Gerichtssaal, hoch über mir thronen vier Richter mit langen weißen Perükken auf dem Kopf. Sie haben finstere Gesichter und ein höhnisches Grinsen auf den Lippen. Sie mustern mich von oben bis unten und machen eine abfällige Handbewegung. Um mich herum wird Stimmengemurmel laut, ich drehe mich um und erkenne die Leute von vorhin wieder. Alles Menschen, die ich kenne, liebe und hasse.

Ein Richter brüllt um Ruhe, und alles wird still. Mich umgibt ein Dunkel, es hüllt mich ein, hebt mich hoch, trägt mich fort. Ich schwebe und nehme nur noch dieses Dunkel wahr. Es hüllt mich ein, und ich werde schläfrig. Ich falle, das Dunkel ist weg, ich falle auf ein Fließband, ich klebe daran fest. In panischer Angst versuche ich, mich davon zu befreien. Da sind Arbeiter am Fließband, ich bitte sie um Hilfe, aber sie hören mich überhaupt nicht, sie sehen mich nicht. Sie tun ihre Arbeit, sonst nichts. Ich liege auf dem Fließband wie ein Käfer auf dem Rücken. Ich höre einen großen Knall und werde von dem Band geschmissen. Ich werde wieder gepackt und in eine Kammer geschleppt.

Zwei Personen, ich kann sie nicht erkennen, halten mich fest, während zwei andere meine alte Kleidung ausziehen und neue Kleidung anziehen, sie nehmen mir meine Gesichtszüge weg und malen mir neue auf, sie versuchen meine Gedanken zu ändern und verwirren mich. Die zwei, die mich festhielten, lassen mich los und brüllen mir ins Ohr: „Füge Dich", und ich schreie, schreie, sinnlos, ängstlich . . .

Susanne Rauchmann

Lebenskurve

Dieses Verfahren ist besonders für solche Jugendliche geeignet, die ausführliche schriftliche Fixierungen nicht gewohnt sind. Es wurde in der Bildungsarbeit mit Arbeiterjugendlichen entwickelt.[166] Eine Schreibanregung könnte folgendermaßen lauten:

> Du erinnerst dich sicher an Höhepunkte in deinem Leben, sicher aber auch an Tiefpunkte. Daraus läßt sich eine Kurve malen: Du zeichnest ein Koordinatensystem mit x- und y-Achse. Auf der x-Achse trägst du Lebensjahre ein; die y-Achse dient dazu, positive und sehr positive Ereignisse in deinem bisherigen Lebenslauf (Plus-Bereich) beziehungsweise negative Ereignisse (Minus-Bereich) einzutragen, und zwar über oder unter dem jeweiligen Lebensalter auf der x-Achse.
>
> Jede Eintragung besteht aus einem deutlich erkennbaren Punkt im Koordinatensystem und ein paar Worten zu dem Ereignis, um das es geht. Die Höhepunkte und Tiefpunkte werden zum Schluß miteinander verbunden. Wenn die „Kurve" in der Gegenwart angekommen ist, kannst du sie oberhalb oder unterhalb der x-Achse weiterführen, um damit deine eher positiven beziehungsweise negativen Erwartungen an die Zukunft auszudrücken. Du stellst dir dabei vor, wie die Welt in fünf, zehn oder zwanzig Jahren aussehen könnte und welche Rolle du in ihr spielen könntest.

Ein Beispiel dazu sieht so aus:[167]

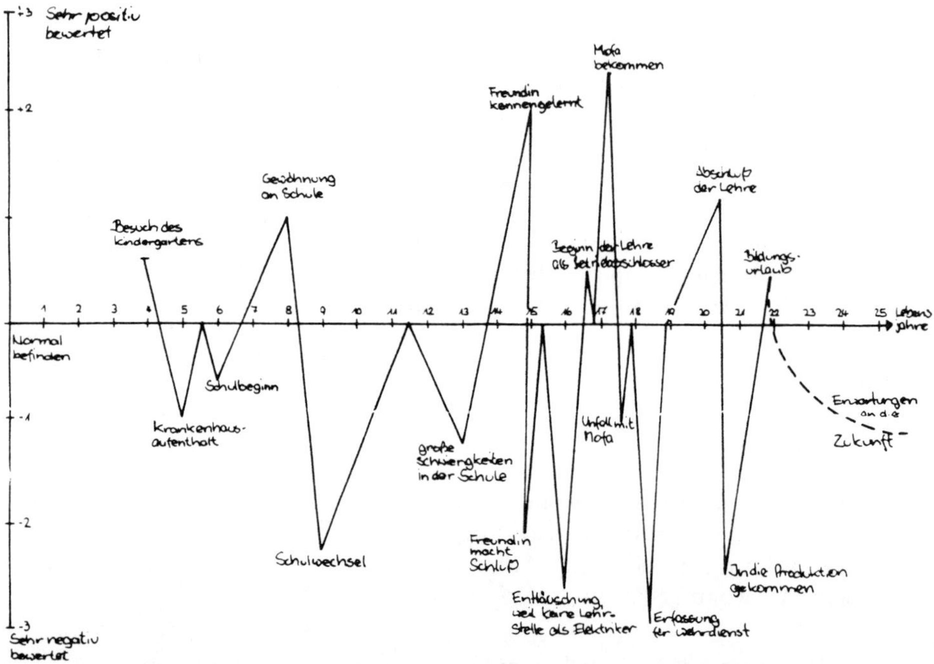

Foto-Wiederholungen[168]

Ausgangspunkt dieses Verfahrens ist ein einzelnes persönliches Foto. Der Reiz besteht darin, sich die gezeigte Lebenssituation und das Lebensalter noch einmal zu vergegenwärtigen und sich – zeitlich gestaffelt – von dieser Situation zu distanzieren. Dabei wird in strukturierter Form ein autobiographischer Bogen geschlagen. Die Schreibanregung lautet:

> Du besorgst dir ein Foto aus deiner Kindheit, das du in deinem späteren Leben ab und zu gerne angeschaut hast. Du betrachtest dieses Foto noch einmal ganz genau und stellst dir deine damalige Lebenslage so intensiv wie möglich vor Augen. Schreibend denkst du über diese Zeit nach. Du versetzt dich nun in einen Zeitpunkt, der drei Jahre später liegt (Beispiel: Das Foto zeigt dich im Alter von sechs Jahren. Du nimmst nun die Sichtweise ein, die du als Neunjähriger hattest.) Wie hat sich bis dahin dein Leben verändert? Du schreibst, was jetzt auf einem

Foto am *selben Ort* zu sehen sein würde. Wer wäre bei dir? Wie wäre dein Gesicht? Was würdest du gerade tun? Dasselbe schreibst du dann noch für ein späteres Lebensalter und eventuell für die Jetztzeit.

Biographische Korrespondenz

Dieses Verfahren nutzt die gruppendynamisch belebenden Impulse der Korrespondenz (vgl. „Korrespondenzen", S. 39), um Teilnehmer von Schreibgruppen über eine schriftliche Rekonstruktion ihrer Biographien miteinander in Beziehung zu setzen. Das Verfahren, das auf Schuster zurückgeht,[169] setzt eine Gruppe voraus, die sich auf ein längeres Schreibprojekt einlassen will, die an Formen des kooperativen Schreibens besonders interessiert ist und die eine spürbare Bereitschaft zeigt, „innere Quellen" zu öffnen.

Eine Schreibanregung könnte folgendermaßen lauten:

Jeder trifft erste Vorbereitungen, um einen Roman über sein Leben zu schreiben. (Er wird freilich nicht annähernd vollständig geschrieben werden!) Zunächst entwirft jeder ein *Inhaltsverzeichnis* seines Lebensromans. Man versucht, den Stoff, den das eigene Leben bietet, in verschiedene Komplexe aufzugliedern und dann – chronologisch angeordnet oder auch nicht – unter eine *Reihe von Kapitel-Überschriften* zu bringen.

Die Inhaltsverzeichnisse aller Teilnehmer der Gruppe werden im Umlaufverfahren gelesen. Jeder markiert nun in den Inhaltsverzeichnissen der anderen diejenigen Kapitelüberschriften, die ihm besonders interessant erscheinen. Ihr ermittelt, welche Kapitel am häufigsten gewählt worden sind. Drei bis vier werden in die engere Wahl genommen (farbig anstreichen). Die Inhaltsverzeichnisse werden nun zusammengefaltet und verlost. Jeder gibt anschließend von den farbig angestrichenen Kapiteln eines bei dem Urheber des Inhaltsverzeichnisses in Auftrag.

Die von einem anderen bestellten Kapitel der eigenen Biographie werden zu Hause geschrieben und zum nächsten Treffen mitgebracht, verlesen und kommentiert. Im Anschluß daran werden die Inhaltsverzeichnisse erneut verlost, und es wird jeweils ein neues Kapitel „bestellt". Das Verfahren wird so beliebig oft fortgesetzt.

Während dieses Verfahrens, das mehrere Wochen in Anspruch nehmen kann, können Anregungen wie „Foto-Wiederholung" (S. 100), „Augenblick-Texte" (S. 78), „Autobiographisches Schreiben" (S. 80), „Stationen" (S. 75) oder „Erste Erfahrung" (S. 83) als Möglichkeiten der Schreib*variation* vorgestellt werden.

Denkblasen – eine Entwicklung von Szenen

Um das Öffnen innerer Quellen geht es auch in einem Theaterexperiment, für das – in dem folgenden Beispiel – von Schülern und Schülerinnen das Thema „Junge/Mädchen" gewählt worden ist. Dem Schreibprozeß vorgelagert ist bei diesem Experiment ein (schau-)spielerischer Umgang mit einer vorgegebenen Ausgangssituation.

Zunächst werden die *zwei Hauptrollen* der geplanten Szenenfolge, hier: ein Mädchen und ein Junge, längere Zeit *stumm* in der Ausgangssituation vorgestellt, und zwar so, daß alle Mitglieder der Gruppe intensiv persönlich auf die Rollen und die Situation, in die sie gestellt sind, reagieren können. Dazu ist die Ausgangssituation *möglichst wenig festgelegt*. Die beiden Hauptfiguren sollten lediglich in einem neutralen, leeren Raum zusammen sein, damit die Einrichtung und Handlungsveranlassungen der Lokalität, in der die Szene beginnt, zunächst imaginiert werden müssen. Auch auf Sprache sollte zunächst verzichtet werden; die Handlung wird zunächst *nur in Form von Körperbewegungen* verdeutlicht.

Das Theaterexperiment sieht vor, daß Schauspieler und Zuschauer gleichermaßen in einen kreativen Prozeß eintreten. Die *Zuschauer* sollen, während zwei Gruppenmitglieder sich spielend in erste Handlungen vortasten, das Gesehene laufend interpretieren und „weiterschreiben", indem sie *Denkblasen* mit Text füllen. Der erste gespielte Szenenentwurf und die Wahrnehmungs- und Deutungsvariationen der Zuschauer sind anschließend Grundlage weiterer Szenenentwürfe, die ebenfalls wieder mit dem Verfahren der Denkblasen weiterentwickelt werden können. Nach diesem Verfahren ist, zum Thema „Junge und Mädchen", das folgende Experiment abgelaufen:

Der Schüler und die Schülerin, welche die beiden von der Gruppe festgelegten Hauptfiguren „Junge und Mädchen" spielen, stehen etwa zehn Minuten lang an einer leergeräumten Wand. Nur ganz allmählich nehmen sie – die ganze Zeit stumm – Kontakt miteinander auf, geraten in Bewegung, bleiben jedoch die ganze Zeit mindestens einen Meter voneinander entfernt.

Inzwischen haben die anderen Mitglieder der Lerngruppe ein Blatt mit einer großen Denkblase im Comic-Stil erhalten. Jeder konzentriert sich nun auf einen der Spieler, Mädchen oder Junge, beobachtet genau und phantasiert für sich aus, welche Gedanken dem Mädchen/dem Jungen durch den Kopf gehen könnten.

Diese Herstellung von Gedankenströmen zu einer Stummszene macht deutlich, daß alles Sehen zugleich subjektives Interpretieren von Situationen ist. In diesem Fall soll gerade mit der Vielfalt, die sich aus der Subjektivität mehrerer Beobachter ergibt, weitergearbeitet werden. Da sich die Schreibenden die Spieler und ihre leergeräumte Wand an ganz verschiedenen Orten vorgestellt haben, (in der Disco, an der Bushaltestelle, im Wartezimmer eines Arztes), sind sehr unterschiedliche Gedankenströme zustandegekommen. Alle kreisen sie jedoch um die Konstellation Junge/Mädchen und um ihre Versuche der Kontaktaufnahme.

Die persönlichen, von einem gemeinsamen sinnlichen Ausgangspunkt angeregten Gedankenströme werden – soweit die Schreiber dies für sinnvoll halten – vorgelesen. Mit den Materialien wird dann in mehrfacher Hinsicht weitergearbeitet:

Zunächst wird die Ausgangsszene anhand der gedanklichen Zuschreibungen aus den Denkblasen weiter mit Körperausdruck angereichert. Außerdem wird, da mehrere Schreibende zwischen den beiden Rollen, zwischen Junge und Mädchen, eine hemmende elterliche Instanz angenommen haben, eine dritte Rolle hinzugefügt.

Und da in den Denkblasen von „der Alten" die Rede war, wird für den Begriff „Altes" gleich eine sinnlich-gegenständliche Entsprechung gesucht und gefunden: Ein Elternteil, der Vater, tritt in einem Symbol für Altes auf: in einem Mülleimer. So lautet der Anfang der ersten Szene:

Szenen-Beschreibung

Szene 1

Zwei an einer Wand

Ein Junge und ein Mädchen – etwa im Alter von 15 Jahren – stehen in einer Disco an eine Wand gelehnt, ca. zwei Meter voneinander entfernt. Sie schauen sich nicht direkt an. Irgendwo in einer Ecke steht eine Mülltonne, aus deren Öffnung der Kopf eines Mannes herausragt. Er schaut wachsam und hektisch. Seine Aufmerksamkeit ruht hauptsächlich auf dem Jungen.

ER wirkt gelangweilt, winkelt sein Bein an, tritt unruhig von einem Fuß auf den anderen, sucht einen Blickfang.

SIE schaut gelangweilt hin und her, blickt auf ihre Füße und betrachtet schließlich interessiert ihren Gegenüber von oben bis unten.

ER schaut sie an.

SIE wendet verlegen ihren Blick ab, steht unruhig, seufzt.

ER betrachtet sie, kreuzt die Arme dauernd hin und her, steckt die Hände in die Taschen und holt sie sofort wieder heraus.

SIE steckt die Hände in die Taschen.

ER fällt fast gegen sie, macht ein erschrockenes Gesicht, schaut sie an und geht direkt wieder in seine ursprüngliche Position zurück.

SIE erschreckt sich, blickt ihn an, rückt mit zwei kleinen Schritten von ihm ab, zeigt gespieltes Desinteresse.

SIE zieht an ihrem Pullover, sucht in ihren Taschen, holt einen Schlüssel heraus und läßt ihn fallen. Ihre Blicke sind herausfordernd.

ER stürzt sich auf den Schlüssel, hebt ihn auf und reicht ihn ihr.

ER und SIE schauen sich direkt in die Augen.

ER beginnt, Flusen vom Pullover zu zupfen.

SIE streicht sich die Haare aus dem Gesicht und zieht an ihrem Schal herum.

ER und SIE beobachten einander direkter.

ER malt mit einem Finger zwischen den beiden an der Wand herum, stellt eine Herzform dar.

Und der Schluß:

SIE beobachtet ihn aus den Augenwinkeln, tut gelangweilt.

ER dreht sich mit dem Gesicht gegen die Wand, wirkt beschämt, verschränkt die Hände hinter dem Rücken.

SIE schaut ihn an, grinst und zupft weiter an ihrer Kleidung herum.

ER dreht sich wieder herum und schiebt seine Hand an der Wand entlang in ihre Richtung.

SIE schiebt ihre Hand ebenfalls anbietend an der Wand entlang. Ihr Abstand beträgt mittlerweile nur noch ca. 40 cm.

ER spielt mit seinen Händen und Fingern.

SIE verläßt den Raum, ohne den Jungen anzusehen und ohne an ihm vorbeizugehen.

Aus der Denkblase ergeben sich weitere Szenen. So wird der Aspekt weiterverfolgt, wie die kontrollierende Elterninstanz die vorerst noch gegebene Distanz zwischen Junge und Mädchen massiv aufrechtzuerhalten versucht. Da in einer Denkblase davon die Rede war, daß die Eltern das, was sich in der Eingangsszene anbahnt, verurteilen könnten, werden Gericht und Urteil inszeniert:

2. Szene

<u>Die Verhandlung</u>

Zwei große Mülltonnen, golden gerahmtes Bild mit röhrendem Elch, Fernsehgerät, Kühlschrank, Stehlampe der neuesten Machart stehen bezugslos auf der Bühne. In den Mülltonnen ein Ehepaar mittleren Alters. Kopf, Oberkörper und Arme sind zu sehen. Dunkle Bühne. Ein Spotlight wechselt hin und her und bricht Sätze ab. Zwischen den Dialogtexten jeweils ca. 5 Sekunden Pause (Dunkelheit). Die Schauspieler reden sehr langsam).

Vater: Ich habe keine Lust. Kann man . . .

Mutter: Wir haben doch letztes Mal auch schon abgesagt. Wenn wir . . .

Vater: Wer ist denn noch eingeladen? Hast du noch 'nen Kaffee? Sind die . . .

Mutter: Sigorkys und . . .

Vater: Oh . . .

Mutter: Mit Milch . . .

Vater: Mmh . . .

(Sohn tritt auf.)

Sohn: Darf ich heute abend in die Disco?

(Mutter erhebt sich mit Mülltonne, regt sich auf (hechelt, gestikuliert wild))

Mutter: Vatta!

(Vater schießt hoch, stellt sich auf die Mülltonne. Mutter reicht ihm Perücke, Glocke, dickes Buch aus ihrer Mülltonne.)

Vater: (räuspert sich)
In Sachen Müller gegen Disco. Bitte vortreten.

(Sohn tritt vor.)

Angaben zur Person!?

Sohn: (leiert)
Müller, Johannes, geboren, 4. 5. 1974, in Essen, katholisch, Schüler

Vater: Mutter, die Akten aus früheren Prozessen.

(Mutter wirbelt Papier aus der Mülltonne
Vater greift wahllos einen Zettel. Nickt.)

Sie sind angeklagt, den Wunsch geäußert zu haben, in die Disco zu gehen. Was haben sie dazu zu sagen?

Sohn: Scheiß Spiel. Also, ich ...

(Richter klingelt.)

Vater: Staatsanwalt, Sie haben das Wort.

(Beide reden wie aus der Pistole geschossen.)

Mutter: Nach dem hier geltenden Elternrecht ist Jugendlichen unter 17 Jahren
a) der Alkoholgenuß verboten

Vater: Untersagt!

Mutter: b) der Umgang mit Andersgeschlechtlichen nicht gestattet.

Vater: Untersagt!

Mutter: c) die Abwesenheit vom Elternhaus nach Eintritt der Dunkelheit nicht erlaubt.

Vater: Untersagt!

Mutter: d) der Nikotingenuß nicht genehmigt.

Vater: Untersagt!

(Sieht auf die Uhr.)

Mutter: e) exessive körperliche Bewegung in Einheit mit Rabatzmusik unstatthaft.

Vater: Untersagt!

Mutter: f) und außerdem sowieso.

Vater: Sowieso!

(Sieht auf die Uhr.)

Sohn: aber, ich ...

(Vater bimmelt.)

Vater: Ruhe! Das Wort hat die Verteidigung!

(Mutter rennt mit der Mülltonne auf die andere Seite.)

Mutter: Andererseits finde ich eigentlich, daß der Junge ...

(Vater bimmelt.)

Vater: Die Verhandlung wird auf später vertagt.

(Vater springt von der Mülltonne, läuft zum Kühlschrank und holt eine Flasche Bier, schaltet den Fernseher ein und setzt sich wieder in die Mülltonne.)

Ende der 2. Szene

[...]

In einer der Denkblasen stand, daß das Mädchen auf deutliche Signale des als unbeholfen eingeschätzten Jungen warte. Der Wortlaut: „Üben, üben“. Daraus wurde eine Szene entwickelt, in der der Junge erste Sätze übt:

4. Szene

Plastiktütenpassion

(Hansi in der Fußgängerzone. Hansi läuft auf der Bühne hin und her; begegnet Dutzenden von Leuten, die mit Einkaufstüten geschäftig über die Bühne laufen und ihn keines Blickes würdigen. Er formuliert „erste Sätze" und ändert dabei dauernd seine Pose.)

Hallo!
Gnäd'ge Frau, Sie haben Ihr Taschentuch verloren.
Rampo, zampo, Baby!
Spielst'e mit?
Oh edles Weib, meine Seele dürstet!
Hey Puppe!
Darf ich Ihnen behilflich sein?
Grüß Gott.
Ich habe uns einen Picknickkorb vorbereitet.
Ja, ja, tja.
Wollen wir mal?
Wo wohnst Du?
Holde Jungfrau, ich senke meine Knie!
Eidideldumdei, wie wär's mit uns zwei?
Darf ich Sie nach Hause bringen?
(Schnalzen und gleichzeitig Kopf zur Seite drehen)
Guten Abend.
Hast'e Feuer?
(Handkuß)
Hattu Auto?
Darf ich Sie zum Tanz auffordern?
Wieviel nimmst Du?
(Händeschütteln)
Magst Du schwofen?
Entschuldigen Sie bitte, äh . . . ich hätte da eine Frage.
Na, wie wär's mit uns zwei?
Darf ich Ihnen meinen Schutz anbieten?
Wau girl!
Mir schwebt vor, Ihnen eine Frage zu stellen.
Ich habe eine schöne Briefmarkensammlung.
Wieviel Uhr sind es?
Hey, kommst'e mal mit?
Moagst mie?

Die Unsicherheit angesichts der Anforderung, auf einen anderen zugehen zu sollen, ist bis zur letzten Szene durchgehalten und wird dort überraschend überwunden. In dieser Szene ist die erste Begegnung des Jungen mit dem Mädchen als „Unfall" ausphantasiert. Diese Begegnung ist zudem der totalen Offenheit der bereits in der vorhergehenden Szene verwendeten Fußgängerzone ausgesetzt – und der fortdauernden elterlichen Kontrolle. Sie lautet:

Unfall

Hansi läuft gehetzt durch die Fußgängerzone.

Das Geschehen in der Fußgängerzone ist wie oben beschrieben. Menschen laufen mit Plastiktüten durch die Gegend und achten nur auf sich selbst.

Die Mülltonne steht unbeweglich im erkennbaren Hintergrund. Vater schaut sich überwachend um.

Plötzlich rennt Hansi gegen das Mädchen seiner Träume. Durch den Aufprall fallen sie hin und bleiben miteinander liegen.

Der Vater erhebt sich aus der Mülltonne, plustert sich auf und sagt mit dröhnender Stimme und mit Halleffekt:

	UNTERSAGT!!
Hansi zu sich selbst: (in den letzten Hall hinein)	Was liege ich hier?.. Wir liegen hier, als ob wir eine Chance hätten, eine ruhige Zeit zu genießen. Warte, ich bis ich etwas älter werde?

Eine andere interpretative Beteiligung von Zuschauern an einem Schau-Spiel ist die Übung „Das andere Ich"[170]. Das Verfahren sieht vor, daß zwei oder mehr Spieler lediglich in Form von Körperbewegungen, also ohne Sprache, eine gemeinsame Handlung beginnen, die nicht zu rasch abläuft. Hinter den Schauspielern steht ihr jeweiliges anderes Ich, das zu der ablaufenden Handlung passende Dialogteile formuliert. Die Dialoge werden aufgezeichnet oder mitgeschrieben. Läuft dieses Verfahren bei der Ausarbeitung eines Theaterstücks oder einer Szenenfolge für einen bestimmten Handlungsschritt in wechselnder Rollenbesetzung mehrfach ab, so kommen oft interessante Varianten zustande, die für eine schriftliche Endredaktion der Szene genügend Bausteine liefern.

Phantasiereise

Ein komplexes Verfahren der Belebung imaginativer Kräfte beim Schreiben ist die „Phantasiereise".[171] Es handelt sich um Übungen zur

Konzentration auf sinnliche Vorstellungen, die das Schreiben vorbereiten sollen und die zum Teil von der Gestaltpädagogik, insbesondere dem amerikanischen Psychologen John O. Stevens[172], aber auch von der deutschen Reformpädagogik der 20er Jahre[173], angeregt wurden. Durch Übungen zur Imagination, durch länger anhaltende Konzentration auf einen sich immer weiter entfaltenden Vorstellungsbereich bei geschlossenen Augen, soll die Ausdrucks- und Darstellungsfähigkeit gesteigert werden. Dabei werden schon immer praktizierte Verfahren von Schriftstellern aufgegriffen, durch konzentrierte Introspektion im „Innern Eindrücke, und zwar Eindrücke sinnlicher, lebensvoller, lieblicher, bunter, hundertfältiger Art" zu erzeugen, „wie eine rege Einbildungskraft" sie entwickeln kann (Goethe[174]). Die während der Imaginationsübungen aufgebaute Vorstellungswelt wird unmittelbar anschließend in einem Text festgehalten.

Die Vorübungen werden zwar vom Pädagogen durch eine Serie verbaler Anstöße gelenkt; die Lenkung betrifft jedoch nur den *Rahmen* der Imagination, die konkrete Ausgestaltung bleibt dem einzelnen Jugendlichen selbst überlassen. Das Verfahren kann genutzt werden, wenn in Schreibphasen Klagen über Phantasiemangel laut werden oder wenn Darstellungen zu wenig intensiv, detailliert, konkret und „erlebt" erscheinen.

Die „Phantasiereise" verhilft zu einem vorgestellten, bis in viele Einzelheiten hinein ausphantasierten inneren Erleben. Freilich sollten zunächst immer auch alle Möglichkeiten des *realen* Erlebens in der Außenwelt ausgeschöpft werden, bevor der Konkretheitsgrad von Vorstellungen durch eine Phantasiereise nach innen angeregt wird.

Im Fall der „Phantasiereise" kann der Pädagoge den schreibinteressierten Jugendlichen nicht eine Verfahrens-Anregung einfach an die Hand geben. Vielmehr müssen von ihm laufend mündliche Anregungen gegeben werden, die

- die Teilnehmer der Übung in eine imaginationsfördernde Atmosphäre versetzen (entspannte Sitzhaltung, Schließen der Augen, bewußtes Wahrnehmen des eigenen Körpers);
- den Übergang von der Alltagssituation in die gewünschte Vorstellungswelt herstellen (der Imaginationsbereich kann auf einen angefangenen, nun aber ins Stocken geratenen Textentwurf Jugendlicher bezogen werden);
- durch entfaltende Fragen und detaillierende Anregungen den Vorstellungsbereich erschließen (die Fragen sollten den

Vorstellungsbereich möglichst umfassend abschreiten, alle *Elemente* und die *Umgebung* des gewählten Vorstellungsbereichs vor dem „inneren Auge" vergegenwärtigen und möglichst alle *Sinne* ansprechen; die Fragen sollten nicht zu rasch aufeinanderfolgen, damit sich die Phantasie entfalten kann);
- die Teilnehmer zum Schluß der Übung in die Realsituation zurückbringen.

Helga Bleckwenn und Rainer Loska haben z. B. – in bezug auf einen Rosenbusch – die folgende Phantasiereise entworfen:

„Ich möchte mit euch eine *Phantasiereise* machen, eine Reise, die wir träumen. Träumen heißt nicht schlafen. Träumen kann man auch am Tag, sogar mit offenen Augen, aber es geht besser, wenn ihr die Augen zumacht. Bitte, macht jetzt die Augen zu. Und setzt euch möglichst bequem hin. Achtet nun darauf, wie ihr euren Körper spürt, und geht dabei euren ganzen Körper durch. Fühlt eure Füße, eure Beine, eure Hände, eure Arme, eure Schultern. Merkt ihr Stellen, die noch angespannt sind? Wo sind eure Muskeln noch verkrampft? Setzt euch jetzt so hin, wie es euch angenehm erscheint, und nun achtet einmal darauf, wie ihr atmet, wie ihr die Luft durch die Nase zieht und wie die Luft ausströmt.

Und während ihr so sitzt, mit geschlossenen Augen, auf euren Körper und euren Atem achtend, denkt ihr euch weg aus dem Klassenzimmer, weg aus der Schule, weg aus unserer Stadt – an einen Ort, wo ihr gerne seid. Vielleicht ist das eine Wiese? Oder ein Garten? Oder dort, wo ihr in den Ferien wart, wo es sonnig ist und warm und wo ihr euch wohl fühlt? Und wenn ihr dort seid, dann schaut euch um: Was seht ihr? Was hört ihr? Und nun stellt euch vor, ihr verwandelt euch, ihr werdet aus einem Menschen zu einem *Rosenbusch,* zu einem Rosenbusch mit Wurzeln und Zweigen und Blüten.

Was für ein Rosenbusch bist du? Bist du ein kleiner Rosenbusch mit weichen Zweigen, der vielleicht in diesem Jahr zum erstenmal blüht? Oder bis du ein großer Strauch mit starken Ästen, wie eine Dornröschenhecke? Hast du viele Blüten? Welche Farbe haben deine Blüten? Und wie sehen sie aus? Hast du auch Knospen? Und was für Blätter hast du? Und wie sind deine Wurzeln? Klein und fein und dicht oder lang und tief in den Boden hinab? Wo stehst du als Rosenbusch mit deinen Wurzeln und Zweigen und Blüten? Wie sieht es um dich herum aus?

Was hörst du, was fühlst du, was riechst du als Rosenbusch mit deinen Wurzeln und Zweigen und Blüten? Sind andere Blumen um dich herum?

Oder sind da Sträucher und hohe Bäume? Und gibt es da Tiere? Magst du Tiere? Kommen Menschen zu dir, und was tun sie?

Wie lebst du als Rosenbusch mit deinen Wurzeln und Zweigen und Blüten? Stehst du in einem guten Boden, oder sind da nur Sand und Steine? Hast du genug Wasser? Wie fühlst du dich, wenn es regnet? Hast du auch schon erlebt, wenn es friert und schneit? Und wie ist es, wenn dann wieder Frühling wird? – Wie ist es, wenn morgens die Sonne aufgeht? Magst du, wenn es getaut hat? Hast du gerne viel Sonne, oder macht dich die Sonne durstig und müde? Wie ist es, wenn der Abend kommt, wenn es kühl und dämmrig wird?

Jetzt weißt du, wie du bist als Rosenbusch mit deinen Wurzeln und Zweigen und Blüten. Und nun verwandle dich wieder in dich selbst. Ihr seid wieder Menschen, an einem fernen Ort; ihr spürt, wie ihr ein- und ausatmet; ihr spürt euren Körper, wie ihr sitzt, wie eure Füße den Boden berühren; ihr spürt den Stuhl, auf dem ihr sitzt. Ihr kehrt jetzt zurück in unsere Stadt, in die Schule, in die Klasse. Und jetzt macht ihr die Augen wieder auf, und die Phantasiereise ist zu Ende."[175]

Der Text enthält alle oben aufgeführten Phasen der „Phantasiereise". Das Verfahren kann sinnvoll im Anfangsstadium von Schreibprojekten eingesetzt werden, wenn es den Schreibenden schwerfällt, eine anfängliche Schreibidee hinreichend zu entfalten. Mit älteren Jugendlichen kann es auch arbeitsteilig praktiziert werden:

- Mehrere kleine Gruppen begeben sich parallel – und zu unterschiedlichen, an den jeweiligen Schreibprojekten orientierten Vorstellungsbereichen – auf die „Phantasiereise".
- Gruppenmitglieder, die es sich zutrauen, übernehmen in ihren Gruppen die Rolle des „Reiseleiters". Die Regeln des Verfahrens (s. Kasten) sollten ihnen dazu an die Hand gegeben werden.
- Die Kleingruppen setzen die während der „Traumreise" entfalteten Vorstellungen unmittelbar nach Ende der Imaginationsphase in einen Text um.

Bleckwenn und Loska weisen darauf hin, daß die „Traumreise" von den in der Schule dominanten Sozialformen deutlich abweicht, was einen besonderen Reiz für Jugendliche in ihrer Rolle als Schüler ausmacht, sie aber zunächst auch vor ungewohnte Anforderungen stellt; denn „zu sehr ist die traditionelle Unterrichtspraxis wohl am ‚Aufpassen', einer außengelenkten Aufmerksamkeit also, orientiert, die gerade gegen jedes ‚Träumen' gerichtet ist. Zudem galt in den letzten Jahren das didaktisch-methodische Interesse vorwiegend den kooperativen Arbeitsformen. So wirkt ein Methodenwechsel zu meditativ-konzentrierter Einzelarbeit noch immer befremdlich."[176]

Die Außenwelt beobachten – Alltagsdokumente fiktionalisieren

> „Im allgemeinen ist ja mein literarisches Prinzip der Diebstahl – das Montieren und Interpretieren der Wirklichkeit. Ich habe nie etwas erfunden – ich nehme Berichte meiner Verwandten, Anekdoten, Erzählungen und webe sie zusammen."
>
> GABRIEL GARCÍA MARQUÉZ[177]

Die Schreibpraxis mit Jugendlichen lebt außer von der Erschließung innerer Quellen insbesondere davon, den Blick für die Außenwelt zu schärfen. Zugleich geht es darum, die Erfahrungswelt der Schreibenden selbst als einen – die Mühe lohnenden – Raum für literarische Ausgestaltungen akzeptabel zu machen.

Viele Jugendliche, die sich auf ein umfangreicheres Schreibprojekt einstellen, gehen zunächst davon aus, daß ihre nähere Umgebung, ihr Alltag, die schreibende Zuwendung nicht verdiene. Von den Medien darauf orientiert, daß nur das ganz besondere Ereignis, nur „dichte" Momente voller „action" mitteilenswert sind, empfinden sie ihre Umgebung als kaum beachtenswert. Da sie aber zu Orten, wo ein herausragender, sensationsträchtiger Stoff zu finden wäre, nicht gelangen können, scheint eine schreibende Auseinandersetzung mit der Außenwelt oft wenig verheißungsvoll. Erste Ideen für Schreibprojekte richten sich deshalb häufig auf die Innenwelt und ihre Phantasieräume (Jugendliche klagen dann oft, sie hätten keine Phantasie) oder auf Medienwelten, Wirklichkeiten aus zweiter Hand also, die – adressatengerecht präpariert – mehr Aufmerksamkeit erheischen als der Alltag mit seinen – scheinbaren – Banalitäten.

Solche Präferenzen treffen sicherlich nicht für alle jugendlichen Schreiber zu, aber in der Schreibpraxis mit ihnen geht es oft zunächst darum, die Literaturfähigkeit der Alltagswelt erstmals zu entdecken. Das mangelnde Interesse am Alltäglichen hängt meist auch damit zusammen, daß die jungen Schreiber in der Schule vom direkten Kontakt mit der Wirklichkeit abgeschottet sind und daß ihnen die Realität – auf Papier oder sonstwie – medial vermittelt vorgesetzt und pädagogisch erschlossen wird. Eine Kultur des eigenständigen Zugehens auf Wirklichkeiten ist bei Schülern weithin unterentwickelt. Insbesondere verfügen sie kaum über einfache Techniken, um Wirklichkeit zum Zwecke weiterer Verarbeitungen zu registrieren: das

Notieren von Beobachtungen in Notizbüchern, das Sammeln von Alltagsdokumenten, das bewußte Speichern von Gesprächen, atmosphärischen Eindrücken, mimischen und gestischen Besonderheiten usw..

Die im folgenden beschriebenen Projekte hatten das Ziel, solche Techniken der bewußten Wahrnehmung der Außenwelt und der Speicherung von eigener Erfahrung zu entwickeln. Zugleich sollten literarische Verfahren gefunden werden, die nach Material aus solchen Registriertechniken verlangen und die es zugleich in einer interessanten Weise zur Geltung kommen lassen. Die gesammelten Alltagsmaterialien gehen dabei in vielerlei Fiktionalisierungen ein. Es erweist sich, daß auch aus dem scheinbar banal Alltäglichen Mitteilungsdichte gewonnen werden kann. Es kommt da nicht mehr „auf das an, was einem einfällt, sondern auf das, was einem auffällt. Phantasie wird stärker an Beobachten gekoppelt und somit gelöst aus ihrer einseitigen Festlegung, ein besonderes Talent für die Erfindung außergewöhnlicher Gebilde zu bezeichnen“,[178] eine Festlegung, die seit den Zeiten des Geniekult (in Deutschland: Sturm und Drang) in den Köpfen junger Schreiber unausrottbar zu sein scheint.

Wer mit dieser Perspektive an größere Schreibprojekte herangeht, kann das Arbeitsverfahren einiger neuerer Autoren studieren, etwa das von Walter Kempowski oder das von Arno Schmidt. Während Schmidt eine *Technik des Registrierens* besonders seiner Lesefrüchte weit entwickelte und sein Mammutwerk „Zettel's Traum“ aus insgesamt 130 000 Karteikärtchen komponierte[179], hat Walter Kempowski Romane wie „Tadellöser & Wolff“ und „Uns geht's ja noch gold“ aus umfangreichen Zettelkästen zusammengesetzt, in denen er über Jahre hinweg Alltagspartikel notiert hatte. Kempowski, der „ein exzessiver Sammler von Wirklichkeitssplittern jeglicher Art ist, aber schon über sein erstes Buch ein triumphierendes ‚Alles frei erfunden!‘ setzte“[180], hat mit seinen Romanen ein Verfahren entwickelt, mit dem er sich fast unbegrenzt „Stoff“ zum Schreiben besorgen kann.

Ein Tag im Leben – ein Erzählprojekt

Der Blick für die Wirklichkeit des Alltags läßt sich am besten am überschaubaren Gegenstand schärfen. Dabei ist neben dem intensiven Registrieren von *Räumen* auch die alltägliche *Ausfüllung der Zeit* zu entdecken. Als Gegenstand für ein Schreibprojekt ist der Verlauf *eines einzigen Tages* sinnvoll. Die Begrenztheit des Beobachtungszeitraums legt die Beachtung auch scheinbar unausgefüllter Zeitsegmente nahe. Stunden, Minuten, die sich in der alltäglichen Erinnerungspraxis oft verflüchtigen, die gar nicht beachtenswert erscheinen, werden so festgehalten und können mit einem neu geschärften Blick für das Mitteilenswerte thematisiert werden.

Jugendliche reagieren manchmal ungläubig auf die Äußerung, daß ein einziger Tag genügend „Stoff" für eine Erzählung bieten könne. Die Sorge, durch eine solche Begrenzung könne ihnen erzählerisch die Luft ausgehen, kann man ihnen zum Teil dadurch nehmen, daß man kurz über sehr umfangreiche Werke der Weltliteratur informiert, die sich ebenfalls auf den Zeitraum eines Tages beschränken und die gerade mit dieser Beschränkung eine außerordentliche Intensität der Zeitausfüllung erreichen. Genannt werden können die Romane „Ulysses" von James Joyce (über 1000 Seiten) und Arno Schmidts „Zettel's Traum" (ein großformatiges Mammutwerk, das im Normaldruck etwa 20 Bände zu je 350 Seiten ergeben würde).

Mit dem Verfahren „Ein Tag im Leben" fördern Jugendliche selbst eine Fülle von Stoffen des Alltags zutage; sie sind anschließend oft verwundert, wie vielfältig und umfangreich die Prozesse sind, die zwischen einem Individuum und seiner Umwelt an einem einzigen Tag ablaufen können.

Zur Vorbereitung des Schreibprojekts kann die folgende Anregung gegeben werden; das Projekt kann auch von zwei Schreibern übernommen werden:

Ihr wählt einen beliebigen Tag aus und versucht, alles *festzuhalten*, was an diesem Tag deutlich bemerkbar oder ganz flüchtig auf euch einstürmt: angefangen von den allerersten Eindrücken während des Aufwachens über die Kleider, die ihr anzieht, die Gegenstände, die auf dem Frühstückstisch stehen, die Musik und das Gesprochene im Radio, die Überschriften und Texte in der Zeitung bis zu den Gesprächsfetzen im Bus und auf dem Schulhof, die Plakate auf den Litfaßsäulen, den vielen Sätzen der Lehrer, den Pausengesprächen usw.. Kaum etwas ist unwichtig.

Nachdem er eine Reihe von Quellen für sein dichterisches Ausgangsmaterial genannt hat, schreibt Peter Rühmkorf in seiner „Einfallskunde":

„Schließlich kriegen wir es aber noch mit einem gänzlich anderen Material zu tun, einem Wirklichkeitsstoff, der bereits ausgedruckt und vorgefertigt ansteht: Wortlaute von Wettervoraussagen, Wasserstandsmeldungen und Straßenzustandsberichten; An- und Absageformeln; Stop-and-go-Signale, Pausenzeichen und Erkennungsmelodien; kurz, jene präfabrizierten Versatzstücke, die für ‚unsere verehrten Zuschauer draußen im Lande' beinahe schon die Welt bedeuten."[181]

Es gibt viele Techniken, mit denen all dies festgehalten werden kann:

- Sammeln (Zeitungen, Arbeitsblätter aus dem Unterricht etc.);
- Aufzeichnen per Recorder (gehörte Radioprogramme etc.);
- Eintragungen in ein Notizbuch (Gedanken, Beobachtungen in der Schule, im Bus etc.);
- Notizen auf Zetteln (Zettelkasten);
- Speichern im Gedächtnis und anschließendes Diktieren auf Band.

Nachdem die Jugendlichen – eventuell durch das Verfahren „Stationen" auf S. 75 angeregt – die ganze Fülle des Materials vorliegen haben, beginnt eine Sichtung und fiktionalisierende Verarbeitung (zum Sinn der Fiktionalisierung vgl. „Innenwelten darstellen", S. 69). Dabei wird zunächst eine Hauptfigur imaginiert, um die herum das Material erzählerisch strukturiert werden kann. Es kommt zu inhaltlichen Akzentsetzungen; und die Entscheidungen, die die Jugendlichen an diesem Punkt der Arbeit treffen, führen zur Aufgabe einiger Materialbestände und zur Ergänzung und nachträglichen Erweiterung anderer.

Besonders für Schreiber, die eine komplizierte Fügung der Erzählung (z. B. mit Vor- und Rückblenden) noch nicht bewältigen können, empfiehlt sich ein einsträngiger Erzählgang, der dem Kontinuum des Tagesablaufs folgt. Zur Begleitung des Schreibvorgangs kann folgender Fragekatalog an die Hand gegeben werden:

- Bei welchen Erfahrungen dieses Tages sollen Schwerpunkte gesetzt werden?
- Was kann durch die Verwandlung des Materials in eine Erzählung besonders hervorgehoben werden?
- Wie sollen Beobachtungen und Gedanken miteinander verknüpft werden?
- Wie kommen an diesem Tag Ereignisse aus früheren Stunden in den Gedanken späterer Stunden wieder vor?

- Wann drängen sich Erinnerungsfetzen besonders in den Vordergrund? Wo und wann kommen sie „ordentlich" nacheinander und wo eher durcheinander, chaotisch vor?
- Wie drücken sich die Erfahrungen der Hauptperson im Schreibstil aus, z. B. im Satzbau?
- Wo sollte der Text knapp, lapidar sein und wo ausgestaltend?

Nach dem Schreibimpuls „Ein Tag im Leben" ist die im folgenden auszugsweise wiedergegebene Erzählung von zwei 18jährigen Schülern entstanden:

I. Kapitel

Er drehte sich noch einmal um. Dann piepte der Wecker. 6.45 Uhr. Er piepte zweimal, ganz leise, aber bestimmt. Pause. Wieder zwei Pieptöne, schon etwas lauter. Wieder Pause.

Die Hand suchte an der Stereoanlage hoch, Plattenspielerdeckel, Schlüsselbund, der Wecker: Piep-piep. Die Finger griffen hinter den Wecker nach einem Knopf. Stille.

K. starrte im Halbdunkel ziellos an die Decke mit den Holzpanelen. Er versuchte, einige Astlöcher zu Figuren zu verbinden. Schritte auf dem Flur. Die Tür ging auf, das Licht an. K. schloß geblendet die Augen. Die Rolladen wurden rasselnd hinaufgezogen. Die Stimme von Frau K.: „Aufstehen, das Frühstück ist fertig!" Träge drehte sich K. Erst das rechte, dann das linke Bein wanderte über die Bettkante und suchte den Boden. Stöhnend setzte er sich auf die Bettkante, breitbeinig. Er fuhr sich durch die kurzen, dunkelbraunen Haare. Dann rieb er sich die Augen in seinem gebräunten Gesicht. K. dachte an den verfluchten Tag, den er vor sich hatte, bis er abends mit Heike ins Kino gehen konnte. In seine Hände gestützt, versuchte er, noch eine Zeitlang zu träumen. Dann richtete er sich auf. Langsam reckte er sich. Genauer betrachtet war K. relativ groß, 190 cm und eher sportlich schlank, aber müde. Vor seinen Augen wurde es schwarz. Nur für einen kurzen Moment, aber immerhin deutlich genug, um an die Warnung seines Arztes zu denken: „Für deine Pumpe bist du eigentlich zu groß. Du solltest am besten schwimmen gehen, damit dein Kreislauf trainiert wird." Der Arzt kannte ihn ganz gut, denn K. hatte mit seinen Füßen ebenfalls schon lange Probleme. Ärztlich genau: Knick-Senk-Spreizfuß.

K. ging über den kalten Flur in die Küche. Er setzte sich an den Frühstückstisch, murmelte etwas wie: „'n Morgen."

Frische Brötchen, Kaffeeduft, Marmelade, Käse. Was ihn störte, war der Gestank nach Druckerschwärze, den die Tageszeitung verbreitete. Hinter der Zeitung konnte er seinen Vater vermuten. Auf der Titelseite las er: „Eine Chance für die Chancenlosen", und unter der Überschrift: „Israels Vorstoß im Libanon forderte zwei Todesopfer" las er Gefasel von UNO-Truppen, UNIFIL, moslemischen Milizen, schiitischen Extremistengruppen, schiitisch libanesischen Extremistengruppen und darunter, verloren, irgendwo die zwei Toten. Seine Augen wanderten von der Zeitung über die Wurstplatte, über den Käse zu den Brötchen. Er griff nach einem Brötchen. Es war noch warm. Mit der rechten Hand nahm er das Messer. Sauber schnitt er das Brötchen auf. Er nahm Butter, Margarine haßte er.

Jetzt mußte er wählen: Schokostreusel, Wurst oder Käse. Kurz entschlossen legte er zwei Scheiben Käse auf das Brötchen. Packte es ein. In Butterbrotpapier. Er legte es in seine Tasche. Danach griff er erneut zu den Brötchen. Nahm Butter, bestreute es mit Schokostreusel.

Vater blätterte die Zeitung um. Auf der Rückseite sah K. die schwarzen Kästchen mit den Kreuzen. Oben in der Ecke las er: „Guten Morgen, Britta! Wir haben eine Tochter. Theodor T. und Sybille T., geborene L." Darunter: „Gabriele und Christian, plötzlich und unerwartet ... unsere Kinder und Geschwister ... in tiefer Trauer ..." K. überlegte. Sollte er betroffen sein?

Ungestört aß er weiter. Unwillkürlich fiel sein Blick auf die nächste Anzeige:

„Unsere geliebte, treusorgende Mutter, unsere Schwiegermutter, Oma, Schwägerin und Tante Maria G. ist heute nach langer, mit großer Geduld ertragener Krankheit im Alter von 87 Jahren von uns gegangen. In stiller Trauer ..."

Darunter klein gedruckt, aber immer noch groß genug und ellenlang, die Einladung zum Leichenschmaus. K. hätte lachen müssen, wäre das schwarze Kreuz oben in der Ecke nicht gewesen.

Der Kaffee schmeckte bitter, aber heiß.

Frau K. erkundigte sich, wann ihr Sohn an diesem Tag aus der Schule komme. Damit riß sie K. abrupt aus seinen Zeitungsstudien. K. dachte an die Schule und an die nichtgemachten Deutschhausarbeiten. Mit halbvollem Mund sagte er: „Hab' sieben Stunden."

Damit herrschte wieder Schweigen, bis Frau K. sagte: „Also halb drei?" K. mußte angestrengt rechnen: zehn nach eins und dann noch die siebte, den Bus um vier vor – wenn er Glück hatte: „Ja." Frau K. erinnerte ihn daran, daß er sich das Essen selbst warmmachen müsse.

Herr K.: „Was gibt's denn?"

Bohnen mit Kartoffelpüree und Bratwürstchen.

Als Entschuldigung: Frau K. sei zum Kaffee eingeladen und habe keine Zeit zu kochen.

K. erhob sich.

Im Bad überlegte er, ob er noch genug Zeit habe, sich zu duschen. Die Uhr zeigte 7.06 Uhr, also hatte er noch vierzehn Minuten. Er zog sich aus und heizte die Dusche mit heißem Wasser vor. Er haßte kaltes Wasser, auch wenn er wußte, daß man nach dem kalten Duschen hellwach war.

Er nahm sein Shampoo mit in die Dusche und mußte dabei an die blödsinnige Shampoo-Werbung denken.

Er erinnerte sich wieder an die Deutschhausarbeiten. Wann sollte er die vor der ersten Stunde noch machen? Sollte er sie überhaupt noch machen? Er kannte Frau F., und er wußte nur zu genau, wie sie auf nichtgemachte Hausarbeiten reagierte. Darauf wiesen genügend Eintragungen in seiner Zeile ihres Notenbuches hin. Beim Abtrocknen faßte er endgültig den Entschluß, sie nicht mehr zu machen. Er putzte die Zähne und frisierte sich. Zum Rasieren hatte er keine Zeit.

Nackt rannte er über den Flur in sein Zimmer. Die Wahl der Klamotten fiel auf die alte Jeans, das Hemd vom vorherigen Tag, den grauen Pullover und die Turnschuhe. Er lief in die Küche, nahm die Tasche und machte sich auf den Weg. Im Vorübergehen nahm er noch die Jacke mit und verabschiedete sich mit einem kurzen: „Bye."

II. Kapitel

7.22 Uhr. Wieder zwei Minuten zu spät. Er mußte zur Bushaltestelle laufen. Dort die gleichen Gesichter wie jeden Tag, und auch der grüne VW-Polo, der wie immer hochtourig auf die rote Ampel zuraste.

Der Bus kam etwas zu spät. K. stieg vorn ein. Diesmal war es ziemlich voll. Normalerweise konnte K. immer eine Bank für sich alleine beschlagnahmen. An diesem Tag mußte er sich zu einem kleineren Jungen setzen. Erst später merkte K., daß er mitten in einer Gruppe dieser kleinen Quälgeister saß.

Ein Höllenlärm ging los.

Der Junge neben ihm erkundigte sich bei seinem Freund, ob dieser das MAD-Spiel mithabe. Sein Freund antwortete – aus der letzten Reihe.

K. wußte, was für einen Lärm eine solche Horde Pennäler entwickeln konnte. Und er wußte, daß er fünfundzwanzig Minuten bis zur Schule fuhr. Erdkunde zu lesen hatte also kaum Zweck. Der Junge neben ihm plärrte los. Sofort saßen um K. fünf der Halbwüchsigen und teilten die Karten aus.

Am Fenster huschte die alte Fabrik vorbei. K. sah hinaus. Er erinnerte sich daran, wie er früher immer dort gespielt hatte. Jetzt hatte er keine Zeit mehr dazu, oder wird man zum Spielen zu alt? – K. wußte es nicht.

Er nahm sein Erdkundebuch und schlug Seite 252 auf:

„Unterentwicklung als Folge ungleicher Machtverteilung im internationalen Handel

Auf der Ersten Welthandels- und Entwicklungskonferenz 1964 in Genf (UNCTAD 1 – United Nations Conference on Trade and Development) formierte sich die ‚Gruppe der 77', die als ... Sprachrohr der Dritten Welt ... Struktur der Welthandelsbeziehungen ..."

„Ich hab'n Tauscher, 'n Tauscher!"

„Geht nicht, hab'n Abwehrer!"

Ein wahnsinniges Getöse ging los. Tauscher gegen Abwehrer. K. suchte wieder im Text.

„... Struktur der Welthandelsbeziehungen ... das System der internationalen Arbeitsteilung ... auch die nicht-ölfördernden Entwicklungsländer ..."

„Ich hab' gewonnen, schon dreimal!"

K. atmete auf.

Der Junge neben ihm mischte die Karten erneut.

„... Anteil am Welthandel ... ihre unvollkommene Integration in das bestehende Handelssystem ..."

K. schaute aus dem Fenster. „Schloß Bräu. Urwüchsig wie unser Land." Die Kleinen lärmten noch immer.

Wie immer stieg an der Weyerstraße das hübsche schwarzhaarige Mädchen aus. K. wußte, daß sie Krankenschwester war.

– Zufällig.

Bei Kaiser's trug ein Lehrling die Gartenmöbel nach draußen und dekorierte die Obstkistchen.

Alles war wie jeden Morgen.

Der Bus bog in den großen Wendebogen ein. Alles sprang auf. Nur K. fand seine Tasche nicht.

Hinter dem Bus traf K. auf Schüler T. Auch er hatte die Deutschhausarbeiten nicht. K. war beruhigt.

III. Kapitel

Vor dem Oberstufengebäude auf der Bank. Drei total fertige Typen, seine Kameraden. Die allmorgendliche Zigarette im Mund. K. neppte einen an: „Hasse wat zu rauchen?" K. setzte sich und drehte sich eine Zigarette.

Die erste.

Ein kräftiger Zug. K. war wieder der alte.

Frau F. kam. K. zog ein letztes Mal, dann trat er sie aus.

Verschwendung.

Raum A 12. K. saß am Fenster. Jedesmal wunderte er sich über die Konstruktion dieses Raumes.

Für achtzehn Leute viel zu klein. Die Schräge machte den hinteren Teil des Raumes unnutzbar. Stützbalken störten. Ein leerer Schrank ohne Sinn. Das Waschbecken von kaputten Möbeln zugebaut. Die Ersatztafel, wakkelig, kaputt. Die Fenster, wegen eines Stützbalkens nur spaltbreit zu öffnen. Zwei kleine, sinnlose Türen, eine durch den Schrank verdeckt.

Dreckig.

K. kramte sein gelbes Textheft hervor: „Die Harzreise".

Wenn man die Fetzen sah, hätte man meinen sollen, es wäre schon ein dutzendmal gelesen worden. K. konnte den Inhalt bis Seite 27. Frau F. fing ohne das obligatorische „Guten Morgen" an.

Schlechte Laune!

„Wer trägt die Hausaufgaben vor?" – Schweigen. –

K. suchte die ihm unbekannte Textstelle, unauffällig.

Kein Freiwilliger.

Bedrückende Stille. K. hörte seinen Namen.

Natürlich, wer sonst?

Er suchte irgendeine Entschuldigung wie: „Hatte gestern Sport."

Der rote Stift war deutlich genug.

K. schaute auf die Uhr: 8.09 Uhr.

Eine Eintragung genügte. Erleichtert lehnte er sich zurück und ließ seine Blicke ziellos durch die Klasse schweifen.

Sein Blick blieb an S. hängen.

– Allgemein als „Unser Flachlandtiroler" bekannt. –

Kniebundhose, grün-karierte Kniestrümpfe, Sandalen – bei jedem Wetter. Im schlimmsten Fall: rot-weiß-kariertes Hemd.

Und dazu wahnsinnig von seiner nur spärlich vorhandenen Intelligenz überzeugt.

Als nächste mußte A. die Hausarbeit zum besten geben.

Vollkommen hilflos trug sie eine Textstellensammlung vor.

K. beobachtete sie. Er erkannte die Schrift auf dem Heft, es war die ihres Nachbarn.

K. versuchte, ihr zuzuhören. „... wie zum Beispiel auf Seite 29 in der Bergwerksepisode deutlich wird ... die Verunsicherung der unteren Volksschicht ... deshalb läßt sich sicher folgern, daß ..."

K.'s Gedanken schweiften wieder ab. Er dachte an das Mittagessen.

Er haßte dicke Bohnen.

Ihm fiel ein, daß er Heike noch anrufen mußte. Hoffentlich hatte sie wenigstens diesen Abend mal Zeit.

Er schaute auf die Uhr: 8.21 Uhr.

K. wollte eine Zigarette drehen. Er suchte Tabak.

Er wußte, T. hatte welchen. Hinten in der Ecke.

K. suchte einen Zettel.

Er sah zu Frau F. und schrieb: „Hey, kannst du mir mal den Tabak geben?"

Als T. den Zettel las, ging eine riesige Kramerei los.

– Ermahnung von Frau F.

Nach langwierigen Vorsichtsmaßnahmen erreichte die Packung doch den Empfänger.

K. drehte unter der Bank.

Immer wieder kontrollierten seine Blicke die Runde und Frau F.

Das Klingeln.

Endlich.

K. ging auf den Flur und hörte noch so gerade: „Seien sie bitte pünktlich!"

K. setzte sich auf die Bank in der Sonne und rauchte.

Die zweite.

Fünf Minuten, dann wieder die laute Klingel.

Mit den anderen zusammen erhob er sich und ging die Stufen in Richtung A 12 hoch.

Zwei Minuten zu spät und die strafenden Blicke von Frau F. K. setzte sich. Er versuchte angestrengt, dem Unterricht zu folgen.

Vergebens.

Er schaute aus dem Fenster. Die Sonne schien. Dann fiel sein Blick auf die Fensterbank. Seine Gedanken waren schon lange auf Abwegen.

Am Fenster stand eine Pflanze, eine Art Kaktus.

Grüne, längliche, flache Blätter wie aus Leder reihten sich aneinander, verzweigten sich und bildeten ein undurchschaubares Chaos, wie ein Gewirr von Fingern. An der Spitze der Finger wuchsen Blüten. Rote Blüten, jede aus vielen kleinen, länglichen Blättern. Wie ein Kelch sahen sie aus, oder besser wie ein Blumenstrauß. Jede Blüte ein ganzer Blumenstrauß, der Kaktus ein kleines Blumenmeer. Es glänzte in der Sonne, blutrot.

Lehrerin F.: „Dadurch ergibt sich für das Schneiderlein eine bedeutende und tiefgreifende Rolle für den Text, wegen seiner repräsentativen Stellung für den allgemeinen Mißbrauch der Kunst und Literatur. – Und wer faßt nun mit unserer Analyse dieser Textstelle als Basis noch einmal die allgemeine Einstellung Heines zur Kunst zusammen?"

Schweigen.

Frau F.: „Nun gut, wenn sich keiner bereitfindet. Machen Sie es bitte, T."

Schüler T.: „Räusper . . . nun ja . . . also aufgrund der eben erkannten Tatsachen . . ."

K. dachte wieder an seinen Kaktus, und daran, wie viele solcher langweiligen Stunden er schon mitanhören mußte, ohne sich wehren zu können. Gefangen in einem bunten Blumentopf auf einer kalten Fensterbank. Durch Glas von der Natur abgetrennt – keine Chance, sich zu entfalten.

K. dachte daran, wie er sich fühlen würde, wenn er so gefangen wäre. Die Blumen konnten sich nicht beschweren. K. war froh darüber, oder hatte er ein schlechtes Gewissen?

Ein schlechtes Gewissen wegen einer Blume?

Er mußte über sich selbst lachen.

Sogar Unkraut konnte Straßen sprengen, warum nicht dieser Kaktus den kleinen Blumentopf?

Doch dann fiel K. ein, wie der Kaktus auf der Fensterbank behandelt wurde, wie jeder seiner Versuche, sich zu befreien, unterdrückt wurde, zerquetscht und abgebrochen.

Lehrerin F.: „K., Sie träumen wieder."

Seine Kameraden lachten.

„Würden Sie bitte auf meine Frage antworten?!"

K. wußte nicht, welche Frage. Er wußte auch nicht, wie oft er schon ermahnt worden war. Er wurde rot – und schwieg.

Frau F. ermahnte K. noch einmal und forderte ihn auf, den Inhalt der Stunde für den nächsten Tag schriftlich zusammenzufassen.

K. schwieg immer noch.

9.24 Uhr.

Bis zum Ende der Stunde sagte K. kein Wort mehr.

Innerlich fluchte er.

Wo sollte er den Stoff der Stunde herkriegen?

Die Klingel erlöste ihn.

IV. Kapitel

Er packte seine Tasche. Physik hatte er im Neubau – Neubau?

Er aß sein Brötchen. Käse.

Der Physikraum war schon aufgeschlossen. Er ging rein, knallte seine Tasche auf den Tisch und ging raus.

Am Fenster stand der Rest. Niemand hatte das Kapitel gelesen.

„Interferenz am Doppelspalt", und keiner hatte Ahnung.

Lehrer F. schaute aus der Klasse. „Muß ich euch erst schriftlich einladen?!"

Langsam trottete K. in die Klasse.

Er saß rechts vorn.

Die Überschrift stand schon an der Tafel: „Interferenzen"

Herr F. setzte sich in die Klasse. Hinter K. „Ihr habt ja alle das Kapitel gelesen. Wer trägt vor?"

Betretenes Schweigen.

Dann ein Blättern im Buch. Jeder suchte die Seiten.

Hoffnungsvoll fragte Lehrer F.: „Aber ihr habt doch sicher Fragen? Holt mal eure Aufzeichnungen heraus."

Keine Reaktion.

„Ich bin sehr enttäuscht von euch ..." Die übliche Moralpredigt folgte. Sie fing an bei der nächsten Klausur, schloß liebevoll das mündliche Abi ein und endete beim Studium auf der Uni.

„... Was wollt ihr denn nur machen, wenn ihr studiert? Da müßt ihr euch alles selber besorgen ..."

Dann ging Herr F. selber an die Tafel und hielt den Vortrag. Ein Monolog, aus dem man hören konnte, daß er wütend war.

„Nach dem Wellenmodell des Lichtes ... so folgt für den Winkel Alpha: Sinus Alpha ist gleich S zwei B geteilt durch S zwei S eins ist gleich Delta s geteilt durch d, wobei, man beachte meine Skizze, ... Wenn man jetzt noch berücksichtigt, daß s gleich n minus einhalb mal Lambda ist, was direkt aus der Mittelstufenphysik folgt, ... So kommen wir nun zu der Formel: Lambda ist gleich a n mal d geteilt durch n mal e ...

Ich hoffe, ihr könnt den Versuch auch in der Klausur aufbauen und anhand dieser Formel Lambda bestimmen."

Mit diesem Hinweis beendete er die Stunde.

K.'s Heft war um einige Seiten reicher.

Große Pause.

K. ging die Treppen zur Hausmeisterloge hinunter. Der Vertretungsplan. Nichts. Voller Stundenplan.

K. schlenderte zum Lehrerausgang. Er zündete sich die Zigarette aus der Deutschstunde an.

Die dritte.

Am Geschäft vor dem Lehrerparkplatz war die ganze Oberstufe versammelt. K. setzte sich zu seiner Clique auf den Bordstein.

T. kam auf K. zu. „Ich hab' dir heut' morgen was zu rauchen gegeben. Hasse was Tabak für mich?"

K. kramte sein Portemonnaie hervor und ging in den Laden.

Heilloses Chaos. Wahnsinnsgedränge. Es roch nach Kaffee und Zigarettenqualm. Er schob zwei Kleine zur Seite und verlangte: „Ein Päckchen Drum und Blättchen." Fünf Mark fünfundvierzig.

Draußen setzte K. sich vor T. auf den Boden und reichte ihm das Päckchen. „Wie fand'se die Physikstunde?"

T. legte den Tabak aufs Blättchen und drehte.

K. lehnte sich zurück und stützte sich auf die Hände.

„War ja wohl total Scheiße, kein Raffer!"

T. leckte an seinem Blättchen.

„Keine Ahnung, was die Formel sollte, muß ich zu Hause durchakkern."

Beide lehnten sich noch ein bißchen zurück und sonnten sich eine Zigarettenlänge.

Die vierte.

10.49 Uhr.

Beide trotteten zurück zum Physiksaal.

T. wollte wissen, was sie in der zweiten Stunde machen würden. K. hatte keine Ahnung. Sie kamen etwas zu spät. Herr F. war schon mitten im Vortrag.

K. erkundigte sich bei seinem Nachbarn: „Was'n los?"

„Neuer Versuch. Gehen jetzt nach drüben."

Alle packten die Taschen. Nebenan war der Versuchsraum.

Wahnsinnsgedränge um Spiegel und Linsen. Keiner raffte den Versuchsaufbau.

Jeder baute ziellos irgendetwas auf.

Der eine warf mit einer Reuter-Lampe Schatten an die Wände, ein anderer kämmte sich vor einem Spiegel.

Lehrer F. ließ die Verdunklung herunter.

Schüler L. ging zur Tafel und zeichnete ohne den geringsten Durchblick eine Skizze an die Tafel.

Auf der letzten Bank machte irgendwer im Schein einer Reuter-Lampe seine Hausarbeiten.

Nur eine Gruppe baute den Versuch auf.

K. war nicht dabei.

Die 45 Minuten vergingen wie im Flug.

Die Ergebnisse stimmten peinlich genau mit denen im Buch überein.

K. hatte zwei Mark zwanzig im Skat gewonnen.

[. . .]

VII. Kapitel

Er schloß die Haustür auf.

Ein kühler Luftzug kam ihm entgegen.

Er schmiß die Tasche in den Flur.
K. beschloß, nach dem Essen zum Baggersee schwimmenzugehen.
Bestimmt waren die anderen auch da.
In der Küche roch es widerlich nach Essen.
Dicke Bohnen.
Auf dem Tisch lag ein Zettel.
„Bohnen im Topf auf dem Herd. Kartoffeln fünfundzwanzig Minuten, Wasser ist gesalzen. Bratwürstchen im Kühlschrank. Bitte Spülen. Rasen muß geschnitten werden. Bis heute abend, Mutti."
Scheiße. Nix mit Schwimmen.
K. stellte die Kartoffeln an.
Aus dem Keller holte er sich einen Hefe-Weißen.
Im Wohnzimmer war es halbdunkel. Er zog die Rolladen hoch, öffnete die Terrassentür.
Mit einer Hand klappte er einen Stuhl auf. Die Bezüge waren irgendwo im Haus.
K. setzte sich so hin. Füße auf den Tisch.
Langsam schüttete er das Bier ein.
Echt bayrisch.
K. lehnte sich zurück, zündete sich eine Zigarette an.
Die siebte.
Das Bier war kalt. K. mußte an die Klassenfahrt denken.
München.
Die Biergärten. Die U-Bahn. Der Englische Garten. McDonald's.
Die absolute Freiheit.
Eine Woche lang.
Dabei dachte er an das dumme Gesicht des Kellners, dem sie das Glas geklaut hatten.
Die Kartoffeln.
K. sprang auf.
Übergekocht.
Er zog die Kartoffeln von der Platte.
Scheiß-heiß.
Ungeschickt versuchte er, die Schweinerei auf dem Herd zu beseitigen. Er hatte die Kocherei satt.
Es schmeckte gräßlich.
Die kalten Bohnen, die halbrohen Kartoffeln und die runzeligen Bratwürstchen.
Er schüttete alles in die Toilette.
Ergebnis: zwei dreckige Töpfe, zwei schmutzige Teller, ein Eßbesteck und ein versauter Herd.

Spülen war angesagt.
Er wischte die Pfütze, die er beim Abtrocknen hinterlassen hatte, auf.
K. ging wieder zu seinem Bier.
Ein letzter Schluck.
Er beschloß, Fritten zu essen.
Die Garage war offen, das Auto weg.
K. nahm sein Rad und fuhr in Richtung Fußgängerzone.
Wieder der alte Kampf mit der Gangschaltung.
Die Handbremse war sowieso abgeschrieben.
Vor der Pommes-Bude schmiß er sein Rad auf den Boden.
Der Ständer war zu wackelig.
Er war Stammkunde.
Relativ voll für 15.10 Uhr, dachte K.

Er kannte die Tochter des Besitzers.

Sie war ganz nett.

K. hatte mit ihr Bio. Morgen die ersten beiden.

„Bitte?"

„Fleischrolle-Spezial, große Pommes mit Soße."

Sein üblicher Platz war besetzt.

Er wartete auf die Pommes.

Ihn faszinierte jedes Mal, mit welcher Geschwindigkeit und liebevollen Hingabe die Massen bedient wurden.

K. nahm sein Mittagessen mit nach draußen.

Auf der runden Bank in der Fußgängerzone machte er sich breit.

Vor dem Schreibwarengeschäft standen die Snobs. Alle in Schwarz mit spitzen Schuhen.

K. kämpfte mit dem Plastikmesser und der Wurst.

Ein rot-weißer Fleck auf der Hose. 1:0 für die Wurst.

Er leckte das Messer ab und versuchte, den Fleck zu entfernen.

Die Jeans war reif für die Wäsche.

Er aß weiter.

Das leere Schälchen warf er in den Mülleimer.

Mit klebrigen Fingern fuhr er nach Hause.

[. . .]

IX. Kapitel

K. sah das Bierglas.

Er hatte Durst.

Mit der rechten Hand holte er den Schlüssel aus der Tasche.

Die Kellertreppe roch muffig-feucht.

Er schloß die Tür auf. Im Keller war es angenehm kühl.

Er nahm den grünen Rasenmäher.

Im Vorbeigehen nahm er noch ein Bier mit.

Die Kellertür klemmte.

Mühevoll versuchte er, den Mäher durch die Tür die Treppe hoch zu bugsieren.

Die heiße Luft traf ihn wie ein Schlag.

Auf der Terrasse.

In seinem Glas schwamm eine Fliege.

Er fischte die Fliege aus dem Glas, zog sein Feuerzeug aus der Tasche. Die Fliege unternahm einen verzweifelten Versuch zu fliehen.

Naß blieb sie auf dem Tisch liegen.

K. öffnete die Bierflasche.

Mit dem Feuerzeug.

Er nahm die Fliege, legte sie in den Kronkorken, kippte den Kronkorken, entzündete das Feuerzeug und hielt es drunter.

Brutzel.

K. schüttete sich sein Bier ein.

„Ahh!"

Richtig relaxed stellte er das halbleere Glas zurück und ging zum Rasenmäher und hinten links fing er an zu schneiden und er schnitt immer erst den Rand und dann in der Mitte gerade Bahnen und nach den Randbahnen war er naßgeschwitzt und er legte eine Pause ein und wieder Bier und er kramte seinen Tabak hervor und drehte.

Die achte.

Ihm fiel die Dusche ein und im Keller holte er den Schlauch und die Gartendusche und er schloß den Schlauch neben der Kellertür an und irgendwo auf einer schon geschnittenen Bahn stach er die Dusche in den Boden und er schmiß sein Hemd auf die Terrasse und der Wasserhahn klemmte und er schaffte es trotzdem und er ließ den Schlauch noch einen Moment in der Sonne liegen und schnitt zwei Bahnen und an der Dusche drehte er den Verschluß auf und das Wasser tat gut und seine nassen Shorts klebten am Körper und er fühlte sich jetzt wesentlich wohler und er zog den Schlauch noch weiter in die Sonne und er haßte das kalte Wasser und naß mähte er weiter und nach zwei Bahnen war ihm wieder verdammt warm und Rasenmähen war noch nie seine Stärke gewesen und er stellte sich vor, wie B. mit Heike Mathe übte und der Schlauch lag in der Sonne und er schnitt wütend eine weitere Bahn und was sollte er abends machen und alleine ins Kino und der Schlauch und.
Ein sauberer Schnitt schräg in den Schlauch.
[. . .]

XI. Kapitel

K. ging die Einfahrt hinunter.

Der Wagen stand im Weg.

An der Straße blieb er stehen.

Er ging in Richtung Fußgängerzone.

Wegen eines blöden Gartenschlauchs so ein Stunk.

K. ging über den Spielplatz.

Mir Vorwürfe machen, aber selber groß Kaffee trinken gehen.

Das fehlte noch.

Die Fußgängerampel war rot.

Warum mußte sie ausgerechnet heute eine Fahrstunde haben.

Grün.

Und dann die Küche. Erst mußte man sich den Scheiß selbst kochen, dann kriegte man auch noch Stunk.

Die Bank in der Fußgängerzone war frei.

Er setzte sich.

Bin ich froh, daß ich morgen erst so spät nach Hause komme.

Den ganzen Tag das Palaver mitmachen.

Mit mir nicht.

Die Uhr an der Sparkasse zeigte 18.43 Uhr.

Er stand auf.

Vielleicht hatte seine Stammkneipe auf.

Die Tür stand offen. Es war halbdunkel und roch nach Qualm.

K. ging zur Theke.

„Ein Bier!"

Keiner da, den K. kannte.

Er nahm sein Bier und ging nach hinten.

Zwei Männer spielten Darts.

Das Bier schmeckte nicht.

Die Hälfte blieb im Glas.

Er schmiß einsdreißig auf die Theke und ging raus.

Die Fußgängerzone war leer.

Er ging an der Kirche vorbei.

Die weiße Farbe sah schmutzig aus.

Der Springbrunnen vor der Kirche war abgestellt.

Eine Cola-Dose schwamm im Wasser.

Er dachte an das letzte Altstadtfest, an die Pavillons, die Leute, das Licht, die Musik.

160 Mark hatte er draufgemacht.

Über den dunklen Schaufenstern mit den Leonardo-Gläsern blinkte „Geschenkartikel".

Ihm kam ein Mann mit einem Hund entgegen.

Er ging weiter.

Als er das Schreibwarengeschäft sah, dachte er an die Schule.

Dabei fiel ihm die Deutschstunde auch wieder ein.

„K., Sie träumen wieder! –

Fassen Sie bitte den Inhalt dieser Stunde bis morgen schriftlich zusammen."

Das Protokoll!

Na, ihm war's egal. Ihm ging das ewige Genörgel von Frau F. sowieso auf die Socken.

Er ging weiter.

Aus irgendeiner Pinte kam Musik.

Er ging über die Straße.

Auf der Schwalmbrücke blieb er stehen.

Es schlug halb acht.

K. spuckte ins Wasser.

Er ging weiter.

An der Schwalm entlang.

Neben der Fischtreppe setzte er sich.

Die Bank war feucht.

Er kramte seinen Tabak hervor.

Die neunte.

K. schaute ins Wasser. Er beobachtete die Blätter. Im Wasser.

Auf der Schwalm.

XII. Kapitel

Wie lange K. gesessen hatte, wußte er nicht mehr.

Es dämmerte und fing an zu regnen.

Die Regentropfen malten auf dem Wasser kleine Ringe, die größer wurden und sich überschnitten.

K. stand auf.

Seine Haare waren naß.

Er ging weiter.

Die Schwalm entlang.

An der Brücke blieb er stehen.

Geradeaus oder links in den Wald.

Im Wald war es fast dunkel, aber etwas trockener.

Er ging weiter.

Everyone I know is lonely
An God's so far away

Mist.

Er hatte mitten in eine Pfütze getreten.
Sein linker Fuß war naß.
B. ist gerade bei mir. Wir machen Mathe.
K. dachte wieder an das Telefongespräch.
Der Regen drang durch die Blätter.
Deine Arbeitseinstellung möchte ich kennen.
Als wenn er noch nie richtig gearbeitet hätte.
Und so schlimm war der Rasen auch nicht geschnitten.
Sein Pullover war naß.
K. sah den Fleck auf seiner Jeans. Die Pommes.
Ihn fröstelte.
Er ging weiter.
K. kam an eine Straße.
Es regnete kaum noch.
Aber es war dunkel.
Er trottete an der Straße entlang.
Dicke Bohnen mit Kartoffelpüree und Bratwürstchen.
Ihm kam ein Wagen entgegen.
Die Lichter spiegelten sich auf der nassen Fahrbahn.
Wasser wirbelte auf.
Er blieb nicht stehen.
Nun mach' aber, daß du rauskommst!!
Der Rasen ist sowieso wieder miserabel geschnitten.
Kommt aus der Schule und ist nicht mal mehr in der Lage, eine Stunde zu arbeiten.
Wo du wieder mit den Gedanken warst?
Außerdem, über Freizeit dürftest du dich doch wohl nicht beklagen.
Blödsinn.
Typisch Eltern.
Es regnete erneut.
Egal.
Ihr habt ja alle das Kapitel gelesen.
Ich bin sehr enttäuscht von euch.
K., das Bild ist vorn.
K., tragen Sie bitte die Hausaufgaben vor.
Sowieso immer er.
Alles gegen ihn, warum?
Scheiß Schule!
Er stolperte.
I have stood here before inside the pouring rain
With the world turning circles running 'round my brain

I guess I always thought that you could end this reign
But it's my destiny to be the king of pain
Schon 'ne Fahrstunde ausgemacht
Der Lieblingsfahrlehrer
Kann ja nicht jeden Tag freihalten
B. ist gerade bei mir
Mathe
Die Fliege
Der Kunstlehrer und seine Bilder
Sie träumen wieder
Rechts ein Feldweg
Der Kaktus
Ein Blütenmeer
Draußen die Sonne
Der Kronkorken
Brutzel
Rasenmäher
Nimm die Füße vom Tisch
Soll ich immer hinter dir herräumen
Lauter Schlammlöcher
In stiller Trauer
Im Alter von 87 Jahren von uns gegangen
Wir haben eine Tochter
Einladung zum Leichenschmaus
Die Terrassentür
stunk
lichter in der ferne
für deine pumpe viel zu groß
eine chance für die chancenlosen
[...]

Andreas Mündel/Stefan Willms

Alltags-Gedicht

In einen weniger umfangreichen Schreibprozeß einmündend, dafür aber mit einer größeren Schwellenangst belastet sind Versuche, das Beobachten der Außenwelt im Rahmen lyrischer Formtraditionen zu bewältigen. Freilich gibt es – nicht erst im Zuge der Alltagslyrik der 70er und 80er Jahre – Versuche, die hohen Erwartungen herunterzuschrauben, die sich im Alltagsbewußtsein mit der formal anspruchsvollen Gattung auch *inhaltlich* verbinden. Ein früher Exponent der Annäherung von Alltäglichem und Lyrik ist Bertolt Brecht.

Thorsten Gallert hat Brechts Lyrik genutzt, um Schüler ebenfalls zu alltagsbezogenen Beobachtungen und Schreibversuchen anzuregen. Er schlägt dazu Brechts Stichwort-Gedicht „Vergnügungen"[182] vor:

Bertolt Brecht

Vergnügungen

Der erste Blick aus dem Fenster am Morgen
Das wiedergefundene alte Buch
Begeisterte Gesichter
Schnee, der Wechsel der Jahreszeiten
Die Zeitung
Der Hund
Die Dialektik
Duschen, Schwimmen
Alte Musik
Bequeme Schuhe
Begreifen
Neue Musik
Schreiben, Pflanzen
Reisen
Singen
Freundlich sein.

Mit diesem lyrischen Stichwort-Verfahren, das in leicht nachvollziehbarer Weise Tätigkeiten des Alltags, wahrgenommene Gegenstände und Ansätze von Reflexionen aneinanderreiht, können Texte, die nach Verfahren wie dem des „Automatischen Schreibens" (vgl. S. 91) oder der „Augenblick-Texte" (vgl. S. 78) entstanden sind, weiterverarbeitet werden.

Eine Schreibanregung könnte lauten:

Du liest das Gedicht „Vergnügungen" von Bertolt Brecht. Mit einem Verfahren, wie er es anwendet, kannst auch du deinen Alltag dokumentieren. Du notierst zunächst einige Tage lang Beobachtungen und Gedanken auf Zetteln oder in einem Notizbuch. Anschließend sichtest du das Material. Du reduzierst die Eintragungen auf die aussagekräftigsten Wörter und versuchst dann eine Anordnung in Zeilen. Dabei kannst du verschiedene Reihenfolgen ausprobieren. Die für dich interessanteste Anordnung fixierst du als dein Gedicht. Du kannst Brechts Text und dein Gedicht, das eine mehrere Jahrzehnte spätere Wirklichkeit spiegelt, nebeneinanderschreiben.

Was das Registrieren von Beobachtungen und Reflexionen und die dazu nötigen Techniken anbetrifft, so kann den Jugendlichen das entsprechende Material im Abschnitt „Stationen" (vgl. S. 75) zugänglich gemacht werden.

Mit dem Verfahren „Alltags-Gedicht" ist zum Beispiel der folgende Text entstanden. Er spiegelt Erfahrungen eines Schülers während seines Ferienjobs. Das Wortmaterial des Gedichtes geht auf „Automatisches Schreiben" (vgl. S. 91) zurück. In den ersten Zeilen sind Einflüsse des Verfahrens „Vokalvereinzelung" erkennbar:

1. Werk

Die blöde Eule heult
heut erneut: blöde Eule heult.
Der Dicke ist
ein Arschloch wenn er
nicht mehr säuft.
Unbedingt unbedingt.
Der ganze Rassel um die
Knete ätzend jeden Tag.
Ist das kaputt.

Peter van Dornick (18)

Auf die Techniken des Festhaltens von Beobachtungen, die im Abschnitt „Ein Tag im Leben ..." vorgestellt wurden, geht das folgende Gedicht zurück:

Nachtspaziergang

Äste vom hellen Sichelmond angestrahlt
laufen wie Flußadern über den Feldweg,
sehen aus wie Arme,
die mich festhalten wollen.

Oben blinkt ein Flugzeug.
Weit hinten bellt ein Hund.

Ich steige vorsichtig darüber
und friere.

Uta Dülks (18)

Die eigenen Wörter fangen

Wenn es um die Darstellung ihrer Lebenswelt geht, sind Jugendliche nicht nur an der möglichst authentischen Wiedergabe von Situationen interessiert. Ihr Lebensgefühl macht sich genauso – und vielleicht noch besser greifbar – in der ihnen eigenen Sprache fest (vgl. dazu „Zum Sprachverhalten Jugendlicher", S. 28). Das Interesse an den „eigenen Wörtern" läßt sich auch in Verfahren des kreativen Schreibens einbringen. Dabei speist sich die Ausdruckskraft der „eigenen Wörter" nicht nur aus jugendsprachlichen Wortkreationen, sondern auch aus dialektalen Elementen.

Wenn die „eigenen Wörter" in angemessener Weise verwendet werden sollen, müssen sie zur Versprachlichung von Situationen dienen, die von jungen Schreibern selbst intensiv erlebt werden können. In ihnen – zum Beispiel bei Feten – gewinnen die „eigenen Wörter" nicht selten eine fast rituelle Funktion. Bestimmte cliquen- oder regional jugendspezifische Formeln der Benennung von emotionsbesetzten Handlungen lassen sich sammeln und zu Texten verdichten. Diese Texte können zum Teil kollektiv vorbereitet und verfaßt werden.

Schreibanregung:

Ihr wählt eine euch geläufige Situation aus, in der es hoch hergeht, in der erfahrungsgemäß viele „Sprüche" losgelassen werden. Ihr erinnert euch möglichst genau an eine solche Situation. Vielleicht führt ihr sie auch noch einmal gezielt herbei. Es kann sich dabei zum Beispiel um eine Fete handeln.

Ihr achtet vor allem auf das, was bei einer solchen Gelegenheit gesprochen wird. Von besonderem Interesse sind die „Sprüche", die Redeweisen, die für eure Clique, eure Altersstufe etc. typisch sind. Auch dialektale Färbungen eurer Fetensprache etc. sind von Interesse. Ihr sammelt möglichst viele dieser sprachlichen Elemente und fügt einen Text zusammen. Dieser ist am wirkungsvollsten, wenn seine Erzählweise sich nicht sehr weit von gesprochener Sprache wegbewegt.

Nach diesem Verfahren ist der Text zweier Siebzehnjähriger entstanden, aus dem im folgenden zitiert wird. Der Text ist stark von sprachspielerischen Vorerfahrungen (vgl. „Mit Sprache spielen", S. 49) geprägt:

Heiliger Akt, wa, fast wie Weihnachten, wa, Mensch ich kann et janich fassen, – so wat Schönes, wa, so wat Schönes hat man schon lange nich mehr in de Finger jehabt, eih, so schön anschmieghsam, ne, geil eih, --- doch jetzt aufpassen, jetzt,--- Achtung aufpassen, jetzt,--- oh, Vorsicht, ja kommen lassen, ja, kommen lassen, kommen lassen, kommen lassen, ja, oh noch en Stück, oh, ne wat is dat schön, Wahnsinn, eih echt Wahnsinn . . .

Jou, – ich hab dat abjetscheckt, allesch klar, – et läuft, et läuft, eih, -- eih, ------- eih brauchst nich mehr jejenhalten, eih, nich mehr jejenhalten, eih man is juut, ----- der steckt, eih, dat läuft doch, eih, kuck doch ma wie dat läuft, ----- also ehrlich, eih, -------- ach jetzt läuft et schon vorbei, -----, kannse nich aufpassen? -------------- Mensch, hier trink, un nimm endlich die Finger von dat Faß, dat wackelt ja immer noch, mensch da wird doch die Kohlensäure janz schummelich, trink . . ...

rückfahrt

mit dem fahrrad
zu zweit
oder zu viert
oder auch allein
(eih, wo bisse!!!)
kalt
Bierhemden
speiübel
(ich laß ma en fetzen aus et jesicht fallen)
bier
leichen
"wer grillt denn hier?"
hinten un auch sonst platt
holter die hopp
sasa
mittich fahren

stur jerade aus
ogottogottogottogottogottogottogottogottogottogottogoo

kurve
koordinieren (schwierigkeiten, wa)

jing noch ma so jrad juut, wa

die Vögel regen mich auf

wo sin ma nu ? ? ? ? ?

scheiße sackjasse

```
Z  Z  Z  Z  Z  Z  Z  Z  Z  Z
ZAUNZAUNZAUNZAUNZAUNZAUNZAUNZAUNZAUNZAUN
U  U  U  U  U  U  U  U  U  U
N  N  N  N  N  N  N  N  N  N
Z  Z  Z  Z  Z  Z  Z  Z  Z  Z
ZAUNZAUNZAUNZAUNZAUNZAUNZAUNZAUNZAUNZAUN
U  U  U  U  U  U  U  U  U  U
N  N  N  N  N  N  N  N  N  N
Z  Z  Z  Z  Z  Z  Z  Z  Z  Z
ZAUNZAUNZAUNZAUNZAUNZAUNZAUNZAUNZAUNZAUN
U  U  U  U  U  U  U  U  U  U
N  N  N  N  N  N  N  N  N  N
```

abba jenau wie für uns jemacht wa
passen de füße jenau rein wa
hände an den obersten pfosten
linker fuß zweites brett von unten
schwungbein anwinkeln
mit kühnem schwung nach oben ziehen
auf dasoberst brett auf setzen
vorsicht nich auf die finger treten
linkes bein gefühlvoll nachziehen
augen zumachen
und springen

halt schade fehler am wassergraben
saubere landung, super haltungsnoten
vorderläufe zu früh defixieren jetan
hinterläufe nochmal in de luft jeschmissen

der erfolg klebt am hosenboden

zuschauer   bejeistert

   alles klatscht

           KLATSCH

  *   *   *

öne schöne dröhnung
schöne dröhnung öne schöne
schön öne schöne dröhnung
dröhnung öne schöne dröhnung
öne öne öne schöne öne schöne
öne schöne öne öne schöne
öne schöne öne öne schöne
sch sch sch sch schschschö
schschschööne öne schöne
drööööööööööööööööööööööhnung
schön
schön
schön
schön
öne schöne
öne schöne dröhnung
söhengugnshööönuugggg schöne
sch
sch
sch
sch
sch
sch
schön schön   öne
   dröhnung
öne schöne dröhnung
öne schöne öne schöne öne öne
schöne schöne dröhnung
drunög, dröngug, gundröng, öne
ögnung, öne gugnör, öne nöhrung
ööö, öne dröhnung öne dröhnung öne dröhnung öne dröhnung öne schöne

Bernd Beckers/Frank Krause

Stilisierungen

Dieses Verfahren macht deutlich, daß ein Sachverhalt, der beschrieben werden soll, nicht an bestimmte Wörter gebunden ist, daß es eine bunte Vielfalt von Sprachmaterial gibt, mit dem man sich der Realität nähern kann, wobei die beschriebene Wirklichkeit freilich in ein ganz unterschiedliches Licht getaucht wird. Zugleich werden – über den Ausgangssachverhalt hinaus – verschiedene erzählerische Fährten gelegt. Das ergibt sich zum Beispiel aus den folgenden von Jugendlichen verfaßten Texten, in denen ein an sich banaler Stoff, der Schulweg, durch Stilisierungen, durch gezielte Variation des Wortmaterials, in verschiedene erzählerische Richtungen weiterentwickelt worden ist:

Brüggen-Markt bis Waldniel-Schulzentrum

I. Version: sachlich
7.25 Uhr an einem beliebigen Wochentag. Brüggen Markt: Eine Gruppe von ca. 70 Schülern wartet wie jeden Morgen auf den Bus, der sie nach Waldniel bringen soll. Nach dem obligatorischen Sitzplatz-Kampf passiert der Bus nacheinander Born, Haversloh, Pferde- und Heidweiher und kommt schließlich in Amern an. An einer der nächsten Haltestellen das übliche Theater mit dem Busfahrer, der motzend Schüler zusammendrückt, damit noch mehr Leute mitkommen können. Der Bus fährt durch die ländlichen Gebiete Amerns und durch Waldniels Ortskern zum Schulzentrum. Hier wälzen sich schon Schülermassen zu den Gebäuden.

II. Version: deprimiert
Mein Gott, halb acht und schon am Bus! Alles streikt, nur die Pauker wieder nicht. Ist doch immer dasselbe! Statt dessen immer die gleichen öden Fratzen, die in die Karre reinwollen. – „Ey, wenn du mich nochmal trittst, kriegste 'nen paar auf's Maul!" Na klar, wieder kein Sitzplatz, jetzt bis Waldniel stehen. Ist doch alles zum Kotzen! Zu Hause ist auch wieder der Teufel los, von wegen zu spät nach Hause kommen und so. Ey Kutscher, fahr mal ordentlich! Biste besoffen, oder was? Ne, jetzt geht das wieder los! Halt's Maul, ich geh ja schon nach hinten! Mach lieber, daß du nach Waldniel kommst, dann komm ich wenigstens aus dem Mief hier 'raus! Hallo, Morgen! Wie jeht et dich? Was sagst du? Mathe 11 und 12? Prima, hab ich auch nicht. Englisch? Mach ich sowieso nicht. Die geht mir sowieso auf'n Keks. Endlich da. Nichts wie raus hier! Der Tag fängt ja riesig an.

III. Version: romantisch

Es ist frühmorgens in Brüggen, und auf den gerade erwachenden Krokussen zeigt sich bereits der erste Morgentau. Auf den Gesichtern derer, die hier geduldig verweilen, fehlt die Entschlossenheit, den bevorstehenden Kampf siegreich zu beenden. Doch beim Kampf um die Gunst des behaglichen Verweilens erblüht sie wieder, die Heldenhaftigkeit, die auch einst Jung-Siegfried von Sieg zu Sieg verhalf. Doch längst wurden Tapferkeit und Tugend überflüssig. Statt dessen Fortschritt und nochmals Fortschritt. Graue und stinkende Blechkästen rückten an die Stelle der Pferdekutschen, deren Hufegeklapper in meinem Herzen unauslöschlich bleibt. Auf der Fahrt immerhin innige Lichtblicke: Kleine idyllische Bauerndörfer und eine angrenzende Seenplatte bietet dem Betrachter Ruhe und Geborgenheit. Doch dann wieder Hektik, Streß. Der Lenker des Ungetüms – sein Rufname „Kutscher" erinnert an eine bessere Zeit –, er pfercht die Leidenden wie ein Folterknecht zusammen. Verständlich erscheint der Verdruß derer, die sich allmorgendlich diesem Geschehen hingeben müssen. Kehrt in euch, Brüder! Besinnt euch! Laßt die gute, alte Zeit wieder aufleben!

IV. Version: märchenhaft

Es war einmal ein kleines Mädchen, das mußte jeden Morgen mit dem Bus zur Schule fahren. Die Mutter hatte immer große Angst um es, weil es immer in Gefahr war. Da sagte die Mutter: „Geh nicht so nah an den Bus heran! Du weißt ja, wie gemein die Räuber sind." Aber das Kind hörte nicht auf die Mutter, weil es nämlich dringend Mathe abschreiben mußte und einen Sitzplatz brauchte. Und so kam es, daß die Räuber das Mädchen schubsten und rissen, schlugen und bissen, es warfen und fingen und sich an ihm vergingen. Da ward die Mutter sehr traurig und sprach: „Mein Kind, laß es dir eine Lehre sein! Bleib nie in der Tür stehen, denn der Busfahrer ist ein Zauberer. Und wenn er sagt: ‚Geh mal nach hinten', dann verwandelt er dich in eine Ölsardine." Aber das Kind hörte wieder nicht auf die Worte der Mutter, da es in Amern Sport hatte und deswegen früher aussteigen mußte. Und der Busfahrer kam, und das Mädchen wurde bis Waldniel nimmer gesehen. So sprach die Mutter: „Es bleibt dir nur eine Möglichkeit." Da fing das Mädchen an zu weinen und zu wimmern und wollte gar nicht mehr aufhören. Doch die Mutter ließ sich nicht erweichen: Sie weckte das Kind jeden Morgen eine Stunde früher. Und das Mädchen fuhr glücklich bis an ihr Ende mit dem leeren 7-Uhr-Bus zur Schule. Und wenn es nicht gestorben ist, dann fährt es morgen wieder.

Gudrun Günther, Peter Willms

Die Texte sind Ergebnis der folgenden Schreibanregung:

Ihr wählt einen Vorgang des Alltags, den jeder kennt. Diesen Vorgang beschreibt jeder – ohne großes Nachdenken – in der dafür gängigen Sprache. Anschließend erzählt jeder den Vorgang in verschiedenen Stilisierungen mehrfach neu. Ihr schlüpft dazu in immer wieder neue Sprach- und Denkwelten, zum Beispiel in die des Märchens, die der Zeitung, die einer euch geläufigen Cliquensprache usw..

Diese Stilisierungen könnt ihr vorbereiten, indem ihr – für alle sichtbar – in einem Brainstorming (vgl. S. 169) Adjektive auflistet, die die Stilrichtungen des Schreibens charakterisieren sollen, z. B. märchenhaft, nüchtern, „fetzig", krimihaft, genau, fremdwortüberladen-wissenschaftlich, geschwätzig, dramatisch, behördensprachlich usw.. Nach Fertigstellung der Stilisierungen liest jeder seine Textserie vor.

Das Stilisierungs-Verfahren stößt bei Jugendlichen auf großes Interesse. Das hängt nicht nur mit der kreativierenden Dynamik dieser Art von sprachlicher Deautomatisierung zusammen. Ein besonderer Reiz des Verfahrens dürfte sich für Jugendliche auch daraus ergeben, daß mit dieser Schreib-Weise entwicklungsgeschichtliche Probleme auf spielerische Weise angegangen werden können: Nach Auskunft der jüngeren Jugendforschung sind Jugendliche in den 80er Jahren sehr stark auf Stilisierungen aus.

Da die Erwachsenengesellschaft immer weniger erprobte Orientierungs- und Handlungsmuster bereitstellt, ist der Jugendliche – bzw. sind die diversen jugendlichen Subkulturen – mit der Aufgabe konfrontiert, gesellschaftliche Verortungen durch (Selbst-)Stilisierungen zu versuchen, die in der Regel auf direkt Wahrnehmbares, auf Kleidung, Accessoires und sprachliche Besonderheiten zielen. Komplette eigene *Lebensstile* werden versucht, oft bleibt es jedoch bei Stilisierungen des äußeren Erscheinungsbildes und der Sprache. Die Oberfläche wird „gültiges Signum der Persönlichkeit ... – jedenfalls in (vielen) Jugendkulturen".[183] Und wenn „die Oberfläche das ist, was zählt, drückt sich auch der Stil *an* und *in* ihr aus. Während der klassische Stilbegriff häufig die Durchdrungenheit von etwas Eigentlichem ausdrückt (z. B. Goethes Symbol: man erkennt am Phänomen – der

Bläue des Himmels – beispielsweise ein darunterliegendes Tiefes: das Grundgesetz der Chromatik), spricht man jetzt besser von *Stilisierung*. Dies geschieht *am* und *durchs outfit*."[184]

Das gesellschaftlich bedingte Interesse Jugendlicher an Stilisierungsmöglichkeiten trifft sich in der oben dargestellten Schreib-Weise mit literarischen Bestrebungen, die in Frankreich ihren Ursprung hatten: 1960 gründeten die beiden französischen Autoren François Le Lionnais und Raymond Quenau in Paris das *Ouvroir de littérature potentielle*, die „Werkstatt für potentielle Literatur". Ziel dieser Werkstatt war es, ein Arsenal dichterischer Methoden und Techniken anzulegen, das Autoren zur Verfügung stehen sollte, die sich nicht nur auf die sogenannte Inspiration verlassen wollen. Von Quenau stammt das in Deutschland inzwischen bis in die schulischen Lesebücher[185] eingedrungene Verfahren der „Stilübungen".[186] In einem gleichnamigen Buch des Autors beziehen sich 108 sprachliche Variationen auf ein und denselben banalen Vorfall in einem Autobus.

Originell ist Quenaus Verfahren freilich nicht; es gibt interessante Vorläufer. Bereits 1928 veröffentlichte die amerikanische Autorin Djuna Barnes ihren ersten Roman, „Ryder",[187] der eine gigantische Stilübung ist. Das vergnüglich zu lesende Werk enthält Kapitel in Form von Gedichten, Klageliedern, Wiegenliedern, als langes Register, als Brief, als Selbstgespräch usw..

Montage-Roman

> „In einer Spätkultur wird die Welt überschaubar. Man ordnet und sammelt, sucht nach Vergleichen und findet überall Analogien. Der Blick gleitet nach rückwärts; der Dichter zitiert, zieht Vergangenes, ironisch gebrochen, noch einmal ans Licht, parodiert die Stile der Jahrtausende, wiederholt und fixiert, [. . .] wenn es den Stil nicht mehr gibt, muß man Stile beherrschen: auch Zitat und Montage sind Künste [. . .]".
>
> WALTER JENS[188]

Schriftsteller dieses Jahrhunderts haben immer wieder betont, daß für sie die Phantasie, das eigene Fabulieren und Ausformulieren, zurückgetreten sei gegenüber der Montage von Vorgefundenem, dem Sammeln und Neukombinieren bereits gewechselter Worte, die uns die moderne Medienflut tagtäglich ins Haus spült. „Spätestens seit Beginn dieses Jahrhunderts", schreibt Volker Hage, „ist die Vorstellung vom Dichter als autarker Schöpferpersönlichkeit fragwürdig geworden. Eine vielfältige Montageliteratur verschmähte die dichterische Phantasie."[189]

Eine Absicht, die mit dem Montieren vorgefundener Sprachmaterialien verfolgt wird, ist die Kritik der lebensweltlichen Sprachverbiegungen durch deren entlarvende Kombination. Die Verfechter der Montage-Literatur gehen davon aus, „daß die Wirklichkeit nicht mehr von dem zu trennen sei, was die Menschen über diese Wirklichkeit in Umlauf bringen, Lügen und Klischees (etwa der Zeitungen) müßten als einwirkende Faktoren entlarvt werden – am besten durch sich selbst."[190] Einer der bekanntesten Vertreter der montierenden Dichtung ist Alfred Döblin. In seinem Aufsatz über den „Bau des epischen Werkes" schrieb er 1929: „[. . .] Es ist mir so gegangen, als ich dies oder jenes historische Buch schrieb, daß ich mich kaum enthalten konnte, ganze Aktenstücke glatt abzuschreiben, ja ich sank manchmal zwischen den Akten bewundernd zusammen und sagte mir: besser kann ich es ja doch nicht machen."[191]

Die Vorstellung von Literatur auch als Montage, von „Wiederverwenden dessen, was schon geschrieben worden ist"[192], hält sich bis in die jüngste Vergangenheit und hat besonders durch die experimentelle Literatur neuen Auftrieb erhalten. So schrieb Helmut Heißenbüttel: „Literatur braucht nun weniger Einbildungskraft als vielmehr Material. Material, an dem sie sich aufschlüsselnd und kombinatorisch, analytisch und montierend betätigt."[193]

Obwohl es auch einige literarische Vorformen gibt[194], liegt der entscheidende Anstoß für literarische Montagen oder Collagen in der Kunst: „Um 1910 haben die Kubisten Picasso und Braque begonnen, Zeitungsausschnitte, Papierstreifen, Wachstuchstücke und andere Dinge in ihre Bilder zu kleben. Collage heißt ‚Ankleben', und so wurde eine technische Bezeichnung zum Begriff für eine Methode künstlerischen Produzierens, die seitdem in alle Disziplinen eingedrungen ist."[195] In ähnlicher Weise wollten auch die Surrealisten „die gewohnte Logik und die Spielregeln des empirischen Daseins außer Kraft setzen, dabei aber doch die einzelnen auseinander gesprengten Dinge respektieren. [. . .] Es wird zerschlagen, umgruppiert, aber nicht aufgelöst."[196]

Volker Hage hat in einer interessanten Textzusammenstellung verschiedene Akzentuierungen des literarischen Montage-Verfahrens herausgearbeitet.[197] Im folgenden geht es um eine besondere Spielart dieses Verfahrens. Sie ist auf die kombinatorische Rekonstruktion lebensweltlicher Sprachmaterialien aus. Sprache – auch und gerade „Sprachschrott" – des Alltags wird arrangiert, damit das Material sich wechselseitig kommentiert, damit beim Schreibenden wie beim Lesenden Denkbewegungen in Gang kommen, die den Montageprozeß weiterführen.

Material für Montagen findet sich zuhauf: „Der Roman als Collage nimmt in sich Reportagen und Reden, Interviews und Proklamationen auf; er speist sich aus Briefen, Reisebeschreibungen, Anekdoten, Flugblättern, Polemiken, Zeitungsnotizen, Autobiographien, Plakaten und Propagandabroschüren."[198] Bei jugendlichen Schreibern rücken weitere Materialien ins Blickfeld: Schulhefte und -bücher, Vokabellisten, Hausordnungen, Musik- und Auto-Magazine oder Werbebroschüren der Bundeswehr.

In der Montage wird dann Disparates zusammengesetzt, mit wechselseitig verfremdender Wirkung, mit – filmisch gesprochen – Überblendungen, Einblendungen und szenischer Gleichzeitigkeit. Die Montage-Stücke können dabei ihre Disparatheit deutlich erkennbar beibehalten. Die Material-Rekonstruktion gleicht dann „einem Puzzle, dessen Stücke nicht nahtlos ineinander sich fügen lassen."[199]

Die Brüche zwischen den Sprachbrocken der Montage sind Stellen, an denen das kritische Denken ansetzen kann. Die offene Nahtstelle ist also Absicht, denn es geht in der Montage nicht darum, „ein gegebenes Weltbild mit tausend Mosaiksteinchen zu belegen, bis es stimmt, sondern durch die frappierende Kombination des Unvereinbaren Neues, Unerwartetes aufscheinen zu lassen, das vorher und mit anderen Mitteln nicht vorstellbar war."[200] Auf diese Wirkung hin angelegt sind kleinere und größere Montage-Texte wie Ingeborg Bachmanns Gedicht „Reklame"[201], Alfred Anderschs Hörspiel „James Dean", das u. a. Texte von John Dos Passos, Robert Lowry, E. M. Cummings, Allen Ginsberg und Kenneth Patchen montiert[202], sowie – unter dem Einfluß von James Joyce' „Ulysses" – Alfred Döblins Roman „Berlin Alexanderplatz".[203]

Der im folgenden auszugsweise wiedergegebene Montage-Roman, der im Original 85 DIN-A-4 Seiten mit längeren montierten Sprachdokumenten (Zeitungsmeldungen, Werbetexten etc.), verarbeitetem „Sprachschrott" aus Western, Liebesromanen, Krimis und Hobbybüchern sowie Originaltexten ohne sprachliche Vorlagen enthält, wurde in einer Hochphase der Friedensbewegung verfaßt, als die internationale „Großwetterlage" eine neue Phase des kalten Krieges zwischen den Supermächten zu verheißen schien. Die auf diesem Hintergrund von der Verfassergruppe, einem Dutzend 18- bis 19jähriger, entfaltete Gewaltthematik wird von der internationalen, zwischenstaatlichen Ebene bis in privateste Erfahrungen hinein verfolgt.

Dagegengesetzt werden sprachliche Dokumente einer „heilen Welt", die vor den Anfang der 80er Jahre empfundenen Bedrohungen des Friedens die Augen verschließt. Der Roman trägt den Titel „Herbst" und collagiert zunächst einige Materialien um mehrere imaginierte Figuren herum (im folgenden: die „After-Eight-Lady" und den „Rentenanwärter") und führt diese Figuren dann in einer Reihe von sozialen Situationen zusammen.

Die After-Eight-Lady
(Susanne)

Von außen nach innen:

Dachabdeckung, Frankfurter Pfannen, dann Abdeckfolie, dann Rockwool-Matten, 10 Zentimeter dick, dann Isolier-Silberfolie, dann Fichtenbretter, Nut und Feder, naturbelassen, gegen Schädlinge imprägniert,

und dann Susanne, hinter Gläsern, am Tisch, stumm,

und dann Fichtenbretter, Silberfolie, Rockwool-Matten, Abdeckfolie, Frankfurter Pfannen. Was kann da passieren?

Es war in den Tagen, als Helmut Kohl, der Kanzler, immer noch im Sommerloch war, als die Coca-Cola-Aktien von 125 auf 133 stiegen, als die Gymnasien schon wieder am Bedarf vorbeiproduzierten, da saß Susanne, 19, gebremster Emanzentyp, schräg unter ihrer Locke und registrierte aufmerksam, wie aus dem kleinen Ritz in ihrem Arm, glatter Schnitt mit einem vergoldeten Messerchen, ein Tropfen Blut quoll.

Wiesbaden

Am Nachmittag des 3. August stürzte sich im Wiesbadener Landtag bei einem Empfang für die Kommandeure der in Hessen stationierten US-Streitkräfte der Landtagsabgeordnete der Grünen Frank Schwalba-Hoth auf den Kommandierenden General des V. US-Korps, Paul S. Williams, und bespritzte ihn aus einer Flasche mit Blut, das er sich abgezapft hatte: „Blood for the bloody army."

US-Admiral La Roque berichtet in der „Frankfurter Rundschau“ vom 29. April 1981:

„Die militärischen Planer der USA sind überzeugt, daß es früher oder später zum Krieg zwischen den USA und der UdSSR kommen wird – und dieser Krieg wird ein nuklearer sein. Die Amerikaner gehen davon aus, daß der dritte Weltkrieg ebenso wie der Erste und Zweite in Europa ausgefochten wird.“

Wir in Nordrhein-Westfalen

Herausgegeben vom Landespresse- und Informationsamt Nordrhein-Westfalen, Mannesmannufer 1a, 4000 Düsseldorf 1 · Copyright beim Herausgeber

Nordrhein-Westfalen ist ein Land mit 17 Millionen Einwohnern. Seine Guthaben sind: die zentrale geographische Lage in der Mitte Europas und der Bundesrepublik Deutschland, die Vielfalt seiner Kultur, die Leistungsfähigkeit seiner Wirtschaft, der Fleiß und die Offenheit seiner Bürger. Die Menschen hier bei uns sind stolz auf unser Land. Sie wollen hier leben, sie verstehen zu leben und sie lassen leben.

Johannes Rau
Ministerpräsident
des Landes Nordrhein-Westfalen
(Aus der Regierungserklärung
vom 4. Juni 1980)

Ein guter Mord, ein echter Mord, ein schöner Mord.
So schön, als man ihn nur verlangen tun kann.
Wir haben schon lange so keinen gehabt.

Der Rentenanwärter

Fotokopie der Gemeinde Schwalmtal

5

la persienne	Jalousie	davantage	mehr
roussir	rotgelb machen, versengen	l'apparence f	Erscheinung
		réclamer	beanspruchen
rayer	mit Streifen versehen	l'épreuve f	Probe, Prüfung
		moindre	minder
empailler	(Tiere) ausstopfen	détromper	e-s Besseren belehren
l'opération	Eingriff, Wirken		
le couloir	Flur, Gang	guetter	belauern
chuchoter	flüstern	l'espion m	Spion
la chuchoterie	Flüstern		
la pointe	Spitze	bondir	(auf)springen

traquer	treiben, umstellen, verfolgen	la calomnie	Verleumdung
l'hauteur f	Höhe	un molosse	Wachhund
vertigineux, se	schwindlig	la charogne	Tierleiche, Kadaver
la glu	Vogelleim	adorable	anbetungswürdig
l'oreiller	Kopfkissen	torturer	foltern
s'éveiller	er-, aufwachen	l'écureuil m	Eichhörnchen
la bestiole	kleines Tier	ravissant	entzückend
dévorer	verzehren, verschlingen	ahurir	verblüffen
débarrasser	auf-, ab-, weg räumen	s'avancer	vorrücken
le dégât	Verheerung, Schaden	rangée	Reihe
présumer	vermuten, annehmen	se précipiter	sich stürzen
céder	nachgeben	ressortir	wieder hinausgehen

Schule: Jalousien runterlassen, Köpfe ausstopfen, Gänge, bei Proben auf den Leim gehen, jeder Schüler sein eigener Wachhund, nach der 6. Stunde sich hinausstürzen.

Rentner soll Beerdigungskosten für amputiertes Bein zahlen

DINGOLFING (dpa) – Beerdigungskosten von 225 Mark soll ein Frührentner in Dingolfing für die „Beerdigung" seines amputiertes Beines zahlen, obwohl er lediglich 165 Mark Rente erhält. Dem zuckerkranken Mann war im Dingolfinger Krankenhaus das Bein amputiert worden. Nachdem die Verbrennungsanlage der Klinik noch nicht betriebsbereit ist – sie befindet sich im Bau – müssen in Dingolfing Körperteile bestattet werden. Der Stadtrat hatte eine entsprechende Gebührensatzung verabschiedet, nach der die Kosten in Höhe von 225 Mark berechnet werden mußten, erklärte die Stadtverwaltung. Das von dem Rentner beantragte Teil-Sterbegeld wurde von der Krankenkasse jedoch abgelehnt mit der Begründung, für Teile des Körpers könne Sterbegeld „leider nicht bezahlt werden".

La Boum – Die Fete

Der Dressman war reif.

Die „After Eight"-Lady war reif.

Wie gebannt lagen ihre Blicke auf seinen Hosengürteln.

Bisher war ihm noch nichts zu beweisen.

In ihren Atemzügen lag ein verhaltendes Vibrieren.

Seine Remington war scharf geladen.

Der Dressman machte ganz den Eindruck, als brauchte er ein Vollweib.

Als er die richtigen Griffe ansetzte, kippten die weichen Arme auf die weiche Haut.

Danach fiel er zwangsläufig auf sie.

Beide dachten nicht daran, aus ihrer Bewußtlosigkeit zu erwachen.

„Das war erst das Vorspiel, mein Lieber", sagte sie und biß ihn in sein Ohrläppchen.

Sie machten eine kurze Rast.

Dress.:	„Auf jeden Fall muß ich in diesen Film."
A-L:	„Soll er denn so gut sein?"
Dress.:	„Die Vorschau war gut."
A-L:	„Naja, die sind bei fast jedem Film gut."
Dress.:	„Ich will ihn aber sehen."
A-L:	„Wenn du gehst, nimmst du mich mit, o. k.?"

„After-Eight-ladyfish"

Merkmale:	Diese beliebte Art wird zuweilen auch als bunte After-Eight-Lady bezeichnet. Eine sehr farbenprächtige Art, die leider nicht lange treu ist. Das gilt im übrigen auch für ihre Verwandten. Die bedeutend unscheinbareren Weibchen besitzen nicht die lang ausgezogene Schwanzflosse der Männchen. Die lebhaften und verhältnismäßig verträglichen Angehörigen dieser Art bevorzugen die mittlern und unteren Beckenregionen.
Heimat:	Belgien
Pflege:	Für das Gesellschaftsbecken nur sehr bedingt geeignet. Man kann sie unter Umständen mit anderen ähnlich bewegungsfreundlichen Individuen vergesellschaften. Am besten pflegt man jedoch ein Männchen und ein oder

	mehrere Weibchen in einem kleinen abgedunkelten Raum.
Temperatur:	22–24 Grad
Ernährung:	After-Eight
Zucht:	Für den fortgeschrittenen Fetenbesucher nicht allzu schwierig.

Zur Abwechslung schälte er Mandarinen.

Auf dem Tisch befanden sich außerdem noch:

5 franz. Brote, 2 gr. Obstschalen, 4 Schüsseln mit den verschiedensten Salaten, 1 Platte mit kleinen, runden Frikadellen.

Die Gegenwart machte ihm schwer zu schaffen.

Die Brüstung war niedrig, so hatte er fast das Gleichgewicht verloren.

An diesem Abend war ihm reichlich viel zugemutet worden.

Zwei Stunden waren eine gute Zeit. Der Dressman hatte sein Bestes gegeben.

Inzwischen war es längst Mitternacht geworden und der Dressman trennte sich von dem nun nutzlos gewordenen Reittier . . . die Spuren des Mulis und des anderen Pferdes verliefen sich in Richtung Haustür.

A-L:	„So ein Blödmann, hab ich ihm gleich gesagt, und ihn stehen gelassen."
Manu:	„Das war echt cool."
A-L:	„Das war heute die beste Entscheidung, die ich getroffen habe."

Der Rentenanwärter hatte die erste Bulette zwischen den Zähnen, als der Tanzboden von Hufschlägen widerhallte. Er verharrte regungslos, wollte im ersten Moment nicht glauben, daß sich überhaupt noch jemand für ihn interessierte. Doch es war so. Ein Pferd hielt vor dem Rentenanwärter an. „Schön, daß Sie gekommen sind." Die frische Mädchenstimme bedankte sich.

Endlich fiel etwas Licht auf die Frau mit der frischen jungen Stimme. Sie war blond, trug einen knappen Lederanzug und brauchte keinen Mieder darunter. – Eine Bulette, zwei Buletten, ein Brötchen –– Das mußte ja schiefgehen, und prompt ging es schief. Es ging eigentlich deshalb schief, weil der Rentenanwärter völlig ins Abseits geraten war. Er mußte also mit einer völlig neuen Taktik kommen.

Der Walkman saß am Tresen und ließ sich mit Whisky vollaufen. Eine Tür schwang auf, und zwei laut gröhlende Betrunkene wankten Arm in Arm, das Lied „In jedem 7. Ei steckt ein kleiner Schlumpf" singend, aus der Hintertür. Der Walkman erkannte den Rentenanwärter mit der After-Eight-Lady. Sie versuchten vergeblich, sich aneinander festzuhalten, und stürzten beide in den Dreck, was ihnen Anlaß zu einem neuen Heiterkeitsausbruch bot. Lachend wälzten sie sich auf dem Boden.

Der Walkman zog sie vom Boden hoch und schleuderte den Rentenanwärter gegen die Wand.

Die Hufschläge auf dem Tanzboden verhallten, da die Pferde den Duft des Abenteuers gerochen hatten. Was sich jetzt ereignete, war ein gefundenes Futter für sie.

Marlboro: Der Duft von Freiheit und Abenteuer.

Macht und Ohnmacht

Dieses Verfahren regt dazu an, aus dem Blickwinkel eines Betroffenen heraus gesellschaftliche Probleme in den Blick zu nehmen. Es stößt in eine Lücke hinein, die im öffentlichen Diskurs der 80er Jahre immer größer geworden ist: die Lücke zwischen politischen Instanzen einerseits, die gesellschaftliche Problemverarbeitung für sich reklamieren, und Jugendlichen andererseits, die Politikern und den von ihnen beherrschten Institutionen die Fähigkeit zum Gespräch mit der jungen Generation immer mehr absprechen.

Mitte der 80er Jahre zeigten viele Jugendliche „für das vorfindliche Parteienspektrum gar keine Sympathie“[204]; sie meinten zu 71 %, die Bundesregierung – als Symbol für politische Institutionen genommen – „tue zu wenig für die Jugend“[205], insbesondere auch für die Sicherung zukünftiger Lebensgrundlagen. In den 80er Jahren erfuhren Jugendliche „in ihrer ‚impressiven Lebensphase‘ existentielle Krisen, Gewalt und Unrecht und Unfähigkeit der Politiker, diese Probleme zu lösen.“[206] Auf den „Legitimationsverlust des politischen Systems“[207] reagierten Teile der Politiker und politischen Institutionen mit dem – kaum gelungenen – Versuch, in einen „Dialog mit der Jugend“ einzutreten.[208] Der – angesichts des Ungelöstseins gesellschaftlicher Probleme – bei Jugendlichen weit verbreitete Zukunftspessimismus führte jedoch nicht zu einem generellen politischen Desinteresse: „Die Erfahrung des Versagens des professionell-politischen Systems und seiner Träger angesichts globaler Krisen fordert Reaktionen der ‚Selbsthilfe‘ heraus. Dabei mißt man sich trotz der angenommenen Reaktionsträgheit des politischen Systems relative Einflußchancen“[209] zu, insbesondere auf dem Weg über soziale Bewegungen und ihre Initiativen-Kultur.

Auf diesem Hintergrund sind die folgenden Fragen formuliert worden. Sie dienen als Anstoß für Texte, in denen junge Schreiber Alltagsmomente ihrer politischen Sozialisation in schriftlichem Nachdenken verarbeiten können. Als Textformen bieten sich dabei der erzählende Prosatext und – eventuell alternierend – der szenische Dialog an.

Gab es in letzter Zeit Momente für dich – auch scheinbare Nebensächlichkeiten sind hier wichtig –, in denen du etwas tun wolltest, in denen du dich dann aber als *ohnmächtig* erlebt hast?

Beschreibe eine Situation und die Kräfte, die deiner Meinung nach die Ohnmacht verschuldet haben, und deine Gefühle in diesem Moment.

Gab es in letzter Zeit Momente für dich, in denen du dich als *mächtig* erlebt hast, in denen du – deinem Willen und Gewissen folgend – etwas ausrichten, etwas „bewegen" konntest? Beschreibe einen Vorgang und deine Gefühle dabei.

Welchen „Leuten", welchen gesellschaftlichen Gruppen *mißtraust* du? Welche Mißtrauenserfahrungen hast du in letzter Zeit selbst gemacht?

Beschreibe möglichst genau Leute, die Mißtrauen erregen (Verhaltensweisen, Redensarten etc.). Beschreibe ihre Wirkung auf dich.

Welchen „Leuten", welchen Kräften in der Gesellschaft *traust* du? Beschreibe eine Person und ihr Verhalten. Beschreibe einen Vorgang, der bei dir Vertrauen geweckt hat.

Du denkst über diese Frage nach und schreibst dann (kurze) erzählende Texte und/oder szenische Dialoge.

Kurstagebuch

Eine Tagebuchform, in der es mehr um die Beobachtung naheliegender Außenwelten als um die Öffnung innerer Quellen geht, schlägt Ullrich Hecker vor: „Jeden Tag schreibt ein(e) andere(r) Schüler(in) einen Beitrag für das Klassentagebuch, das so zu einer recht umfangreichen Chronik des Klassenlebens wird – übrigens ganz aus Schülersicht. Die Beiträge werden täglich vorgelesen. Mindestumfang: ein Satz (was noch nie vorgekommen ist)!"[210]

Im Kurssystem der Sekundarstufe II verfügen die Schüler nicht mehr über die Erfahrungsintensität des Klassenverbandes. Die persönlichen Kontakte der Kursteilnehmer sind in der Regel lockerer; und von einem sozial ereignisreichen Kursleben kann – anders als in den Klassen der Sekundarstufe I – meist nicht mehr die Rede sein. Eine „Chronik des Kurslebens" verliert damit an Reiz. Dennoch gibt es in Kursen, die Schreiberfahrungen machen, einiges zu berichten, sofern man den Gegenstand des Tagebuches präzisiert, etwa so:

Ihr verfaßt einen Werkstattbericht über euer Schreiben. Abwechselnd übernimmt jeder die Dokumentation einer Stunde. So kommt ein Kurstagebuch zustande. Bei den Eintragungen soll es sich nicht um Verlaufs- oder Ergebnisprotokolle handeln. Protokollartig sollen die Notate überhaupt nicht sein.

Von Interesse sind vielmehr Reaktionen auf ein Schreibverfahren, das für euch neu war, auch Reaktionen auf Texte aus dem Kurs, die vorgestellt worden sind, außerdem Reflexionen darüber, was im einzelnen euren Schreibfluß in Gang setzt und was ihn hemmt. Welche Interessen am Schreiben haben sich neu entwickelt, und wie verändert sich eure Vorstellung von Literatur, wenn ihr eure Texte außerhalb der Schule zeigt? Wie reagieren diese Leser darauf? Was bringt euch das Schreiben persönlich, und was erwartet ihr für die nächsten Wochen und Monate?

Die Eintragungen werden jeweils zu Beginn einer Stunde vorgetragen.

Die Anregung kann kopiert und als Orientierung in das Kurstagebuch eingeklebt werden.

Orientierungen II: Pädagogische Handlungsmöglichkeiten

Zur Rolle des Pädagogen bei der Erkundung von Schreibverfahren

„Die vorherrschende Meinung ist die, daß man Kreativität dem Zufall überlassen muß und daß die hervorragende kreative Begabung eines Menschen trotz Vernachlässigung und Fehlbehandlung schon irgendwie gedeihen wird. Diese irreführende Idee hat das Denken sogar von Pädagogen trotz einer Fülle gegenteiliger Beweise beherrscht."

E. PAUL TORRANCE[211]

Bereits vor Jahrzehnten hat die amerikanische Kreativitätsforschung in einer Reihe von Labor- und Feldexperimenten viele Anhaltspunkte dafür zusammengetragen, „daß das Verhalten der Lehrer Unterschiede in den kreativen Funktionen" von Schülern bewirken kann.[212] Wie aber ist dies möglich?

In einer Praxis des dichterischen Schreibens, in der Jugendliche in freier Verfügung über Themen an der geistigen, emotionalen und sozialen Entwicklung ihrer Persönlichkeit arbeiten, in der ein hohes Maß an selbstbestimmter Reflexion und individueller sprachlicher Gestaltung (vgl. „Zum Sprachverhalten Jugendlicher", S. 28) gewährleistet sein soll, welche Aufgaben haben da noch Pädagogen?

Der Pädagoge sollte in der Praxis des kreativen Schreibens mit Jugendlichen seine Rolle gründlich überdenken. Das trifft besonders dann zu, wenn er in der Schule tätig ist. Dort ist er es gewohnt, seinen Unterricht von einem angestrebten, von allen Schülern gleichermaßen einzufordernden Endverhalten her zu entwerfen und auf diesen Endpunkt hin effizient zu planen.

> „Dieses zweckrationale Verfahren drängt den Lehrer gewöhnlich in ein *Initiativmonopol* und bestimmt alle Teilschritte des Lernprozesses der Schüler vorweg von dem beabsichtigten Endprodukt her. Im Vordergrund der pädagogischen Aktivität des Lehrers stehen *Vermittlung* und *Training*. Vermittelt werden Stoffe, Einsichten und Techniken, eventuell auch Sozialverhalten; dies alles wird dann trainiert, bevor die Lernzielkontrolle erfolgt."[213]

Dieses Handlungsmuster taugt in der Praxis des kreativen Schreibens nicht mehr. In der Schreibanimation geht es nicht darum, daß der

Pädagoge nach „mehr oder weniger intensivem Studium der Schülersituation stellvertretend Ziele und Wege" festlegt, „denen er Schülerinteresse zuschreibt".[214] Solches stellvertreterhafte pädagogische Planungshandeln ist unangemessen, wenn Jugendliche die Möglichkeit haben sollen, in einem kreativen Schreibprozeß ihr Subjekt selbsttätig zu entfalten. Der Pädagoge muß in der Schreibpraxis mit Jugendlichen also auf einige zentrale Aspekte seiner herkömmlichen Rolle verzichten: Steuerung von Themenwahl und -entfaltung (daran kann der jugendliche Schreibende zumindest maßgeblich beteiligt werden), Präsentation von Stoffen (die können Schüler meist selbst entdecken oder festlegen), Vermittlung von Faktenwissen (in der Schreibpraxis geht es eher um die Gestaltung) sowie Kanalisierung, Fixierung und Umwälzung von Einsichten (im Schreibprozeß sind unabgeschlossene Reflexionen produktiver).

In zwei Bereichen allerdings hat er sich verstärkt zu engagieren:

- bei der *Vermittlung von Verfahren* und in der
- Entwicklung *prozeßgerichteter Reflexionshilfen.*

Bei der Vermittlung von Verfahren geht es darum, daß der Pädagoge den Punkt abwartet, bis der jugendliche Schreiber oder die Gruppe von Schreibenden erste thematische Ideen entwickelt hat. Oft ist dies eine recht euphorische Phase. Liegt das Thema dann fest, ergibt sich allerdings sehr oft insofern ein toter Punkt, als die Schüler „ihren" Stoff nicht mit den ihnen bekannten – meist schulischen – *Verfahren des Schreibens* „entwerten" wollen. Diese Verfahren haben für sie zumeist keinerlei gestalterische Reize.

So wird oft der Sprung in *dichterische* Textmuster vorgeschlagen, die vom Deutschunterricht her bekannt sind. Freilich sind sie dort nur in den seltensten Fällen auf eigene Schreibtätigkeit hin reflektiert und erschlossen worden. Ohne Hilfe wird die Übernahme von Schreibverfahren, die reizvoll erscheinen, weil sie dem „eigenen" Thema und dem „eigenen" Stoff einen kreativen Entfaltungsrahmen bieten könnten, schließlich doch nicht gewagt. Hinzu kommt, daß Schüler oft nur noch vage Erinnerungen an solche Verfahren haben oder daß sie gerne eine breitere Palette von Verfahren zur Auswahl hätten.

Greift der Pädagoge an dieser Stelle kompetent ein, indem er Schreibgruppen oder einzelnen Schreibenden den praktischen Zugriff auf dichterische Verfahren eröffnet, dann kann er langanhaltende kreative Prozesse in Gang setzen helfen.

Die meisten Schreibverfahren, die in diesem Band vorgestellt werden, zielen auf den oben beschriebenen toten Punkt im Schreibprozeß, der die *Ausdrucksweise* einer schon gefundenen thematischen

Idee betrifft. Keineswegs sollten auch die thematischen Füllungen zusammen mit den Verfahrensideen Schülern zur eigenen praktischen Umsetzung präsentiert werden. Ihre Abneigung gegenüber Imitationen ist in der Schreibpraxis ohnehin ausgeprägt genug – zu Recht. Die Auswahl von Themen und die Arten ihrer Ausgestaltung sollten ganz in der Hand der Jugendlichen sein und bleiben, zumal sie sehr oft ohnehin die besseren Schreiber sind. Der Pädagoge mag zwar – bei der herkömmlichen Ausbildung von Deutschlehrern ist dies freilich auch nicht unbedingt gewährleistet – eine höhere Qualifikation haben, was methodisch-didaktisches Wissen im Bereich der Schreibanimation und literarisches Urteilsvermögen anbetrifft, aber beim Schreiben selbst sind Jugendliche dem Pädagogen oft an Ideenreichtum, Entfalten der Phantasie und Sprachkraft voraus.

Ein weiterer wichtiger Aktivitätsbereich des Pädagogen in der Praxis des kreativen Schreibens mit Jugendlichen sind *Reflexionshilfen*, die den Arbeitsprozeß, die Zusammenarbeit in Gruppen sowie die Entwicklung von Perspektiven für eine (halb)öffentliche Präsentation von Schreibprodukten betreffen. Wichtige Aspekte, um die es hier geht, werden in einigen gesonderten Kapiteln (vgl. „Zu Formen der Zusammenarbeit im Schreibprozeß", S. 169 und „Zur Herstellung einer Gesprächskultur", S. 160) ausführlich erörtert. Hier sollen nur noch ein spezifisches *gruppendynamisches* sowie ein geschlechtsspezifisches Problem von Schreibgruppen angesprochen werden.

Die Dynamik von gleichaltrigen Gruppen Jugendlicher ist der Entwicklung von Kreativität nicht ohne weiteres förderlich. In Schulen – auch in den meisten Gruppen der außerschulischen Jugendarbeit – finden sich ja Jugendliche zusammen, die meist denselben Jahrgängen angehören. Solche Arbeitsgruppen sind jedoch einem *besonderen Konformitätsdruck* ausgesetzt, wie die Jugendforschung nachgewiesen hat. Bereits vor einigen Jahrzehnten gab es in den Vereinigten Staaten Untersuchungen, die diesen blockierenden Kohortendruck gerade auch im Hinblick auf die Schreibpraxis Jugendlicher nachgewiesen haben. E. Paul Torrance schreibt:

> „Die Vereinigten Staaten sind [. . .] als eine Kultur charakterisiert worden, in der Kinder und Jugendliche stärker an der Einschätzung durch ihre Altersgenossen interessiert sind als an der durch Eltern, Lehrer und andere Autoritäten. Beweise für den hemmenden Einfluß solchen Konformitätsdrucks von seiten der Altersgruppe kommen zum Vorschein, wenn wir soziometrische Untersuchungen, Studien über kreatives Schreiben und ähnliches durchführen. [. . .] originelle Ideen sind gewöhnlich Zielscheiben für die Konformismus erzwingenden Pressionen der Altersgenossen."[215]

Torrance führt solche Untersuchungsergebnisse insbesondere für jüngere Schüler an; aber im Hinblick auf die deutsche Jugendszene haben die Jugendforscher gerade auch für ältere Jugendliche eine deutliche Zunahme der Orientierung an Gleichaltrigengruppen und damit auch eine Steigerung des kohortenspezifischen Konformitätsdrucks registriert. Klaus Allerbeck und Wendy Hoag stellten 1985 in einer vielzitierten Jugendstudie fest, die Mitgliedschaft Jugendlicher in locker gefügten informellen Gruppen, in peer-groups, habe zwischen 1962 und 1983 „enorm zugenommen: von 16,2 % auf 56,9 %, also um über 40 %."[216]

Damit wurde die US-amerikanische Entwicklung, über deren Konsequenzen Torrance berichtet, nachvollzogen. Das „eigene soziale Netzwerk der Jugendlichen", so die Jugendforscher, „ist dichter geworden",[217] gefördert durch eine gesellschaftlich immer mehr durchgesetzte Trennung von Altersstufen (Alterssegregation) und den Verlust an Orientierungskraft, den andere Sozialisationsfelder wie Familie und Schule erlitten haben. „Die Funktion der Peerbeziehungen besteht darin, das Verhalten des Jugendlichen in einer unstabilen Phase seines Lebens zu festigen durch die Erlebnis- und Erfahrungs-Solidarität mit Gleichaltrigen."[218] Aus ihrer Cliquenkultur heraus beziehen Jugendliche ein Gemeinschaftsgefühl, das aber zugleich bedeutet, „potentiell heikle Themen zu vermeiden".[219] Zugleich ist die jugendliche Kultur der Gleichaltrigengruppen stark am Konsumsektor orientiert, was Individuationen eher erschwert als fördert: „Bei genauerem Hinsehen erweisen sich die Handlungsspielräume [. . .] in diesem Sektor als stark normiert und folgen vorprogrammierten Markt- und Modetrends. Es ist wohl auch nicht untypisch, daß sich Gleichaltrigengruppen mit einer teilweise sehr rigiden Gruppenkultur um diesen Sektor (den Konsumsektor; G. B.) herum kristallisieren."[220]

Diese jugendkulturell-kohortenmäßig bedingten Reflexions- und Entfaltungshemmungen schlagen besonders dann durch, wenn Jugendliche in Gruppen oder gar im Plenum eines schulischen Kurses über die von ihnen geschriebenen Texte sprechen wollen. Gerade in solchen Situationen der gruppeninternen „Veröffentlichung" sind Jugendliche in besonderer Weise auf den Pädagogen angewiesen. Hier wird in der Regel ein besonderes Interesse am Pädagogen als einem *Nicht-Jugendlichen* deutlich, als einem älteren Gesprächspartner ohne Kohortenerwartungsdruck, als einem Gesprächsleiter, der Spielräume für gewagte, riskant-ausgefallene Ideen offenhält, der Variantenreichtum und ausufernde Vielfalt anstelle von generalisierenden und engführenden Geschmacksurteilen akzeptiert, der also auf diese Weise als Gegengewicht gegen Konformitätsdruck wirkt.

Wichtig ist dieser verhaltensöffnende Eingriff des Pädagogen in die Schreibpraxis des Jugendlichen auch zu Beginn des Schreibprozesses. Zu diesem Zeitpunkt liegen die hinderlichen Blockaden in der Regel nicht so sehr in der sozialen Konstellation der Gruppe Schreibender, sondern in jedem einzelnen selbst. „Mir fällt nichts ein", ist die Standardformulierung vieler Schüler in dieser Phase. Die Feststellung ist zugleich richtig und falsch. Falsch ist sie insofern, als jedem Schüler, der sich auf eine Schreibpraxis einstellt, natürlich vielerlei Dinge durch den Kopf gehen. Das Selbst und die Umwelt sind zwei reichlich sprudelnde Quellen für Einfälle. Andererseits ist die Feststellung aber auch richtig insofern, als viele – vielleicht fast alle – dieser Einfälle nicht als solche definiert werden können, weil sie von der inneren Selbstkontrolle nicht bis zum Stadium der literarischen Initialzündung durchgelassen werden. So erweist sich vermeintliche Einfallslosigkeit oft als – im schreibenden Metier – unangebrachte Selbstkontrolle. Friedrich Schiller hat diese Kreativitätsblockade 1788 in einem Briefwechsel mit seinem Freund Gottfried Körner, der sich über Einfallslosigkeit beklagt hatte, in einleuchtender Weise erklärt und Wege zu ihrer Überwindung aufgezeigt. Er schreibt:

> „[. . .] Der Grund Deiner Klagen liegt, wie mir scheint, in dem Zwang, den Dein Verstand Deiner Imagination auflegte. Ich muß hier einen Gedanken hinwerfen und ihn durch ein Gleichniß versinnlichen. Es scheint nicht gut und dem Schöpfungswerke der Seele nachtheilig zu sein, wenn der Verstand die zuströmenden Ideen, gleichsam an den Thoren schon zu scharf mustert. Eine Idee kann, isolirt betrachtet, sehr unbeträchtlich und sehr abenteuerlich sein, aber vielleicht wird sie durch eine, die nach ihr kommt, wichtig: vielleicht kann sie in einer gewissen Verbindung mit anderen, die vielleicht ebenso abgeschmackt scheinen, ein sehr zweckmäßiges Glied abgeben: – alles dies kann der Verstand nicht beurtheilen, wenn er sie nicht so lange festhält, bis er sie in Verbindung mit diesen anderen angeschaut hat. Bei einem schöpferischen Kopfe hingegen, däucht mir, hat der Verstand seine Wache vor den Thoren zurückgezogen, die Ideen stürzen pêle-mêle herein, und alsdann erst übersieht und mustert er den großen Haufen. – Ihr Herren Kritiker, und wie Ihr Euch sonst nennt, schämt oder fürchtet Euch vor dem augenblicklichen, vorübergehenden Wahnwitze, der sich bei allen eigenen Schöpfern findet, und dessen längere oder kürzere Dauer den denkenden Künstler von dem Träumer unterscheidet. Daher Eure Klagen über Unfruchtbarkeit, weil Ihr zu früh verwerft und zu strenge sondert. [. . .][221]

Es ist sinnvoll, über diesen Text zu Beginn der Schreibpraxis gemeinsam mit Jugendlichen gründlich nachzudenken und ihn zum Anlaß zu nehmen, über das Verhältnis von Verstand und Phantasie zu reflektieren. Der Pädagoge spielt dabei eine wichtige Rolle, da er

- das kreativitätshemmende Absicherungsbedürfnis des schulisch sozialisierten Jugendlichen,
- aus dem Kohortendruck sich ergebende Denk- und Äußerungsblockaden und
- die in kreativen Prozessen hinderliche Dominanz verstandesmäßiger Selbstkontrolle zum Thema machen, ins Bewußtsein heben und damit deren Wirksamkeit eindämmen helfen kann. Es geht darum, gleich zu Beginn der Schreibtätigkeit Jugendlicher ein Gegengewicht gegen kreativitätsfeindliche Verhaltenseinengungen zu schaffen.

Diese Funktion des Gegengewichts ist in besonderer Weise auch im Hinblick auf die geschlechtsspezifische Sozialisation Jugendlicher gefordert, die den Spielraum für die Schreibpraxis – trotz eines tendenziellen Abbaus von Geschlechtsrollenstereotypen – wohl immer noch einengt. Torrance schreibt dazu:

> „Jungen und Mädchen leiden auf verschiedene Weise in ihrer kreativen Entwicklung darunter, daß die Gesellschaft die Unterschiede in Geschlechterrollen so unangebracht betont. Der Zwang, der sich aus dieser falschen Akzentsetzung ergibt, tabuisiert unnötigerweise weite Experimentierfelder. Seiner besonderen Natur nach erfordert kreatives Verhalten sowohl Sensitivität als auch Unabhängigkeit des Denkens. In den Vereinigten Staaten (und sicher nicht nur dort; G. B.) gelten Sensitivität und Empfänglichkeit als weibliche Tugenden, während Unabhängigkeit des Denkens eine männliche ist. Wiederum kann hier die Schule viel tun, um die Tyrannei dieser falschen Akzentuierung zu vermeiden."[222]

In der Praxis des dichterischen Schreibens mit Jugendlichen ist eine solche Erweiterung von Verhaltensspielräumen durch Auflockerung geschlechtsrollenbedingter Blockaden unabdingbar, um zu vermeiden, daß männliche Jugendliche sich auf eher intellektuell gefärbte, distanzierte (zum Beispiel ironische oder satirische, auch politischthesenhafte), weibliche Jugendliche dagegen sich auf emotional entfaltende, an sensibler Unmittelbarkeit orientierte, auf Phantasie zielende Projekte konzentrieren, ohne die jeweils anderen Dimensionen angemessen zu erkunden.

Daß die Schreibpraxis geschlechtsrollenspezifische Verengungen des Verhaltensrepertoirs auflösen helfen kann, das hat die neuere Schreibforschung inzwischen nachgewiesen. So kommt Jürgen Zinnecker aufgrund umfangreicher empirischer Untersuchungen zu kulturellen Tätigkeiten Jugendlicher zu dem Ergebnis: „Jugendliche mit Schreibpraxis haben Elemente der gegengeschlechtlichen Identität in ihre Persönlichkeit integriert. Bei Jungen ist diese Tendenz deutlicher ausgeprägt als bei Mädchen. Je intensiver die Schreibpraxis bei Jungen, um so deutlicher zeigt sich Offenheit für gewisse Aspekte von Weiblichkeit."[223] Zinnecker dokumentiert die Tatsache, daß durch die Schreibpraxis – gegen gesellschaftlich bedingte Einengungen – Verhaltensspielräume neu erschlossen werden, zum Beispiel für Jugendliche, die ein Tagebuch schreiben. Er erklärt dazu:

> „Tagebuchschreibende gehören nicht unbedingt zu denen, denen man eine ‚typisch weibliche' oder eine ‚typisch männliche' Identität bescheinigen möchte. Die Jungen und jungen Männer unter ihnen halten eher Abstand zum männlichen ‚Normalcharakter'. Statt dessen finden wir eine Vielzahl weiblicher Spurenelemente in ihren Orientierungen, Interessen, Handlungsmustern. Ein gleiches läßt sich auf der Gegenseite von Mädchen und jungen Frauen, die Tagebücher schreiben, konstatieren. Sie zeigen eine gewisse Öffnung ihrer Persönlichkeit in Richtung von Eigenschafts- und Handlungsmerkmalen, die gesellschaftlich eher als ‚männlich' typisiert sind."[224]

Diesen in der neueren Schreibforschung festgestellten Trend zur Öffnung und Erweiterung persönlicher Verhaltensspielräume zu verstärken, kann ein Ziel des Schreibens mit Jugendlichen sein.

Zur Herstellung einer Gesprächskultur in der Schreibpraxis

„Man schreibt doch wirklich nicht ausschließlich zur Klärung der Frage, ob man der neue Shakespeare ist!"

BERTOLT BRECHT[225]

Begeben sich Jugendliche im schulischen Unterricht oder in der außerschulischen kulturellen Jugendbildung in einen kreativen Schreibprozeß, so sind die Ergebnisse dieser Praxis, das verfaßte Gedicht, der geschriebene Prosatext oder der szenische Entwurf, in der Regel mit einer Reihe von Tabus belastet. Eine ungezwungene Präsentation ihrer Texte fällt Jugendlichen deshalb schwer.

Das zentrale Tabu ergibt sich aus dem – wenn auch nur ansatzweisen, meist kaum geäußerten – dichterischen Anspruch, den der Schüler oder die Schülerin mit dem eigenen Text verbindet. Das Besondere des praktizierten Schreibverfahrens verleitet dazu, den eigenen Text mit einem Großteil jener ehrfurchtgebietenden Aura zu befrachten, der dichterischen Texten immer noch anhaftet. Da der Jugendliche sich über die tatsächliche Qualität seiner „Dichtung" selbst selten im klaren ist, führt das Gemisch aus Verunsicherung und hehrem Anspruch nicht selten dazu, daß er die Ergebnisse seiner Arbeit für sich behalten möchte und sich gegen eine Präsentation in einer – noch so kleinen – Öffentlichkeit sperrt, zumal solche Öffentlichkeiten zu einer unterstützend-aufbauenden Reaktion meist nicht fähig sind. Das zeigt sich zum Beispiel in dem folgenden Erfahrungsbericht über den Umgang mit ersten selbstreflexiven Schreibversuchen in einer Cliquen-Öffentlichkeit:

> „Mir ist [. . .] was Peinliches passiert, damals. Es war auf der Oberschule, kurz vor dem Abitur. Da hat ein Klassenkamerad mein Tagebuch rausgefischt aus meiner Aktentasche. Und hat in der Pause Sachen daraus vorgelesen. Das war offenbar sehr komisch: Für die anderen. Mir wars peinlich, sehr peinlich. Ich fand das roh [. . .] die Peinlichkeit und das Gelächter hingen damit zusammen, daß es schlecht geschrieben war, damit, daß ich eben kein Schriftsteller bin. Wäre ich einer, dann hätten die das auch gut gefunden, was da stand. Genaugenommen, war mit diesem Tag meine ‚Karriere' als Schriftsteller zu Ende."[226]

Ein zweites Tabu, das in der Schreibpraxis mit Jugendlichen durchschlägt, ist auf institutionelle Rahmenzwänge der Schule zurückzuführen. Schüler sind es gewohnt, sie haben es in ihrer schulischen

Karriere „gelernt“, gerade heikle Leistungen, wie literarische Versuche sie nun einmal darstellen, den schulöffentlichen Bewertungsprozeduren zu entziehen. Sie scheuen sich daher, ihre literarischen Versuche in Gruppen mittlerer Größe oder in Kursgruppen einem „Test“ auszusetzen. Meist noch größer ist die Scheu der mit literarischen Versuchen eines Mitschülers konfrontierten Jugendlichen, in ein erörterndes Gespräch über die vorgetragenen Texte einzutreten. Besonders in den Anfängen solcher Arbeitsprozesse gibt es eine Tendenz, die Versuche anderer dadurch „schützen“ zu wollen, daß man kein einziges Wort über sie verliert. In der Erwartung, in nächster Zeit selbst ebenfalls in die prekäre Situation des Vortragenden zu geraten, unterlassen viele Jugendliche zunächst bewertende, insbesondere kritische Kommentare. Das Ziel der literarischen Schreibpraxis in Gruppen, an der Ausbildung eines ästhetischen Urteilsvermögens mitzuwirken, ist daher nicht ohne weiteres zu realisieren.

Ein drittes Problem ergibt sich daraus, daß die von Jugendlichen verfaßten Texte – ihrem Interesse an Selbstausdruck gemäß – oft eine sehr persönlich gefärbte Thematik und Sprache aufweisen, die sie von den anderen im Schulalltag üblichen Textsorten deutlich abheben. Diese sind meist sachbezogen, distanziert, an der Identität des einzelnen Jugendlichen uninteressiert[227], ja unter dem Stichwort „adressatengerecht“ auf Ausklammerung eigener persönlicher Färbungen aus. Die mit dichterischen Verfahren hergestellten Texte der Jugendlichen sind dagegen oft am Ausdruck des eigenen Subjekts interessiert, sie lassen Unmittelbarkeit zu, sind auf sinnlich vorstellbare Details aus, verarbeiten Reaktionen auf persönliche Erlebnisse, die möglichst synthetisch-umfassend gespiegelt werden sollen.

Schüler und Schülerinnen sind es kaum gewohnt, sie haben es oft in der Schule nicht „gelernt“, mit dieser Art von Texten angemessen umzugehen. Tragen Schüler selbstverfaßte „dichterische“ Texte vor, so kommt es deshalb zu vielerlei Unbeholfenheiten, aus denen sich die Zuhörenden und anschließend zur Stellungnahme Aufgeforderten oft in Schweigen zurückziehen.

Es ist eine der Hauptaufgaben des Pädagogen, mit Jugendlichen an den kommunikationshemmenden Tabus und Problemen zu arbeiten und möglichst bald nach dem Beginn von Schreibprozessen für eine Gesprächskultur zu sorgen, die den Schreibenden mit seinen fertigen Produkten nicht allein läßt, sondern ihm eine verstehende Resonanz der Gleichaltrigen verschafft. Dabei sollten Äußerungen der Überraschung und Begeisterung ebenso möglich sein wie solche des Befremdens und der Kritik. Auf jeden Fall sollte sichergestellt sein, daß jeder, der einen Text vorträgt, sich mit diesem ernstgenommen fühlen kann.

Der Pädagoge kann den kollektiven Arbeitsprozeß der Jugendlichen von vornherein so steuern, daß die Gesprächshemmungen in der Präsentationsphase deutlich reduziert werden. Dazu ist es hilfreich, den dichterischen Verfahren, in die sich die Schüler hineinbegeben, die magische Aura möglichst weitgehend zu nehmen. Das kann so geschehen, daß der Pädagoge entsprechende Formulierungen einsetzt, daß er das dichterische Schreiben zum Beispiel deutlich als eine „Werkstatt für Sprache“ deklariert, in der jeder – zumindest die einführenden – Operationen wie ein Handwerk lernen kann.

Literarische Gewährsmänner, die eine solche „enthemmende“, die lähmende Ehrfurcht vertreibende Sichtweise vertreten, gibt es inzwischen genug. Erinnert sei an den bereits zitierten Helmut Heißenbüttel (Vgl. S. 142) oder an Bertolt Brecht, der von „Werkstätten“ der Lyriker spricht[228] und erklärt: „Der Laie vergißt, wenn er Gedichte für unnahbar hält, daß der Lyriker zwar mit ihm jene leichten Stimmungen, die er haben kann, teilen mag, daß aber ihre Formulierung in einem Gedicht ein Arbeitsvorgang ist [. . .]“.[229] Auch Bezeichnungen wie die von Mallarmé, der sich beim Dichten in einem „Laboratorium“[230] sieht, bieten sich hier an. Hilfreich vielleicht auch Paul Valérys Charakterisierung des Dichters der Moderne: „Er ist nicht mehr der zerzauste Schwärmer, jener, der ein ganzes Gedicht in einer Fiebernacht schreibt, er ist ein kühler Wissenschaftler [. . .]“.[231] Gottfried Benn sieht den Dichter ebenfalls in einer Werkstatt: „Hier modelliert, fabriziert er Worte, öffnet sie, sprengt, zertrümmert sie, um sie mit Spannung zu laden [. . .]“.[232] Das Werkstattmäßige, sprachtechnisch Hergestellte an Gedichten will Benn keineswegs verschleiern, im Gegenteil: „Diese Technik selbst ist das Problem, und man soll sie ruhig bemerken.“[233]

Schließlich sei noch Edgar Allen Poe zitiert, der in seiner „Philosophy of Composition“ engagiert die Meinung vertritt, das dichterische Schreiben finde keineswegs – wie vielfach vermutet – hauptsächlich in einer Art begnadetem Rausch statt. Er kritisiert: „Die meisten Autoren, insbesondere die Dichter, gefallen sich darin, die Leute glauben zu machen, sie schüfen ihre Werke in einer Art von schönem Wahnsinn, einer Art von selbstentrückter Eingebung [. . .]“. Über die Herstellung seines berühmtesten Gedichtes, „The Raven“, schreibt Poe provokativ: „Meine Absicht geht dahin, zu zeigen, daß sich keine einzige Stelle dieses Gedichts dem Zufall oder der Inspiration verdankt, daß es vielmehr, Vers für Vers, mit derselben Genauigkeit und Logik aufgebaut ist wie die einzelnen Sätze eines mathematischen Beweises."[234]

Wird den Schülern das dichterische Schreiben zunächst als ein Handwerk nahegebracht, dessen Material die Sprache und ihre – umzugestaltenden – Fixierungen sind, dann ist die Meßlatte nachher, bei der Präsentation eigener Texte, nicht mehr so hochgelegt.

Ab und zu ist es auch hilfreich, *vor* der Besprechung von Texten, die in der Schreibgruppe selbst entstanden sind, Texte anderer Schülerautoren in ein Gespräch einzubringen. Da sie nicht durch „die Aura des gültigen Kunstwerks der spontanen Stellungnahme entrückt"[235] sind und da sie „dem Verständnishorizont und den Empfindungen"[236] der Schreibgruppe selbst nahestehen, wächst die Bereitschaft, über Texte von Gleichaltrigen zu sprechen.

Der Pädagoge sollte darauf achten, daß Jugendliche zunächst nicht durch die *Größe* literarischer Öffentlichkeiten überfordert werden. Es empfiehlt sich, den Schreibenden zunächst mit *wenigen* Schülern zu einem Austausch über seinen Textentwurf zusammenzubringen. Daraus ergeben sich womöglich Erweiterungen, Umarbeitungen und Präzisierungen des Textes. Dieser kann dann später der gesamten Arbeitsgruppe vorgestellt und zum Gesprächsanlaß gemacht werden. Bereits erheblich weiter reichend wäre dann eine schulöffentliche Publikation oder gar eine Veröffentlichung in Jugendzeitschriften.

Diese Publikationsschritte setzen eine Reihe von Vorstufen gelungenen Austausches über die geschriebenen Texte voraus. Es ist besser, wenn die schreibenden Jugendlichen mit ihren Texten zunächst nicht in Situationen gebracht werden, in denen sie sich als *Einzelpersonen* einer zuhörenden und reagierenden Gruppe ausgesetzt sehen. Günstiger sind Austauschformen, bei denen viele – vielleicht sogar alle – Mitglieder einer Schreibgruppe Vorstellende sind; der Einzelne ist dabei nicht zu sehr exponiert. Dies ist etwa beim Kursieren von Texten möglich. Ingeborg Meckling schreibt dazu: „Entlastend wirkt, wenn in einer kleinen Gruppe jeder seinen Text kursieren läßt, so daß währenddessen jeder zugleich Autor und Leser ist. Der Leser notiert unter dem Text, der ihm von links oder rechts zugeschoben wurde, einen Satz, der an einer bestimmten Stelle ergänzt werden könnte, oder macht Vorschläge zur Umformulierung eines Satzes oder richtet Fragen an den Verfasser. Anhand der Leserbemerkungen ergeben sich zwischen einzelnen Schülern nach dem Umlauf der Texte von allein Gespräche."[237] Dabei kommt ohne inszenatorische Anstrengungen des Pädagogen auf natürliche Weise eine Arbeitsstimmung auf.

Eine weitere Möglichkeit der *Entspannung* erster Textpräsentationen ist der Echo-Text.[238] Neu entstandene Texte werden in gemeinsamen Beratungsstunden verlesen. Die Zuhörer sollen nichts sagen, das Vorgelesene ruhig bedenken und Eindrücke schriftlich formulieren. Dabei können für einzelne Sätze, Bilder, Handlungsschritte etc. Verbesserungen und Erweiterungen notiert werden. Die Notate der Zuhörer werden dem entsprechenden Autor am Ende übergeben. Dieser liest sie später in Ruhe durch und läßt sie eventuell in eine Umarbeitung oder Ergänzung seines Textes einfließen. In einer zweiten Runde werden die Texte erneut verlesen, diesmal jedoch stellt der Autor Fragen zu seinem Text, die aus seiner Schreibperspektive formuliert sind. „Manchmal wissen die Leser gar nicht, was den Autor im Hinblick auf die Wirkung seines Textes besonders interessiert. So ist es günstig, wenn er [. . .] selbst die Initiative ergreift und nachforscht, um nicht vergebens auf Auskunft zu warten und sich statt dessen mit Anmerkungen herumzuplagen, für die er im Moment kein Ohr hat, eben weil ihn ganz andere Dinge beschäftigen."[239]

Im sensiblen Bereich des kreativen Schreibens ist eine *offene Teilnahme des Pädagogen* am Schreiben und am Präsentieren von Geschriebenem von besonderer Bedeutung. In Gruppengesprächen über Schreibprojekte der Schüler sollte der Pädagoge mit Vorschlägen für Erweiterungen, Präzisierungen und Umarbeitungen präsent sein. Darüber hinaus ist es sinnvoll, in Präsentationsphasen, in denen Jugendliche ihre Produkte vorstellen, auch eigene Texte einzubringen und dem Beratungsprozeß auszusetzen. Dadurch ergibt sich in der Regel ein entkrampfender und dynamisierender Effekt. „Dadurch, daß ich meine eigenen Texte vortrug, konnte ich stets auch bei den Schülern Hemmungen abbauen."[240]

Wichtig ist die *Kontinuität* solcher Momente des Vorstellens und Nachdenkens. Sie bewirkt nicht nur eine Qualifizierung von Schreibprodukten und einen Abbau von Veröffentlichungsängsten, sondern auch eine entkrampftere Inangriffnahme neuer Schreibvorhaben: „Die regelmäßig [. . .] betriebene Reflexion über die Arbeit hat ihre Auswirkungen auf die Arbeitshaltung selbst. Schreiben wird stärker als die Erkundung und Erprobung schriftlicher Äußerung begriffen und als Übung eigener Möglichkeiten. Wachsendes Zutrauen in die eigenen Ausdrucksmöglichkeiten, zugleich aber auch wachere Selbstkritik sind die Folgen. Das zunächst oft demonstrativ subjektive Schreiben (mit einem energisch-unflexiblen Verteidigen jedes einmal zu Papier gebrachten Wortes; G. B.) wird überwunden zugunsten einer bewußteren ‚Textherstellung'."[241]

Ein Problem, das zumindest im Rahmen der Schule letztlich nicht lösbar ist, stellt der Zwang zur *intersubjektiv vergleichenden Bewertung* von Texten Jugendlicher dar. Mancher Schüler hat den schulischen Zwang zur Notengebung schon soweit internalisiert, daß jedes Gespräch über dichterische Texte der Mitschüler deutlich belastet wird. Dabei sind insbesondere diejenigen Schülertexte, die auf Selbstausdruck, auf das Besondere des Subjekts, auf sein persönliches Entwicklungsprojekt[242] orientiert sind, mit intersubjektiv standardisierenden Maßstäben kaum angemessen zu „bewerten". Das zentrale Beurteilungskriterium ist hier, ob und wie ein Text das Projekt der Entwicklung der eigenen Persönlichkeit, so wie der schreibende Jugendliche es selbst versteht, voranbringen kann. Dies ist aber in großen Gruppen nur schwer thematisierbar.

Das Gespräch über geschriebene Texte sollte daher Gesamturteile aussparen; es sollte – an einzelne thematische Aspekte oder auch an interessante Formulierungen anknüpfend – die Aussageabsichten des Textes ergründen, Ideen zur weiteren Entfaltung des Schreibprojekts eines Schülers zutage fördern und vielleicht kritische Hinweise auf Textstellen erbringen, die im Gesamtzusammenhang des Textes zu „blaß", zu wenig aussagekräftig geblieben sind. Der Jugendliche kann das Gespräch so als Anregung zur Fortsetzung seines persönlichen Entwicklungsprojekts empfinden. Gelingt dies, so bringen Schüler – und auch der Lehrer (!) – ihr „persönliches Entwicklungsprojekt in den Unterricht ein": gemeinsam treten sie „in einen Prozeß existentieller Animation" ein.[243] Der Pädagoge, sofern er als Lehrer zur Notengebung gezwungen ist, sollte alle Spielräume nutzen, um den Entwicklungsschritten der Schüler jeweils *individuell* gerecht zu werden und die Textversuche nicht regelmäßig über den generalisierenden Leisten der sechsstufigen Notenskala zu schlagen.

Freilich sollte auf wertende Reflexionen nicht verzichtet werden. In Gruppen junger Schreiber ist dies ja immer wieder versucht worden, wobei sich – über die Jahrhunderte – in unterschiedlicher Weise produktive Formen der Textvorstellung und -bewertung ergeben haben. Gundel Mattenklott hat einige solcher Traditionen in ihrem Band „Literarische Geselligkeit"[244] aufgearbeitet. Hervorgehoben sei die literarische Kultur der Frühromantiker. Sie entwerfen in faszinierender Weise eine Geselligkeit von Schreibenden, „in der Individuum und Kollektiv, Kunst und Leben, Männer und Frauen als die großen Antagonismen innerhalb der bürgerlichen Gesellschaft nicht nur zu einem Gleichgewicht der Kräfte geführt werden, sondern zum produktiven, einander wechselseitig befruchtenden Miteinander."[245] Das Anregungspotential solcher Formen der literarischen Geselligkeit für den schulischen Unterricht reflektiert Mattenklott freilich kaum. Nicht aufgearbeitet werden auch die Formen einer dichterischen Reflexions- und Produktionskultur, wie sie sich im Biedermeier oder in den fünfziger Jahren in der „Gruppe 47" herausgebildet haben.[246]

Diesen speziellen Erfahrungsschatz zu heben, würde den Rahmen dieses Buches sprengen. Im folgenden sollen nur einige Merkmale von historischen Formen der literarischen Geselligkeit kurz genannt werden, die für die Praxis des kreativen Schreibens mit Jugendlichen bedeutsam erscheinen:

- Der Kreis junger Autoren, der sich in der Frühromantik in Jena im Haus von August Wilhelm und Caroline Schlegel versammelte (Friedrich Schlegel, Dorothea Veit, Ludwig und Amalie Tieck, Friedrich Wilhelm von Schelling, Novalis), setzte eine „Welle des *Experimentierens mit den verschiedensten poetischen Formen*" in Gang, „die jeden, selbst solch ungelenke Dichter wie Schelling und Friedrich Schlegel, erfaßte".[247] Hervorgehoben sei die ansteckende Wirkung eines *entkrampft-spielerischen Erprobens* von dichterischen Verfahren im *Kreis Gleichaltriger*.
- Die literarische Geselligkeit der Spätromantiker und des Biedermeier hat die *Grenzen zwischen „hoher Literatur" und alltäglichem literarischem Experiment verwischt.* Gundel Mattenklott bezeichnet das Biedermeier daher – was die literarische Praxis anbetrifft – als „eine Blütezeit des Dilettantismus"[248], zu dem man durchaus stand. In den Salons der Zeit wurde unentwegt in Reim- oder Prosaform geschrieben:

> „[. . .] man darf [. . .] sagen, daß jede größere oder kleinere Gesellschaft, die zusammenkam, einen literarischen Klub bildete. Die Grenzen zwischen Ernst und Dilettantismus in diesem Treiben sind schwer zu erkennen, denn sie verwischen sich völlig. Versemachen war eine ganz gewöhnliche gesellige Unterhaltung, bei Bettine, schreibt Geibel einmal an seine Mutter, saß alles um den Tisch und machte reihum Verse, aus Weimar berichtet Jenny von Pappenheim, daß Gesellschaftsspiele, wobei in möglichster Geschwindigkeit hübsche Reime gemacht werden mußten, an der Tagesordnung waren [. . .]. Der Kreis, in dem Karl Hase als junger Mann in Leipzig verkehrt, schrieb einen Roman, bei dem jeder es sich angelegen sein ließ, dem anderen die Fortsetzung so schwer wie möglich zu machen. So verfaßten Caroline von Fouqué und Herzog Karl von Mecklenburg einen Roman in Briefen, sie übernahm die Briefe des Herrn, er die der Dame."[249]

- Bei ihren Zusammenkünften haben Gruppen junger Autoren wie die „Gruppe 47" sich aus ihren *noch nicht veröffentlichten Manuskripten* wechselseitig vorgelesen, um diese einem *kollegialen Urteil* auszusetzen. Das Gruppengespräch diente als kritischer Filter, bevor die Texte an eine breitere Öffentlichkeit gegeben wurden. In der „Gruppe 47" galten dabei folgende Regeln: „Wer liest, hat sich vor die Gruppe auf den sogenannten ‚elektrischen Stuhl' zu begeben und nach einer durchschnittlichen Lesezeit von etwa einer halben Stunde die anschließende Kritik wortlos über sich ergehen zu lassen. Die Kritiker ihrerseits, meist schonungslos offen, haben sich streng auf den gelesenen Text zu konzentrieren [. . .]".[250] Dichtung wird dabei entmystifiziert, von Handwerkern des Schreibens auf ihre Machart und handwerkliche Könnerschaft hin geprüft. Die Bedeutung des Themas wird im übrigen gar nicht bewertet; das heißt, alle von den Autoren gewählten Themen werden prinzipiell akzeptiert. Betont wird der Werkstattcharakter der Treffen: „Sie beschlossen, sich gemeinsam neues Handwerkszeug zu besorgen. Sie lasen sich ihre Versuche vor und kritisierten einander ohne Scheu; sie diskutierten weniger das Was als das Wie, Sprache also und Stil und den Grad der literarischen Bewältigung, die sich unbestechlich an der Wirkung auf andere mißt. Sie änderten und verwarfen, wagten neue Fassungen und lieferten sich wieder einer Kritik aus, die Rücksichtslosigkeit jeder schonenden Ermunterung vorzog [. . .]".[251]
- Textlesungen *in Gruppen* relativieren die Kritik an Texten. Sie machen sie so für den Autor erträglicher und auch zweckmäßiger als die im Literaturbetrieb übliche monologische Kritik von Texten durch jeweils *einen* Rezensenten (Presse, Rundfunk, Fernsehen). Günter Grass zur Praxis in der „Gruppe 47": „Man hatte [. . .] die Möglichkeit, verschiedene Urteile zu hören, die sich zum Teil wechselseitig relativierten."[252]
- Gruppen junger Autoren wie die „Gruppe 47" haben „überall ihre *dreiste Schnauze* hören lassen".[253] Sie haben sich mit persönlichen Meinungen, auch und gerade mit kritischen und ablehnenden Urteilen über bekannte, arrivierte Schriftsteller nicht zurückgehalten. Offensichtlich verschafft die Möglichkeit, deftige Wertungen zu Werken „großer Namen" abgeben zu können, Spielraum für eine eigene, innovative und damit riskante Schreibpraxis. Solche *Verrisse der „Großen"*, die etwa der 79jährige Thomas Mann der jungen „Gruppe 47" nicht verzeihen wollte, räumen das Terrain für eigene Gehversuche.

- Die Anfänge der „Gruppe 47" sind gekennzeichnet von einer *kreativen Unsicherheit des Urteils*. Es gibt keine festen, gar schulmeisterlich angelegten Maßstäbe der Kritik. Die „Gruppe 47" „lebte aus einer echten Form, nämlich aus der vollkommenen Unsicherheit heraus, einem Klima mithin, in dem ein Schriftsteller gedeihen kann [. . .]".[254]

Zu Formen der Zusammenarbeit im Schreibprozeß

Die unterrichtlichen Sozialformen wie Einzelarbeit, Partnerarbeit oder Gruppenarbeit sind in der Schreibpraxis mit Jugendlichen nicht ohne weiteres praktikabel. Probleme ergeben sich dadurch, daß das zentrale Interesse des Jugendlichen am ganz persönlichen Selbstausdruck Sozialformen wie die herkömmliche Partner- und Gruppenarbeit, sofern sie auch die persönliche Besinnung und das Schreiben kollektivieren, kaum verträgt, daß der schreibende Jugendliche in gewissen Stadien seiner Praxis andererseits aber durchaus auf verständnisvolle Gespräche mit anderen – nicht nur mit dem Pädagogen – angewiesen ist.

In der vorbereitenden Phase der Schreibpraxis, in der erste Versuche unternommen werden, ein persönlich reizvolles „Thema" zu finden, sind sowohl Einzelarbeit als auch Partner- und Gruppenarbeit sinnvoll. Allein, im stillen Nachdenken über die eigenen Interessensschwerpunkte finden sich erste Ansätze für einen Text; im Gespräch mit Gleichaltrigen ebenso wie mit dem älteren Pädagogen kann der Jugendliche diese Ansatzpunkte dann weiter entfalten, modifizieren oder – verwerfen. Wenn es darum geht, für ein Schreibprojekt weiterführende Ideen möglichst vieler anderer zu sammeln, sind außer einem Gespräch auch Kreativierungsverfahren wie „Brainstorming", „Attributvariationen", „Synektik" oder „Zettellawine" hilfreich.

Brainstorming

Beim Brainstorming, das auf den Amerikaner A. F. Osborn[255] zurückgeht, handelt es sich um eine Kommunikationstechnik, „bei der eine Gruppe versucht, für ein spezifisches Problem Lösungen dadurch zu finden, daß alle Gedanken, die spontan von den Mitgliedern geäußert werden, gesammelt werden. Erst später setzt die kritische Sichtung ein."[256] Da das Brainstorming mit dem Prinzip des aufgeschobenen Urteils arbeitet, ist es wichtig, in der ersten Phase, in der es um ungehemmte Ideenproduktion geht, jede Kritik, jeden Einwand zunächst zurückzustellen. Ziel ist es, „möglichst viele Gedanken, Vorstellungen, Meinungen zu einem Thema laut werden zu lassen, selbst wenn diese Äußerungen auf den ersten Blick falsch, dumm oder abwegig zu sein scheinen. Neben dem Abwegigen kommt der Sprecher vielleicht auf Gedanken, die er bei einem krampfhaften Suchen nach *der* treffenden Aussage nie gefunden hätte, außerdem kann das Abwegige andere Mitglieder (der Gruppe) auf weiterführende Gedanken bringen."[257]

Folgende Regeln können den Diskutierenden gegeben werden:
- „Jeder darf alles sagen, was ihm gerade einfällt.
- Jeder sollte möglichst viel sagen, ohne lange zu prüfen, ob der Beitrag brauchbar sein könnte.
- Niemand darf kritisiert werden.
- Jede Äußerung wird nur auf Positives hin aufgenommen und akzeptiert (geistig, emotional).
- Die Beiträge der einzelnen Sprecher brauchen überhaupt nicht miteinander verknüpft zu sein. Keine echten Dialoge anstreben!"[258]

Die Äußerungen können protokolliert oder – besser – auf Cassette aufgenommen werden. Die Cassette kann anschließend dem Autor, zu dessen Text(entwurf) das Brainstorming stattgefunden hat, zur kritischen Sichtung und Weiterverwendung übergeben werden.

Synektik

Die synektische Methode (von griech. Synecticos = Zusammenfügen von verschiedenartigen und anscheinend irrelevanten Elementen) verfährt entweder nach dem Prinzip, das Vertraute fremd oder das Fremdartige vertraut zu machen.[259] In Form von Analogien wird ein Ideenfluß in Gang gesetzt. Zum Beispiel wird überlegt, wie ein Problem von Leuten anderer sozialer Schichten, anderer Erdteile, anderer Jahrhunderte, von Tieren oder von Pflanzen gelöst werden könnte. Dabei sind ulkige und „verrückte" gedankliche Entwicklungen durchaus erwünscht.

Ausgangspunkt für das synektische Verfahren können Metaphern sein, von denen ja im normalen Sprachgebrauch nicht mehr die eigentliche, sondern die uneigentliche, übertragene Bedeutung gilt, wobei es zwischen der eigentlichen und der uneigentlichen Bedeutung einen gemeinsamen Aspekt, ein Tertium comparationis, gibt.

Dadurch, daß eine Metapher eine Bezeichnung aus dem Wirklichkeitsbereich, in dem sie gewöhnlich verwendet wird, auf einen anderen Wirklichkeitsbereich übertragen wird, werden diese beiden Wirklichkeitsbereiche, die nichts miteinander zu tun haben, in einen engen Zusammenhang gebracht; es entsteht aus dieser Verbindung gewissermaßen eine neue Wirklichkeit.

Im Kreativierungsverfahren der Synektik wird dieser Sachverhalt in „naiver“ Weise genutzt. Die eigentlichen Bedeutungen von Metaphern werden reaktiviert und zum Ausgangspunkt phantastischer Gedankengänge gemacht.

Beispiele:
Stuhlbeine

Beine des Stuhles, denen Fähigkeiten eines menschlichen Beines zugeschrieben werden und die den Benutzer eines Stuhles (Lehrer, Schüler etc.) überraschen . . .

Flußarm . . . Arm eines Flusses

Arm eines Flusses, der Fähigkeiten eines starken menschlichen Armes hat und die den Flußkörper vergiftende menschliche Gesellschaft in den Griff nimmt . . .

Besonders reich an Metaphern ist die Werbesprache, die dem Verfahren der Synektik im übrigen viel verdankt.

Attributvariationen

Dieses in der amerikanischen Kreativitätsforschung als „attribute-listing technique“ bekannte Verfahren[260] basiert darauf, daß eine Sache zunächst in ihren Attributen und Teilen benannt wird. Bei Texten kann es sich um Strukturmerkmale (positive oder negative Zeichnungen eines Charakters, Ich-Perspektive, Stilebene etc.) handeln. Nach der Benennung der Eigenschaften des Gegenstandes denkt sich die Arbeitsgruppe für jede dieser Eigenschaften potentielle Veränderungen aus. „Das Eigenschaften-Aufzählen sensibilisiert die Schüler gegenüber den verschiedenen Attributen des Gegenstandes und rüstet sie zugleich mit einem einfachen, aber sehr produktiven Innovationsmittel aus.“[261]

Zettellawine[262]

Dieses Verfahren kann ebenfalls zur kollektiven Beratung bei Problemen benutzt werden (vgl. S. 169). Das zu lösende Problem wird in eine möglichst präzise Frage gegossen. Jedes

Gruppenmitglied notiert diese Frage auf einem hinreichend großen Blatt. In einem vereinbarten Zeitraum (ca. fünf Min.) denkt dann jeder für sich über die Frage nach und entwickelt – auch gewagte – Ideen, die das Problem lösen helfen.

Dann werden die Blätter eingesammelt, gemischt und neu ausgegeben. Jeder hat nun vorläufig entfaltete Ideen eines anderen vor sich. Immer mit Blick auf die Fragestellung werden die Ideen nun weiterentwickelt, ergänzt, oder es werden – angeregt durch das Gelesene – Gegenideen notiert. Dieser Arbeitsschritt wird noch einmal wiederholt.

Das Verfahren fördert eine Vielzahl von Gedanken, Meinungen und weiterführenden Fragen zutage. Die auf den Blättern notierten Vorschläge können in der Gruppe noch einmal erörtert oder gleich dem Gruppenmitglied, zu dessen Text(entwurf) die Zettellawine stattgefunden hat, weitergegeben werden.

In den intensiven Schreibphasen des geistigen Entwerfens und Formulierens ist die Einzelarbeit erfahrungsgemäß am geeignetsten. Dabei kann der Schüler individuell sein Schreibtempo und seinen Rhythmus gestalten.

Das Schreiben in individueller Zurückgezogenheit ist besonders dann angezeigt, wenn mit ihm persönliche Selbstverständigungen verbunden sind. Dies ist sehr oft der Fall. Aus einer Umfrage bei Laienautoren zieht Jürgen Fröchling den Schluß: „Klarheit über sich selbst zu bekommen ist die wichtigste Funktion des Schreibens für die Befragten. Unbewußtes tritt in ihr Bewußtsein und wird sprachlich faßbar. Zudem führt das Schreiben durch gedankliche Strukturierung zu größerer Selbsterkenntnis."[263] Es ist einsichtig, daß sich die Schreibenden bei einer solchen Motivationslage isolieren; sie „ziehen sich an einen Ort zurück, an dem sie alleine sind."[264]

Besonders bei anderer Motivationslage ist freilich nicht auszuschließen, daß ein kollektives Schreiben gelingt. Aber auch in diesen Fällen ist das Fixieren von Formulierungen eher die Sache von Einzelnen. Im gemeinsamen Gespräch werden Absprachen über Tendenz und Machart des Textes getroffen, dessen Teile dann arbeitsteilig von Einzelnen realisiert werden können. Auf diese Weise kann zum Beispiel jeder für sich die Szene eines Theaterstücks entwerfen. Liegen die Entwürfe dann vor, kann die kollektive Beratung über die Textteile und über Möglichkeiten ihrer Verknüpfung auf breiter Textbasis sinnvoll wieder einsetzen.

Schülergruppen neigen oft dazu, die Sicherheit, die Arbeitskollektive bieten, auch in intensiven Schreibphasen nicht loszulassen. Sie „flüchten" auch bei diesen Arbeiten in die Gruppe, ernennen ein Mitglied zum „Protokollanten" und versuchen, im Gespräch längere Formulierungssequenzen zu realisieren. Solche Versuche scheitern sehr oft, das „Gespräch" reduziert sich meist auf einen Dialog zwischen dem Protokollanten und ein, zwei Schülern, die entweder die Gruppendynamik beherrschen, über das größte Formulierungstalent verfügen oder die – leistungsorientiert – auf einen raschen Fortgang des Arbeitsprozesses aus sind. Der Qualität – aber auch dem Tempo – der Textarbeit kommt eine solche „Gruppenarbeit", die dann zunehmend viele „Störungen" aufweisen kann, kaum zugute.

Der Pädagoge sollte daher Jugendlichen, die kollektives Arbeiten wünschen, klarmachen, daß diese Form für intensive Schreibphasen weniger geeignet, für andere Phasen der Arbeit (Ideensammlung und -entfaltung, Bewertung, Weiterentwicklung und Ergänzung von Textvorlagen) aber viele Vorteile bietet.

Anmerkungen und Literaturangaben

Zur Einführung

1 Friedrich Hölderlin: Werke, hrsg. v. Hellingrath u. a., Berlin 1923, Bd. I, S. 507.

2 Jugendwerk der Deutschen Shell (Hrsg.): Jugendliche + Erwachsene '85. Generationen im Vergleich, Bd. 4: Jugend in Selbstbildern, Opladen 1985, S. 126.

3 Vgl. z. B. Gerhard Haas: Handlungs- und produktorientierter Literaturunterricht in der Sekundarstufe I, Hannover ^{2}1986.
Siehe auch Karlheinz Fingerhut/Hartmut Melenk: Über den Stellenwert von „Kreativität" im Deutschunterricht, in: Diskussion Deutsch, Heft 55, 1980, S. 494–505.
Dieser Ansatz ist auch in Lehrwerke für den Deutschunterricht in der Sekundarstufe II eingegangen. Vgl. z. B. das von Ingeborg Meckling bearbeitete Kapitel „Produktiv mit Texten umgehen" in Wilhelm Dehn u. a. (Hrsg.): Werkstatt Sprache. Lehrgänge im Deutschunterricht der Sekundarstufe II, Frankfurt/M. 1980, S. 206 ff.

4 Haas, a. a. O., S. 15.

5 Ebd., S. 10.

6 Ebd., S. 16.

7 Dies gilt mit Einschränkungen auch noch für eine Praxishilfe, die an der Freinet-Pädagogik orientiert ist: Walter Hövel/Otto Vierkötter/Ute Geuß: Warum nicht Literatur? Literatur handlungsorientiert, Kartei DIN A 5, Verlag Die Schulpraxis, Zehntweg 158, 4330 Mülheim/R.

8 Helmut Heißenbüttel: Über Literatur, Olten 1966, S. 201.

9 Karlheinz Fingerhut: Der subjektive Faktor im neuen Literaturunterricht. Einige Überlegungen zum Wertewandel in der Literaturdidaktik, in: Diskussion Deutsch, Heft 84, 1985, S. 351.

10 Vgl. die Gesamtdarstellung des amerikanischen Slawisten Victor Erlich: Russischer Formalismus. Mit einem Geleitwort von René Wellek, Frankfurt/M. 1973.

11 Viktor Sklowskij: Die Kunst als Verfahren, in: J. Striedter (Hrsg.): Russischer Formalismus, München 1969, S. 6.

12 GERD BRENNER: Der poetische Text als System, Frankfurt/M. 1978, S. 15. Das Sklowskij-Zitat ist belegt aus: Erlich, a. a. O., S. 99. Sklowskij tendiert später freilich ebenfalls zu einem funktional orientierten Systemansatz.

13 BERTOLT BRECHT: Über Lyrik, Frankfurt/M. ^{4}1971, S. 59.

14 KARLHEINZ FINGERHUT und HARTMUT MALENK verwenden diesen Begriff des Kreativen nur halbherzig, da sie befürchten, er werde „als Gütesiegel für einen schlechten Unterricht" mißbraucht, „der vor den analytischen Lernzielen kapituliert hat". Vgl. Fingerhut/Malenk, a. a. O., S. 498. Vgl. zum Begriff der Kreativität auch das Kapitel „Kreativität und Schreibpraxis Jugendlicher", S. 15 ff.

Orientierungen I: Kreativität und Schreibpraxis Jugendlicher

15 DIETER BAACKE: Die 13- bis 18jährigen, Weinheim/Basel ^{4}1983, S. 95.

16 MAX WERTHEIMER z. B. veröffentlichte bereits 1920 Forschungsergebnisse über das produktive Denken, die später in dem Buch „Productive thinking" (New York 1945; Dt.: Produktives Denken, Frankfurt/M. 1957) erweitert wurden.

17 Eine Übersicht findet sich bei E. LANDAU: Kreatives Erleben, München/Basel 1984.

18 KURT F. RICHTER: Kreativität oder die Entdeckung der Vielfalt, in: Akademie Remscheid (Hrsg.): Konzept Kreativität in der Kulturpädagogik. Grundlagen – Theorie – Praxis, Remscheid 1989, S. 324–341; hier S. 326.

19 HANS MAYRHOFER/WOLFGANG ZACHARIAS: Kreativität, in: BAUER u. a. (Hrsg.): Kritische Stichwörter: Kinderkultur?, München 1978, S. 227 ff.

20 RICHTER, a. a. O., S. 324.

21 Der US-Amerikaner TAYLOR, zit. nach LANDAU, a. a. O.

22 Vgl. z. B. die faktorenanalytischen, sowohl kognitive als auch psychodynamische Aspekte berücksichtigenden Analysen von J. P. GUILFORD: Traits of Creativity, in: HAROLD H. ANDERSON (Hrsg.): Creativity and its Cultivation. Addresses presented at the interdisciplinary symposia on creativity, Michigan State University, New York/Evanston 1959.

23 RICHTER, a. a. O., S. 324.

24 Eva-Maria Oehrens: Kreativität im Public-Relations-Zeitalter, in: Akademie Remscheid, a. a. O., S. 285–303; hier S. 288.

25 Vgl. G. Mehlhorn/H.-H. Mehlhorn: Zur Kritik der bürgerlichen Kreativitätsforschung, Berlin 1977.

26 Richter, a. a. O., S. 325.

27 Ansatzpunkte hierzu finden sich in älteren Werken wie Wilhelm Dilthey: Die Einbildungskraft des Dichters. Bausteine für eine Poetik, in: ders.: Gesammelte Schriften VI, Stuttgart ^{4}1962, S. 103–242, bes. S. 178–184.

28 Vgl. dazu Hartmut Eggert/Hans Christoph Berg/Michael Rutschky u. a.: Schüler im Literaturunterricht. Ein Erfahrungsbericht, Köln 1975, S. 81 ff.

29 Friedrich Schiller: Sämtliche Werke, hrsg. von Walzel, Bd. XII, Stuttgart o. J., S. 85 f.

30 August Wilhelm Schlegel: Vorlesungen über dramatische Kunst und Literatur, II. Teil, Stuttgart o. J., S. 111 f.; zit. nach Robert Ulshöfer u. a. (Hrsg.): Arbeitsbuch Deutsch. Sekundarstufe II, Bd. 2, Dortmund 1972, S. 200 f.

31 In Bertolt Brecht: Über Realismus, Frankfurt/M. 1971, S. 18–20.

32 In Bertolt Brecht: Notizen über realistische Schreibweise, ebd., S. 106–112.

33 In Hans Magnus Enzensberger: Gedichte. Die Entstehung eines Gedichts, Frankfurt/M. 1963, S. 53–79.

34 In Witold Gombrowicz: Die Tagebücher, Pfullingen 1970, Bd. I, S. 134 ff.

35 Vgl. z. B. das Stichwort „Kreativität" in: Schülerduden. Die Psychologie, Mannheim 1981, S. 185 f.

36 Vgl. z. B. J. P. Gilford: Kreativität, in: Günther Mühle/Christa Schell: Kreativität und Schule, München 1970, S. 13–36.

37 In Harold H. Anderson (Hrsg.): Creativity and its Cultivation, (vgl. Anm. 22), S. 69–82.

38 Nach Carl R. Rogers: Toward a Theory of Creativity, in: Anderson (Hrsg.), a. a. O., S. 69–82, hier S. 71.

39 Vgl. ebd., S. 75 f.

40 Ebd., S. 77.

41 GÜNTHER ANDERS: Der Blick vom Turm, Verlag C. H. Beck, München 1968, S. 33 f.

42 HUBERT KIRCHGÄSSNER: Von den verschiedenen Dimensionen der Kreativität, in: Akademie Remscheid, a. a. O., S. 30–56; hier S. 35.

43 WERNER RIZZI: Wie kommen Musiker zu ihrer Kreativität?, in: Akademie Remscheid, a. a. O., S. 61–77; hier S. 63.

44 Zum Verhältnis von Kreativität und psychischen Krankheiten vgl. LEO NAVRATIL: Die Kreativität der Psychose, in: GION CONDRAN (Hrsg.): Psychologie der Kultur, Bd. 2, Weinheim/Basel 1982.

45 RICHTER, a. a. O., S. 329.

46 LANDAU, a. a. O., S. 14.

47 Vgl. J. B. GUILFORD: Persönlichkeit, Weinheim 1965 (Originalausgabe: 1959).

48 RIZZI, a. a. O., S. 63.

49 KIRCHGÄSSNER, a. a. O., S. 46.

50 Ebd.

51 MAX FUCHS: Kreativität. Ein brauchbares Konzept für die kulturelle Jugendbildung?, in: Akademie Remscheid, a. a. O., S. 13–27; hier S. 21.

52 R. MAY: Der Mut zur Kreativität, Paderborn 1988, S. 110.

53 RICHTER, a. a. O., S. 331.

54 BAACKE, a. a. O., S. 99 f.

55 KIRCHGÄSSNER, a. a. O., S. 39.

56 Ebd., S. 42.

57 RIZZI, a. a. O., S. 66 f.

58 Baacke, a. a. O., S. 99 f.

59 Richter, a. a. O., S. 328.

60 B. M. Teptow: Psychologie, Berlin 1952, 7. Kap.: Die Einbildungskraft, S. 119.

61 David P. Ausubel: Das Jugendalter. Fakten, Probleme, Theorie, München [3]1971, S. 179. Dort auch weitere wissenschaftliche Belege.

62 Ebd.

63 Jugendwerk der Deutschen Shell (Hrsg.): Jugend '81. Lebensentwürfe, Alltagskulturen, Zukunftsbilder, Bd. I, Hamburg 1981, S. 434.

64 Ebd. Vgl. dazu auch Gerd Brenner: Schreibversuche Jugendlicher in Orwells Jahrzehnt, in: deutsche jugend, 4/1982, S. 153–162; und ders.: Texte von Jugendlichen und wie sie entstanden sind. Versuche einer alternativen politischen Reflexion, in: deutsche jugend, 11/1983, S. 512–522.

65 Vgl. Jugendwerk der Deutschen Shell 1981, a. a. O., S. 436 ff.

66 Ebd., S. 438.

67 W. Küppers: Das Mädchentagebuch in der Nachkriegszeit, Stuttgart 1964.

68 F. Spieker: Lyrik auf der Sekundarstufe II. Eine empirische Untersuchung, in: Der Deutschunterricht, 4/1979.

69 Jugendwerk der Deutschen Shell 1981, a. a. O., S. 20.

70 Vgl. etwa R. Glomb/L. Reese (Hrsg.): Anders als die Blumenkinder. Gedichte der Jugend aus den 70er Jahren, Reinbek 1980, S. 11.

71 Jugendwerk der Deutschen Shell (Hrsg.): Jugendliche + Erwachsene '85. Generationen im Vergleich, Bd. II, Freizeit und Jugendkulturen, Opladen 1985, S. 239.

72 Ebd., S. 258.

73 Ebd., S. 256.

74 Ebd., S. 264. Wissenschaftler haben allerdings darauf hingewiesen, daß die Schreibpraxis Anfang der achtziger Jahre auch in der Erwachsenenkultur deutlich zugenommen hat. Vgl. z. B. Gert Mattenklott: Selbstgebackenes und Selbstgeschriebenes, in: literatur konkret 1981/82, S. 42–44.

75 Überschrift aus dem Buch der Christlichen Arbeiterjugend Bayern (Hrsg.): Lieber einen Spatz in der Hand, als ... München 1988, S. 54.

76 Gerd Brenner: Eigene Wörter. Sondersprachliche Tendenzen Jugendlicher als Unterrichtsgegenstand, in: Der Deutschunterricht, 2/1983, S. 38.

77 Ebd., S. 40.

78 Helmut Henne: Jugend und ihre Sprache. Darstellung – Materialien – Kritik, Berlin/New York 1986, S. 210.

79 Ebd., S. 211.

80 Ebd., S. 209.

81 Jürgen Oelkers: Die Herausforderung der Wirklichkeit durch das Subjekt. Literarische Reflexionen in pädagogischer Absicht, Weinheim und München 1985, S. 11.

82 Vgl. dazu besonders Jürgen Zinnecker: Accessoires – Ästhetische Praxis und Jugendkultur, in: Jugendwerk der Deutschen Shell (Hrsg.): Näherungsversuche Jugend '81, Opladen 1983, S. 15–291; außerdem Dieter Baacke: Jugend und Jugendkulturen. Darstellung und Deutung, Weinheim/München 1987.

83 Vgl. dazu das dänische „Projekt Schulsprache", von dem berichtet wird von Bo Svensson: Schulsprache und Schüleralltag, in: betrifft erziehung, 6/1981, S. 28–35.

84 Ebd., S. 30.

85 Ebd.

86 Joachim Fritzsche: Erzählen in der Sekundarstufe II. Curriculare und methodische Probleme, in: Der Deutschunterricht, 2/1980, S. 67.

87 Ebd.

88 Vgl. Gerd Brenner: Subjekt sein in der Schule. Zur Praxis eines schülerorientierten Unterrichts, München 1981.

89 Hans Jürgen Döpp: Narziß – Ein neuer Sozialisationstyp?, in: Häsing/Stubenrauch/Ziehe (Hrsg.): Narziß – Ein neuer Sozialisationstypus?, Bensheim 1979, S. 19.

90 Peter Wapnewski, in: Die Zeit vom 16. 12. 1983.

91 Walter Hornstein: Zur sozialen Lage der Jugend 1980, in: Roland Feldmann u. a. (Hrsg.): Forum – Jugend in den achtziger Jahren. Eine Generation ohne Zukunft?, München 1980, S. 22 (Institut für Jugendarbeit des Bayerischen Jugendrings).

92 Vgl. hierzu Bernd Rosewitz/Klaus Hurrelmann/Hartmut K. Wolf: Die biographische Bedeutung der Schullaufbahn im Jugendalter, in: Dieter Baacke/Wilhelm Heitmeyer (Hrsg.): Neue Widersprüche. Jugendliche in den achtziger Jahren, Weinheim und München 1985, S. 119.

93 Vgl. Hermann Giesecke: Wir wollen alles, und zwar subito, in: deutsche jugend, 6/1981, S. 251–266.

94 Dieter Baacke, Diskussionsbeitrag in: Aufgaben der politischen Bildung bei der Bewältigung der Zukunftsprobleme, in: Außerschulische Bildung, 1/1980, S. D 4.

95 Vgl. Horst Rumpf: Die übergangene Sinnlichkeit. Drei Kapitel über die Schule, München 1981.

96 Thomas Ziehe: Gesellschaftlicher Wandel und Kultur, in: forum Loccum, 2/1983, S. 21.

97 Andreas Mand: Haut ab. Ein Schulaufsatz, Frankfurt/M. 1984, S. 132.

98 Vgl. dazu ausführlich Gerd Brenner, 1981, a. a. O. (vgl. Anm. 88).

99 Jürgen Oelkers, a. a. O., S. 11 (vgl. Anm. 81).

100 Karlheinz Fingerhut: Der subjektive Faktor im neueren Literaturunterricht. Einige Überlegungen zum Wertewandel in der Literaturdidaktik, in: Diskussion Deutsch, Heft 84, 1985, S. 349.

101 Ebd.

102 Ebd.

103 Ebd.

104 Vgl. ERNST KAPPELER (Hrsg.): Es schreit in mir. Briefdokumente junger Menschen, München ²1981.

105 JÜRGEN ZINNECKER: Literarische und ästhetische Praxis in Jugendkultur und Jugendbiographie, in: JUGENDWERK DER DEUTSCHEN SHELL, a. a. O., S. 259 (vgl. Anm. 71).

106 Vgl. GERD BRENNER: Subjekt sein in der Schule. Zur Praxis eines schülerorientierten Unterrichts, München 1981, S. 68 ff.

107 Ebd., S. 66.

108 FRANZ FÜHMANN: Die dampfenden Hälse der Pferde im Turm von Babel. Ein Spielbuch in Sachen Sprache. Ein Sachbuch der Sprachspiele. Ein Sprachbuch voll Spielsachen, Darmstadt ³1988. Abdruck mit freundlicher Genehmigung von: Der Kinderbuchverlag, DDR-Berlin.

109 Ebd., S. 28.

110 Ebd., S. 44 f.

111 Der Begriff des ‚cluster' (engl.: Gruppe, Schwarm, Büschel, Traube) wurde ursprünglich in den USA in die Schreibanimation eingeführt. Vgl. GABRIEL L. RICO: Writing the Natural Way. Using Right-Brain Techniques to Release your Expressive Powers, Los Angeles 1983. Das Buch ist in deutscher Sprache erhältlich unter dem Titel: Garantiert schreiben lernen. Sprachliche Kreativität methodisch entwickeln; ein Intensivkurs auf der Grundlage der modernen Gehirnforschung, Reinbek 1984. Vgl. auch GERLIND FINK/SIMONE GENG/GABRIELE HAMKE/MICHAELA HARNISCHMACHER: Zeile um Zeile – Seiltänzereien: Anmerkungen zum kreativen Schreiben, in: Der Deutschunterricht, 6/1986, S. 71.

112 Anregungen zu diesem Verfahren finden sich bei GUNDEL MATTENKLOTT: Literarische Geselligkeit – Schreiben in der Schule, Stuttgart 1979, S. 204 f.

113 GERLIND FINK u. a., a. a. O., S. 70 (vgl. Anm. 111).

114 MAX FRISCH: Öffentlichkeit als Partner, Frankfurt/M. 1967, S. 57 f.

115 Auch dichterische Texte können in einen spielerischen Prozeß einbezogen werden. Vgl. dazu INGEBORG MECKLING: Fragespiele mit Literatur. Übun-

gen im produktiven Umgang mit Texten, Frankfurt/Berlin/München 1985.

116 Sigmund Freud: Der Dichter und das Phantasieren, zit. nach: Jürgen-W. Goette (Hrsg.): Methoden der Literaturanalyse im 20. Jahrhundert, Frankfurt/Berlin/München ^{4}1977, S. 10.

117 Viktor Sklowskij, a. a. O., S. 11 ff. (vgl. Anm. 114).

118 Das Wasserzeichen der Poesie oder: Die Kunst und das Vergnügen, Gedichte zu lesen. In hundertvierundsechzig Spielarten vorgestellt von Andreas Thalmayr, Nördlingen 1985.

119 Ezra Pound, Albatre, in ders.: Personae – Masken. Der ausgewählten Werke erster Teil. Autorisierte Übersetzung von Eva Hesse, © 1959 by Verlags AG Die Arche, Zürich, S. 123.

120 Das Wasserzeichen der Poesie, a. a. O., S. 34 f.

121 Lyrisches Intermezzo 4, aus: Heinrich Heine: Buch der Lieder.

122 Aus: Ernst Bender (Hrsg.): Deutsche Dichtung der Neuzeit, Verlag G. Braun, Karlsruhe 1966, S. 198.

123 Dieses Verfahren wird – am Beispiel mehrerer Gedichte – vorgeführt in dem Roman von Georges Perec: Anton Voyls Fortgang, hrsg. und aus dem Französischen von Eugen Helmlé, Frankfurt/M. 1986.

124 Nach diesem Verfahren schrieb Georges Perec seinen ganzen Roman „Anton Voyls Fortgang“, dessen Original 1969 unter dem Titel „La Disparition“ erschien. Im ganzen Roman kommt der Buchstabe „e“ nicht ein einziges Mal vor; auch in der deutschen Übersetzung ist dies gelungen.

125 Ernst Jandl: Der künstliche Baum, Darmstadt/Neuwied 1985, S. 58 f.

126 Erich Scheurmann: Der Papalagi. Die Reden des Südseehäuptlings Tuiavii aus Tiavea. Erschienen in der Tanner und Stachelin Verlag AG, CH-8034 Zürich. Erhältlich im Buchhandel. Inzwischen ist umstritten, ob der Bericht des Südseehäuptlings authentisch ist oder ob er von Erich Scheurmann, einem Missionar, in zivilisationskritischer Absicht teilweise oder ganz fingiert wurde.

127 Aus: Literaturmagazin I, hrsg. von Schülern und Lehrern des St. Wolfhelm Gymnasiums Schwalmtal, o. J.

128 Das Wasserzeichen der Poesie, a. a. O. (vgl. Anm. 118).

129 Peter Handke: Die Innenwelt der Außenwelt der Innenwelt, © Suhrkamp Verlag, Frankfurt/M. [2]1969, S. 32.

130 Das Wasserzeichen der Poesie, a. a. O., S. XIX.

131 Walter Benjamin: Denkbilder, in: ders.: Gesammelte Schriften, Bd. IV/2, hrsg. von Tillmann Rexroth, Frankfurt/M. 1972, S. 432.

132 Vgl. Gerhard Goebel: Schreibspiele oder die Vergesellschaftung der Schrift, in: lendemains. Zeitschrift für Frankreichforschung und Französischstudium, 12/1978, S. 95–112. Vgl. auch Georg Philipp Harsdörffer: Frauenzimmer Gesprächsspiele, Nürnberg 1645 (Nachdruck Tübingen 1968–1969, 8 Bde.).

133 Gundel Mattenklott, a. a. O., S. 7 (vgl. Anm. 112).

134 Das Wasserzeichen der Poesie, a. a. O., S. XII.

135 Ernst Jandl, so ein riesen haufen moral, in: ders., Der künstliche Baum, Sammlung Luchterhand 9, 1970 © Luchterhand Literaturverlag, Frankfurt/Main, S. 36 f.

136 Zum Sprachspiel vgl. die Zusammenstellung von Rainer Weller (Hrsg.): Sprachspiele, Stuttgart 1977.

137 Johann Wolfgang von Goethe: Sämtliche Werke, Zürich 1977, Bd. 14, S. 399.

138 Jugendwerk der Deutschen Shell (Hrsg.): Jugend '81. Lebensentwürfe, Alltagskulturen, Zukunftsbilder, Bd. 1, Hamburg 1981, S. 434.

139 Vgl. dazu z. B. das Kapitel „Schreiben als Chance, sich und die Umwelt zu erfahren und auszudrücken" in Irene Kummer: Beratung und Therapie bei Jugendlichen, München 1986, S. 176–198. Siehe auch Hans Müller-Braunschweig: Aspekte einer psychoanalytischen Kreativitätstheorie, in: Psyche, 9/1977; William G. Niederland: Psychoanalytische Überlegungen zur künstlerischen Kreativität, in: Psyche 4/1978; Gisela Schalk/Bettina Rolfes: Schreiben befreit, Bonn 1986.

140 Vgl. Lutz von Werder: . . . triffst Du nur das Zauberwort. Eine Einführung in die Schreib- und Poesietherapie, München und Weinheim 1986.

141 Herbert Gudjons/Marianne Pieper/Birgit Wagener: Auf meinen Spuren. Das Entdecken der eigenen Lebensgeschichte. Vorschläge und Übungen für pädagogische Arbeit und Selbsterfahrung, Reinbek 1986.

142 Gundel Mattenklott: Literarische Geselligkeit. Schreiben in der Schule, Stuttgart 1979, S. 176.

143 Kummer, a. a. O., S. 178 (vgl. Anm. 139).

144 Rolf Hochhuth: Wenn das ans Licht kommt, in: Zeitmagazin vom 22. 2. 1985, S. 28–32.

145 U. Biedermann/H. Böseke/M. Burkert (Hrsg.): Morgen beginnt heute. Jugendliche schreiben über die Zukunft, Weinheim und Basel 1981, S. 7.

146 Über solche Präferenzen in den fünfziger und sechziger Jahren informiert Waltraud Küppers: Mädchentagebücher der Nachkriegszeit. Ein kritischer Beitrag zum sogenannten Wandel der Jugend, Stuttgart 1964.

147 Vgl. hierzu das Kapitel „Tagebuchschreiben im Lebenslauf" in: Jugendwerk der Deutschen Shell 1985, S. 297–308 (vgl. Anm. 105).

148 Ebd., S. 305.

149 Jugendwerk der Deutschen Shell 1981, S. 437 (vgl. Anm. 138).

150 Sylvia Plath: Briefe nach Hause, 1950–1963. Hrsg. von Aurelia Schober Plath, Carl Hanser Verlag, München/Wien 1979, S. 42 ff.

151 Christliche Arbeiterjugend Bayern (Hrsg.): Lieber einen Spatzen in der Hand, als . . ., München 1988, S. 63.

152 Peter Handke: Das Gewicht der Welt. Ein Journal (November 1975–März 1977), Frankfurt/M. 1979, S. 14, 15, 16, 19 und 28.

153 Thorsten Gallert: Alltägliches als Anlaß zum Schreiben, in: Der Deutschunterricht, 4/1982, S. 50.

154 Rainer Maria Rilke: Die Aufzeichnungen des Malte Laurids Brigge, in: ders.: Werke, hrsg. vom Insel Verlag, Bd. III/1: Prosa, Frankfurt/M. ^{2}1982, S. 110.

155 Harry Rowohlt, Ruhm für Bären und Poeten (hier Auszug) aus: Die Zeit vom 11. 10. 1985.

156 Joachim Fritzsche: Erzählen in der Sekundarstufe II. Curriculare und methodische Probleme, in: Der Deutschunterricht, 2/1980, S. 71.

157 Peter Handke: Die Innenwelt der Außenwelt der Innenwelt, © Suhrkamp Verlag, Frankfurt/M. ^{2}1969, S. 7 ff.

158 NOVALIS Werke, hrsg. von HANS-JOACHIM MÄHL und RICHARD SAMUEL, Bd. 2, München/Wien 1978, S. 232.

159 Der Band ist sechzig Jahre später erstmals auf deutsch erschienen. Vgl. ANDRÉ BRETON/PHILIPPE SOUPAULT: „Die magnetischen Felder", gefolgt von „Bitte" und „Ihr werdet mich vergessen", aus dem Franz. von RÉ SOUPAULT und EUGEN HELMLÉ, hrsg. von EUGEN HELMLÉ, München 1981.

160 SIGMUND FREUD: Die Traumdeutung, Frankfurt/M. 1972, Bd. II, S. 121.

161 ANDRÉ BRETON: Die Manifeste des Surrealismus, Reinbek 1977, S. 15 f.

162 Ebd., S. 26.

163 Vgl. dazu z. B. die Titel von HERMANN GLASER: Im Packeis des Unbehagens, Berlin/Bonn 1982; PAUL PARIN: Briefe aus Grönland, in: Kursbuch 65/1981; HELMUT LAMPRECHT (Hrsg.): Wenn das Eis geht, Fischerhude 1983; HANS-JÜRGEN HEISE; Eiszeit – und Endzeit – Gedichte, in: Die Zeit vom 20. 8. 1982, S. 29 f.

164 Viele Autoren haben sich die Strukturen des Traumes in ihren Werken zunutze gemacht. Vgl. z. B. HERMANN HESSE: Der Steppenwolf, Frankfurt/M. 1973, S. 195 ff.

165 Vgl. GERD BRENNER/HANS JÜRGEN KOLVENBACH: Praxishandbuch Kinder- und Jugendliteratur, Königstein ^{2}1984, S. 136 f.

166 Vgl. zu diesem Verfahren RAINER BEHRENDT/DIETER GRÖSCH (Hrsg.): Alltag, Lebensgeschichte, Geschichte. Psychosoziale Ansätze in der Bildungsarbeit mit Arbeiterjugendlichen, Berlin (Wannseeheim für Jugendarbeit), S. 61 ff.

167 Ebd.

168 Vgl. hierzu N. MÜLLER u. a. in WILHELM GÖSSMANN: Schülermanuskripte. Schriftliches Arbeiten auf der Sekundarstufe I, Düsseldorf 1979.

169 PAUL SCHUSTER: „Selber schreiben" – von Schwierigkeiten des Lernens und Verlernens, in: JOHANNES BECK/HEINER BOEHNCKE (Hrsg.): Jahrbuch für Lehrer 1978, Reinbek 1977, S. 196–213.

170 Das Verfahren geht auf JÜRGEN FRÖCHLING zurück und wurde aufgeschrieben von HANS JÜRGEN KOLVENBACH: Eine Sammlung loser Blätter zur Anregung von Schreibprozessen und zur Förderung schöpferischen Schreibens, Manuskt., Neuss 1988, S. 38.

171 Das Verfahren wurde von Helga Bleckwenn und Rainer Loska vorgestellt in Ihrem Aufsatz „Phantasiereise". Imaginative Verfahren im Deutschunterricht, in: Pädagogik, 12/1988, hier: Auszug S. 25–35.

172 John O. Stevens: Die Kunst der Wahrnehmung. Übungen zur Gestalttherapie, München ^{9}1986, bes. S. 143 ff.

173 Vgl. Fritz Rahn: Gedichte meiner Buben. Versuche dichterischer Gestaltung in der Schule, Stuttgart 1927, S. 45 f.

174 Vgl. Johann Peter Eckermann: Gespräche mit Goethe in den letzten Jahren seines Lebens. Dritter Teil, Berlin 1982, S. 547.

175 Bleckwenn/Loska, a. a. O., S. 26.

176 Ebd., S. 33.

177 Gabriel García Marquéz, zitiert in Fritz J. Raddatz: Ein kleiner Gott in weiß, in: Zeitmagazin vom 16. 10. 1987, S. 74.

178 Thorsten Gallert, a. a. O., S. 46 (vgl. Anm. 153).

179 Vgl. Heinz Ludwig Arnold: Ein Buch und eine Meinung, in Hans-Michael Bock (Hrsg.): Über Arno Schmidt, Zürich 1984, S. 205.

180 Michael Neumann-Adrian: Ende einer Verbitterung, in: Titel, 1/1985, S. 33.

181 Peter Rühmkorf: Haltbar bis Ende 1999. Gedichte, Reinbek 1979, S. 106.

182 Bertolt Brecht, Vergnügungen, in: ders., Gesammelte Werke. © Suhrkamp Verlag, Frankfurt am Main 1967.

183 Dieter Baacke: Jugend und Jugendkulturen. Darstellung und Deutung, Weinheim und München 1987, S. 154.

184 Ebd., S. 157. Vgl. auch Diedrich Diederichsen/Dick Hebdige/Olaph-Dante Marx: Schocker. Stile und Moden der Subkultur, Reinbek 1983.

185 Vgl. Malte Dahrendorf u. a. (Hrsg.): Drucksachen 10, Stuttgart ^{2}1982, S. 244 f.

186 Raymond Queneau: Stilübungen, Frankfurt/M. 1969. Die Erstausgabe erschien 1947 unter dem Titel „Exercises de style" in Paris.

187 Der Roman liegt in deutscher Übersetzung vor. DJUNA BARNES: Ryder. Aus dem Amerikanischen von HENRIETTE BEESE, Frankfurt/M. 1986.

188 WALTER JENS: Statt einer Literaturgeschichte, Pfullingen [3]1968, S. 15.

189 VOLKER HAGE (Hrsg.): Literarische Collagen. Texte, Quellen, Theorie, Stuttgart 1981, S. 5.

190 Ebd., S. 17.

191 ALFRED DÖBLIN: Aufsätze zur Literatur, Olten 1963, S. 114.

192 MICHAEL SCHARANG: Einer muß immer parieren, Neuwied 1973, S. 11.

193 HELMUT HEISSENBÜTTEL: Zur Tradition der Moderne, Neuwied 1972, S. 81.

194 Vgl. VOLKER HAGE, a. a. O., S. 14 ff.

195 FRANZ MON: Collagetexte und Sprachcollagen, in: ders.: Texte über Texte, Neuwied 1970, S. 116.

196 THEODOR W. ADORNO: Rückblickend auf den Surrealismus, in: Noten zur Literatur I, Frankfurt/M. 1958, S. 156.

197 VOLKER HAGE, a. a. O., S. 12 ff.

198 HANS MAGNUS ENZENSBERGER: Der kurze Sommer der Anarchie, Frankfurt/M. 1972, S. 14.

199 Ebd.

200 FRANZ MON, a. a. O., zit. nach VOLKER HAGE, a. a. O., S. 275 (vgl. Anm. 189).

201 Vgl. INGEBORG BACHMANN: Gedichte, Erzählungen, Hörspiele, Essays, München 1964, S. 43.

202 In ALFRED ANDERSCH: Fahrerflucht. Hörspiele, München 1960.

203 ALFRED DÖBLIN: Berlin Alexanderplatz. Die Geschichte von Franz Biberkopf, München [21]1979.

204 JUGENDWERK DER DEUTSCHEN SHELL (Hrsg.): Jugendliche + Erwachsene '85. Generationen im Vergleich, Bd. 1: Biographien, Orientierungsmuster, Perspektiven, Leverkusen 1985, S. 20.

205 Ebd., S. 21.

206 KLAUS MARCINCZAK: Engagement und politische Bildung. Ergebnisse einer Studie zur politischen Jugendbildung, Düsseldorf 1987, S. 27 (Bund der Deutschen Katholischen Jugend).

207 Ebd., S. 56.

208 Vgl. dazu u. a. PETER ROOS: Kaputte Gespräche. Wem nützt der Jugend-Dialog, Weinheim und Basel 1982; DEUTSCHES JUGENDINSTITUT (Hrsg.): Die neue Jugenddebatte, München 1982.

209 DEUTSCHES JUGENDINSTITUT, a. a. O., S. 29.

210 ULRICH HECKER: Frei-Schreiben statt Vor-Schreiben, in: Neue Deutsche Schule, 6/1988, S. 28.

Orientierungen II: Pädagogische Handlungsmöglichkeiten

211 E. PAUL TORRANCE: Die Pflege schöpferischer Begabung, in: GÜNTHER MÜHLE/CHRISTA SCHELL (Hrsg.): Kreativität und Schule, München 1970, S. 181.

212 Ebd., S. 183. Zur Rezeption der amerikanischen Kreativitätsforschung in der Didaktik des Faches Deutsch vgl. ROLF BACHEM: Wann sind Schüler sprachlich kreativ?, in: Linguistische Berichte, Heft 35, 1975, S. 83–97.

213 GERD BRENNER: Subjekt sein in der Schule. Zur Praxis eines schülerorientierten Unterrichts, München 1981, S. 14.

214 Ebd.

215 TORRANCE, a. a. O., S. 184.

216 KLAUS ALLERBECK/WENDY HOAG: Jugend ohne Zukunft? Einstellungen, Umwelt, Lebensperspektiven, München ^{2}1985, S. 38.

217 Ebd., S. 39.

218 DIETER BAACKE: Jugend und Jugendkulturen. Darstellung und Deutung, Weinheim und München 1987, S. 14.

219 ALLERBECK/HOAG, a. a. O., S. 43.

220 KLAUS HURRELMANN/BERND ROSEWITZ/HARTMUT K. WOLF: Lebensphase Jugend. Eine Einführung in die sozialwissenschaftliche Jugendforschung, Weinheim und München 1985, S. 76.

221 FRIEDRICH SCHILLER an GOTTFRIED KÖRNER am 1. Dezember 1788, in: Briefwechsel zwischen Schiller und Körner, Bd. I, Stuttgart 1892, S. 282.

222 TORRANCE, a. a. O., S. 185.

223 JÜRGEN ZINNECKER: Literarische und ästhetische Praxen in Jugendkultur und Jugendbiographie, in: JUGENDWERK DER DEUTSCHEN SHELL (Hrsg.): Jugendliche + Erwachsene '85. Generationen im Vergleich, Bd. 2: Freizeit und Jugendkultur, Leverkusen/Hamburg 1985, S. 287.

224 Ebd., S. 336.

225 BERTOLT BRECHT: Über Lyrik, Frankfurt/M. ^{4}1971, S. 57.

226 LEO KREUTZER/JÜRGEN PETERS: Vom Schreiben, in: NORBERT HEINZE/BERND SCHURF (Hrsg.): Text + Dialog. Grundband. Deutschunterricht auf der Sekundarstufe II, Düsseldorf 1979, S. 91 f.

227 Vgl. hierzu HORST RUMPF: Unterricht und Identität. Perspektiven für ein humanes Lernen, München 1976. Rumpf fordert, „Lerninhalte und ihnen gemäße Lernszenen daraufhin zu mustern, ob, in welchem Grad, in welcher Art das Ich seine mitgebrachten Erfahrungen stillzulegen, zu kanalisieren, einzubringen hat: das wäre eine grundlegende und durchgängige Frage für eine Didaktik, die die Qualität der in Lehr-Lernprozessen aufgebauten Identität für wichtig hält" (S. 12).

228 BERTOLT BRECHT, a. a. O., S. 29.

229 Ebd., S. 123.

230 Siehe HUGO FRIEDRICH: Die Struktur der modernen Lyrik, erw. Neuausgabe, Hamburg ^{3}1970, S. 114.

231 PAUL VALÉRY: Zur Theorie der Dichtkunst, Frankfurt/M. 1962, S. 227.

232 GOTTFRIED BENN: Ausdruckswelt, Wiesbaden 1949, S. 118.

233 GOTTFRIED BENN: Doppelleben, Wiesbaden 1950, S. 199.

234 Zit. nach HANS MAGNUS ENZENSBERGER: Gedichte. Die Entstehung eines Gedichts. Nachwort von WERNER WEBER, Frankfurt/M. ^{6}1970, S. 58 f.

235 St. Lohr/O. Ludwig/W. Menzel/G. Voigt: Schülertexte als Unterrichtstexte, in: Praxis Deutsch, Heft 45, 1981, S. 14.

236 Birgit Cordruwisch/Berthold Weckmann: Kreativität und die Produktion lyrischer Texte in der Sekundarstufe II, in: Diskussion Deutsch, Heft 84, 1985, S. 385.

237 Ingeborg Meckling: Zu den Skrupeln, in der Schule auch Persönliches zu äußern, und zu der Notwendigkeit, diese Skrupel zu überwinden, in: Westermanns Pädagogische Beiträge, 2/1986, S. 8.

238 Vgl. Ebd.

239 Ebd.

240 Grundkurs Literatur am Wirtemberg Gymnasium Stuttgart-Untertürkheim, in: Jugendwerk der Deutschen Shell (Hrsg.): Jugendliche + Erwachsene '85. Generationen im Vergleich, Bd. 4 Jugend in Selbstbildern, Opladen 1985, S. 211.

241 Fritz Winterling: Freies Schreiben in der Sekundarstufe II, in: Diskussion Deutsch, Heft 84, 1985, S. 365.

242 Vgl. Gerd Brenner 1981 (Anm. 98), dort insbesondere die Abschnitte „Wie läßt sich die Persönlichkeit beleben?" (S. 9 ff.) und „Lehrersubjekt und Schülersubjekt" (S. 11 ff.).

243 Ebd., S. 19.

244 Gundel Mattenklott, a. a. O., (Anm. 112).

245 Ebd., S. 9.

246 Vgl. dazu Hanns-Peter Reisner: Literatur nach 1945 – Die Gruppe 47 (Reihe Text 4 Dialog, Projektband), Düsseldorf 1979.

247 Ernst Behler: Friedrich Schlegel, neubearb. Ausg., Reinbek 1978, S. 80.

248 Gundel Mattenklott, a. a. O., S. 11.

249 Max von Boehn: Biedermeier. Deutschland von 1815–1847, Berlin o. J., S. 520 f.

250 Hanns-Peter Reisner, a. a. O., S. 8 (vgl. Anm. 246).

251 Hans Georg Brenner: Ilse Aichinger – Preisträgerin der Gruppe 47, in: Hanns Peter Reisner, a. a. O., S. 45 f.

252 Interview von Heinz Ludwig Arnold mit Günter Grass, abgedruckt in: Reisner, a. a. O., S. 16.

253 Thomas Mann über die „Gruppe 47" in ders.: Briefe 1948–1955 und Nachlese, Frankfurt/M. 1965, S. 341.

254 Horst Monnich: Lobst du meinen Goethe, lob ich deinen Lessing, in: Reisner, a. a. O., S. 51.

255 Siehe A. F. Osborn: Applied imagination, New York [3]1963.

256 Gary A. Davis: Übung der Kreativität im Jugendalter – eine Diskussion über die Strategie, in: Günther Mühle/Christa Schell (Hrsg.): Kreativität und Schule, München 1970, S. 106.

257 Gerd Brenner/Hans Jürgen Kolvenbach: Praxishandbuch Kinder- und Jugendliteratur. Informationen, Materialien, Texte, Handlungshilfen, Königstein/Ts. [2]1984, S. 186.

258 Ebd.

259 Vgl. Gary A. Davis, a. a. O., S. 110.

260 Vgl. ebd., S. 108.

261 Ebd.

262 Zu den didaktischen Möglichkeiten dieses Verfahrens siehe Gerd Brenner 1981, S. 68 ff. (Anm. 98).

263 Jürgen Fröchling: Beobachtungen von Laienautoren zum Schreibprozeß, in: Westermanns Pädagogische Beiträge, 2/1986, S. 10.

264 Ebd.